COMMENT SE SOUSTRAIRE À L'ÉTAT TECHNOCRATIQUE ?

INSPIRÉ DE L'ŒUVRE DE SAMUEL E. KONKIN III

Discovery Publisher

Titre original : How to Opt Out of the Technocratic State
2020, Derrick Broze, Samuel E. Konkin III

Auteurs : Derrick Broze, Samuel E. Konkin III
Traduction : Dakota Bigot, Anaïs Charpentier
Relecture : Silvana Dascalu, Jessica Tcheutchemi

616 Corporate Way
Valley Cottage, New York
www.discoverypublisher.com
editors@discoverypublisher.com
Fièrement pas sur Facebook ou Twitter

New York • Paris • Dublin • Tokyo • Hong Kong

TABLE DES MATIÈRES

COMMENT SE SOUSTRAIRE À L'ÉTAT TECHNOCRATIQUE ?

INSPIRÉ DE L'ŒUVRE DE SAMUEL E. KONKIN III

INTRODUCTION

Alors que l'humanité entre dans la seconde décennie du XXIe siècle, nous nous trouvons à l'aube d'une ère technocratique où l'intelligence artificielle (IA[1]), la technologie intelligente, et l'Internet des objets[2] font partie intégrante de notre quotidien. Cette technologie apporte des avantages, mais elle a un prix. Les entreprises, les gouvernements, les forces de l'ordre et les pirates informatiques sont tous capables de scruter nos vies à chaque instant. Les entreprises et les gouvernements apprennent même à utiliser la technologie de façon à devenir les « ingénieurs sociaux » de la société. Le concept de crédit social[3] gagne lui aussi en popularité. La probabilité pour que les citoyens soient confrontés à des conséquences négatives s'ils choisissent de s'exprimer sur des sujets controversés ou de critiquer les autorités ne fera qu'augmenter.

Ce passage à un monde où la technologie numérique est la solution à tous les problèmes est mené par le secteur technologique, particulièrement par les institutions connues sous le nom de *Big Wireless* et *Big Tech*[4]. Les PDG d'entreprises multinationales et leurs partenaires au sein des gouvernements ont œuvré afin d'ancrer fermement la technologie numérique dans chaque aspect de l'humanité. Le monde qu'ils envisagent est un monde où les scientifiques et les technologues constitueront l'élite qui décidera du futur de la société. Tandis que la technologie numérique de ces industries n'est apparue qu'au cours des dernières décennies, la philosophie qui guide bon nombre des leaders de l'industrie et du gouvernement est, quant à elle, vieille d'une centaine d'années.

Cette philosophie du règne des experts et des scientifiques technologiques est connue en tant que technocratie[5]. Comme nous le verrons dans les prochains

1. Ou « AI », en anglais.

2. De l'anglais « Internet of Things » (IoT). Interconnexion entre l'Internet et des objets, des lieux et des environnements physiques.

3. Projet du gouvernement chinois visant à mettre en place un système national de réputation des citoyens. Chacun d'entre eux se voit attribuer une note, dite « crédit social », fondée sur les données dont dispose le gouvernement à propos de leur statut économique et social.

4. Termes anglais désignant les entreprises les plus importantes et les plus dominantes de l'industrie des technologies de l'information. *Lit.* « Grand Sans-fil » et « Grande Technologie ».

5. Forme de gouvernement où la place des experts techniques et de leurs méthodes est

chapitres, les idées sur lesquelles se base cette école de pensée ont discrètement influencé les leaders mondiaux depuis des décennies. Cette obscure théorie politique du XXe siècle est-elle la force directrice de l'évolution vers une dystopie numérique ? Quels sont les enjeux pour un monde continuellement branché et connecté au « réseau » ? Comment préserver la vie privée et la liberté de chacun dans une société qui repose sur la surveillance de masse, le contrôle technologique et la perte d'individualité ?

Je pense que les réponses à ces questions se trouvent dans les écrits du philosophe politique Samuel Edward Konkin III. Konkin était un activiste durant les années 1960, lorsque le sujet de la révolution en Amérique était à son comble. Il croyait que l'utilisation de la violence afin de renverser l'État n'aboutirait qu'à la mise au pouvoir d'un autre leader qui poursuivrait cette mascarade. Konkin rejetait aussi le suffrage, le considérant comme une participation aussi bien à un système immoral qu'à une stratégie inadéquate à l'obtention de changements durables. Plutôt que le suffrage et la violence, Konkin proposa une troisième voie au défenseur de la liberté, qu'il nomma contre-économie, ou plus spécifiquement, l'agorisme[1]. Nous étudierons plus en détail son travail dans les prochains chapitres.

Que la vision de Konkin visant à libérer le peuple des chaînes de l'État soit réelle ou non, cela dépend de la conscience de ce peuple. Une fois qu'il aura été informé des dangers de l'ère technocratique, il faudra aussi instaurer une compréhension du pouvoir de la non-conformité. Si un grand nombre de personnes trouve des moyens pour échapper à l'État-entreprise numérique, nous pouvons tirer parti de notre nombre et du pouvoir de la contre-économie. Nous pouvons produire plus de libertés et d'opportunités afin de vivre les vies d'abondance dont nous rêvons.

La fenêtre de tir est courte, mais nous avons la possibilité de nous soustraire à la matrice de contrôle de l'État. Le système de crédit actuel employé en Chine se frayera bientôt un chemin vers les États-Unis et le reste du « monde civilisé ». Il est déjà presque impossible de vivre une vie qui n'est pas surveillée et analysée. Si nous voulons survivre à cette prise de contrôle de l'État-entreprise technocratique approchant à grands pas, je pense que nous devons adopter les solutions identifiées pour la première

centrale dans les prises de décision.

1. Philosophie politique qui cesse de croire en la légitimité du gouvernement et participe à la contre-économie de manière pacifique pour échapper au contrôle et à la taxation de l'État. *Lit.* Forme de conflit entre des animaux, des individus ou des groupes sociaux caractérisé par une recherche de position dominante sans volonté d'exclure l'adversaire.

fois par Samuel E. Konkin III. Il est grand temps de reconnaître que l'agorisme et la contre-économie sont les réponses à nos problèmes.

Un dernier mot : tandis que je tape ces mots en décembre 2019, je le fais en sachant pertinemment que la technologie numérique évolue à une vitesse exponentielle. La technologie invasive d'aujourd'hui peut sembler pittoresque, voire archaïque, à quelqu'un lisant ceci en 2025. J'admets que même les solutions présentes dans ce livre pourraient être obsolètes d'ici moins d'une décennie selon la direction que prend notre monde technologique. Cependant, peu importe ce à quoi ressemble l'avenir, le message que je vous destine est de ne jamais vous rendre. Trouvez le moyen de vous adapter. Formez des communautés avec des personnes partageant les mêmes idées. Gardez la flamme de la liberté allumée dans votre cœur et votre tête. Aussi longtemps que l'esprit humain désire être libre, nous pouvons trouver, et nous le ferons, des solutions pour vaincre l'adversité. Qu'importe en quelle année vous trouverez ce livre, utilisez-le, s'il vous plaît, en tant qu'inspiration et fondation sur lesquelles construire. L'avenir de l'humanité est entre vos mains.

Derrick Broze
Janvier 2020

PREMIÈRE PARTIE

—

TECHNOCRATIE, CONTRE-ÉCONOMIE ET L'AVENIR DE LA LIBERTÉ

Les chapitres suivants offrent une brève introduction à plusieurs concepts tels que la technocratie, la contre-économie et l'agorisme. Afin de dégager l'aspect de la question du « comment » de cette présentation, nous ne donnerons qu'un aperçu de ces idées. Pour ceux qui souhaitent comprendre les enjeux plus larges du mouvement technocratique, je recommande l'auteur Patrick Wood. Si vous êtes intéressé par une compréhension plus solide de la contre-économie et de l'agorisme, je recommande mon propre livre *Manifesto of the Free Humans*[1], ainsi que ceux de Samuel Konkin. Je recommande aussi fortement la lecture du dernier livre inachevé de Konkin, *Counter-Economics*[2], qui est inclus dans la troisième partie de cet ouvrage.

1. *Manifeste d'une humanité libre*, non disponible en langue française.
2. *La contre-économie*, traduit en langue française dans cet ouvrage.

1. Qu'est-ce que la technocratie ?

Au début du XXe siècle, un mouvement commença à se développer autour d'une théorie politique dénommée technocratie. C'est un système dans lequel la gestion des gouvernements est entre les mains d'experts techniques et qui implique souvent des solutions axées sur la technologie. Les partisans de la technocratie prétendaient que ce concept conduirait à une meilleure gestion des ressources et de la protection de la planète. Cependant, ce système de gouvernance par des experts technologiques et leur technologie impliquerait également une perte de confidentialité, une centralisation et une gestion de tous les comportements humains. Bien que le terme semble avoir été largement oublié, la philosophie et l'influence technocratiques peuvent être observées partout dans notre monde numérique moderne.

L'un des partisans les plus influents de la technocratie était Howard Scott, un écrivain qui fonda la Technical Alliance[1] à New York en 1919. Scott pensait que les entrepreneurs ne possédaient pas les compétences et les données nécessaires à la réforme de leurs industries et par conséquent que le contrôle devrait être transmis aux ingénieurs. En 1932, Scott et son confrère technocrate Walter Rautenstrauch formèrent le Committee on Technocracy[2] à l'université de Columbia. Le groupe finit par se séparer, Scott dirigeant Technocracy Incorporated[3] et le technocrate Harold Loeb ayant la charge du Continental Committee on Technocracy[4].

En 1938, Technocracy Incorporated publia un rapport exposant les grandes lignes de leur vision d'une technocratie :

« **La technocratie est la science de l'ingénierie sociale, le fonctionnement scientifique de tout le mécanisme social afin de produire et de distribuer des biens et des services à l'entière population de ce continent.** Pour la première fois dans l'histoire de l'homme, cela sera géré de

1. Association ayant pour but d'examiner les processus économiques et sociaux en Amérique du Nord.

2. Comité de la technocratie.

3. Organisation qui s'autoproclame « armée technologique de la Nouvelle Amérique » dont le but est de créer une économie d'abondance et de remplacer la gestion politique par une gestion scientifique.

4. Organisation en charge des relations publiques et qui se considérait également comme le bras politique de la technocratie.

manière scientifique, technique et d'ingénierie. Il n'y aura pas de place pour la politique ou les politiciens, la finance ou les financiers, les rackets ou les racketteurs. La technocratie stipule que cette méthode de fonctionnement du mécanisme social du continent nord-américain est à présent obligatoire, car nous sommes passés d'un état réel de pénurie à l'état actuel d'abondance potentielle. Nous sommes maintenant tenus à une pénurie artificielle imposée afin de perpétuer un système des prix qui ne peut distribuer des biens que par le biais d'un moyen d'échange.

« La technocratie stipule que prix et abondance sont incompatibles. Plus forte est l'abondance, plus faible est le prix. Dans un état de réelle abondance, il ne peut y avoir aucun prix. **Une abondance ne peut être atteinte que lorsque le contrôle des prix interférent est abandonné et qu'une méthode scientifique de production et de distribution est substituée. La technocratie distribuera par le biais d'un certificat de distribution disponible pour chaque citoyen, de leur naissance à leur mort.** Le technat[1] comprendra l'ensemble du continent américain, de Panama jusqu'au pôle Nord, car les ressources et les frontières naturelles de cette zone en font une unité géographique indépendante et autosuffisante. »

Les technocrates firent la publicité de leur vision d'un monde centralement planifié au moyen de livres, de discours, de clubs et de partis politiques. Cela eut pour conséquence une brève période de popularité aux États-Unis et au Canada, au cours des années qui suivirent la Grande Dépression de 1929. Tandis que les politiciens et les économistes cherchèrent une solution au désastre économique, les technocrates imaginèrent un monde où politiciens et entrepreneurs étaient remplacés par des scientifiques, des ingénieurs et d'autres experts techniques pour gérer l'économie.

Cependant, au cours des années 1940, les intérêts dominants pour le mouvement technocratique semblèrent se dissiper. Quelques chercheurs attribuent cela à l'absence d'une théorie politique cohérente visant à obtenir des changements, tandis que d'autres soutiennent que le président Roosevelt et le New Deal apportèrent des solutions alternatives aux difficultés financières. Quoi qu'il en soit, la technocratie cessa d'être un sujet de discours politique dominant, même lorsque la révolution industrielle stimula les nouvelles technologies et une richesse jusque-là inconnue de ceux au contrôle desdites technologies.

Les idées qui sous-tendaient la vision technocratique reçurent un soutien notable en 1970, lorsque le scientifique politique Zbigniew Brzeziński

1. État technocratique.

publia son ouvrage intitulé *La révolution technétronique*[1]. Brzeziński sonnera familier aux chercheurs de longue date de l'élite dirigeante. Jusqu'à sa mort en 2018, Brzeziński était un diplomate qui évoluait dans les mêmes cercles que l'ancien secrétaire d'État, Henry Kissinger, et l'accusé de crime de guerre, David Rockefeller. Brzeziński servit de conseiller à plusieurs présidents, de Jimmy Carter à Barack Obama. Brzeziński était aussi un membre du Conseil de l'Atlantique, de la Fondation nationale pour la démocratie et du Conseil des relations étrangères.

Même si l'ouvrage de Brzeziński *La révolution technétronique* a remplacé le terme « technocratie » par « technétronique », le futur dépeint reste le même : un monde dans lequel l'élite scientifique et technologique planifie de manière centralisée la vie de toute l'humanité. Sur le fond, un collectivisme autoritaire technologiquement avancé où les libertés individuelles passent après les besoins apparents de la collectivité. Brzeziński explique la technétronique en ces termes :

« La société postindustrielle devient une société “technétronique” : une société façonnée culturellement, psychologiquement, socialement et économiquement par l'impact de la technologie et de l'électronique, en particulier dans le domaine de l'informatique et de la communication. Le processus industriel n'est désormais plus le principal déterminant du changement social, altérant les mœurs, la structure sociale et les valeurs de la société…

« Dans la société technétronique, le savoir scientifique et technique, en plus de l'amélioration des capacités de production, se répand rapidement pour affecter directement presque tous les aspects de la vie. En conséquence, à la fois la capacité croissante de calcul instantané des interactions les plus complexes et **la disponibilité grandissante des moyens biochimiques de contrôle des humains augmentent la portée potentielle d'une direction choisie consciemment, et donc également les pressions pour diriger, choisir et changer.** »

Voici quelques autres citations tirées de *La révolution technétronique* qui révèlent clairement que le but est de créer une technocratie mondiale :

« Une autre menace, moins évidente, mais tout aussi fondamentale, se confronte à la démocratie libérale. Plus directement liée à l'impact technologique, elle implique l'apparition graduelle d'une société plus contrôlée et dirigée. Une telle société serait dominée par une élite dont les revendications au pouvoir politique reposeraient sur un savoir-faire scientifique prétendument supérieur. Sans les entraves des valeurs libérales tradition-

1. Titre original : *Between Two Ages : America's Role in the Technetronic Era.*

nelles, cette élite n'hésiterait pas à atteindre ses fins politiques en utilisant les techniques modernes les plus récentes dans le but d'influencer le comportement du public et de garder la société sous une surveillance et un contrôle étroits. En de telles circonstances, la dynamique scientifique et technologique du pays ne serait pas inversée, mais se nourrirait en fait de la situation qu'elle exploite.

« Une crise sociale persistante, l'émergence d'une personnalité charismatique et l'exploitation des médias de masse afin d'obtenir la confiance du public seraient les tremplins d'une transformation fragmentée des États-Unis en une société hautement contrôlée.

« Nous assistons aujourd'hui à l'émergence d'élites transnationales, mais elles sont maintenant composées d'hommes d'affaires internationaux, d'érudits et de fonctionnaires. Les liens de ces nouvelles élites transcendent les frontières nationales. Leurs perspectives ne sont pas limitées par les traditions nationales et leurs intérêts sont plus fonctionnels que nationaux. De plus en plus, les élites intellectuelles tendent à penser en matière de problèmes mondiaux : la nécessité de surmonter les retards, éliminer la pauvreté, empêcher la surpopulation, développer des mécanismes de maintien de la paix efficaces. La préoccupation pour l'idéologie cède la place à des préoccupations pour l'écologie, la pollution, la surpopulation et le contrôle des maladies, des drogues et de la météo. Il existe un consensus largement répandu selon lequel la planification fonctionnelle est désirable et reste le seul moyen de faire face aux diverses menaces écologiques.

« La fiction de la souveraineté n'est désormais plus compatible avec la réalité. Le temps est venu pour qu'un effort commun façonne une nouvelle structure de politiques internationales. Il existe déjà des accords répandus sur le développement de forces de maintien de la paix internationales. La naissance d'une conscience mondiale oblige à abandonner les préoccupations pour la suprématie nationale et à accentuer l'interdépendance mondiale. »

La vision du futur de Brzeziński n'était pas qu'une simple spéculation ou supposition. Il était un membre de la classe dominante qui passa sa vie à utiliser des États-nations, ainsi que leurs populations, en tant que pions sur un échiquier où les joueurs étaient en grande partie dangereusement inconscients de la réalité qui les entourait. Je pense que le livre de Brzeziński décrit le monde du début des années 2020. Je recommande vivement de se plonger profondément dans son ouvrage pour découvrir des aperçus fascinants quant à notre situation actuelle et la direction que nous pourrions prendre.

À présent que nous comprenons un peu l'histoire de la technocratie et quelques idées qu'elle proposait, nous devons examiner le monde d'aujourd'hui afin de relever l'influence technocratique (ou si vous préférez, technétronique).

Commençons par observer les entreprises les plus riches et les PDG les plus influents. Ces individus gèrent des entreprises qui ont amassé de larges sommes de richesse financière ainsi qu'une quantité insondable de données numériques sur chacun de leurs clients. Les technocrates du début des années 2020 vont de Jeff Bezos chez Amazon, Bill Gates chez Microsoft, Mark Zuckerberg chez Facebook, Elon Musk chez Tesla, à ceux moins connus de chez Google, Apple, et tant d'autres. Il est intéressant de noter qu'Elon Musk semble suivre le même chemin que son grand-père, Joshua Haldeman, un directeur de recherche à la Technocracy Incorporated au Canada et le président national du Parti Crédit social[1].

Ces hommes et leurs collègues de diverses industries technologiques exercent un pouvoir immense par le biais de leurs entreprises, leur richesse et leur influence culturelle. Ces individus ont suffisamment d'argent, de ressources et de connexions pour façonner les élections, réaliser une géo-ingénierie[2] du climat et causer des baisses dans le marché boursier, pour ne citer que quelques exemples. Ils forment la classe technocratique d'aujourd'hui.

Je tiens à rappeler à l'éventuel lecteur du futur que ces noms pourraient ne rien signifier pour vous à ce stade. Ils pourraient en effet n'être que les vestiges d'un lointain passé. Peu importe les noms des entreprises, des PDG et des gouvernements remplissant ce rôle, les préoccupations et les solutions envisageables restent les mêmes. Si la technologie continue de progresser à ce rythme, alors il est fort possible que la tendance à la surveillance se poursuive elle aussi, avec une diminution de la vie privée et de toutes les libertés. *C'est ce que nous cherchons à surmonter.*

Un autre exemple du monde technocratique implique l'utilisation croissante d'outils de surveillance tels que la reconnaissance faciale, la détection vocale, les caméras CCTV[3] 24h/24 et 7j/7, l'intelligence artificielle, la manipulation algorithmique, la surveillance des téléphones portables, le suivi des réseaux sociaux, la géolocalisation, l'écoute numérique via des appareils intelligents, et la poussée générale vers un réseau intelligent alimenté par

1. Ancien parti politique conservateur-populiste au Canada qui prônait les théories de réforme monétaire du crédit social.

2. Ensemble des techniques qui visent à manipuler et modifier le climat et l'environnement de la Terre, et par extension d'une planète en première intention et à grande échelle.

3. Système de surveillance vidéo en circuit fermé.

la 5G. Bien sûr, ces technologies ne sont pas promues en tant qu'outils de surveillance, mais plutôt en tant qu'outils pour la sécurité, la commodité, l'éducation et le profit. Cependant, le résultat reste le même : pendant que les individus et les entreprises promeuvent des solutions technologiques pour soigner les maux du monde, ils entraînent une perte de libertés individuelles et un contrôle de plus en plus centralisé.

Bien entendu, une bonne dose de propagande de la part du complice préféré de l'État, les médias d'entreprises, peut aider à vendre à la société le besoin d'un monde numérique complètement interconnecté où les scientifiques et les experts organisent nos vies. Le livre *La révolution technétronique* de Brzeziński offre un meilleur aperçu du plan technocratique :

« Au sein de la société technétronique, la tendance semble être d'agréger[1] le soutien individuel de plusieurs millions de citoyens désorganisés, facilement à la portée de personnalités magnétiques et attirantes, et d'exploiter les techniques de communication les plus récentes afin de manipuler les émotions et de contrôler la raison. »

Ensemble, les technocrates (autrement dit, Big Tech), leurs amis obéissants des médias et leurs partenaires au gouvernement deviennent ce que j'appelle l'État technocratique.

Le reste de cet ouvrage est dédié à trouver les failles de cet État technocratique et à exploiter ses faiblesses. Comme indiqué dans l'introduction, ceux qui désirent maintenir la vie privée et la liberté doivent être prêts à s'adapter à l'émergence constante de technologies qui ont le pouvoir de libérer ou de subjuguer nos cœurs et nos esprits. Je pense que la clé de la résistance à la technocratie peut être trouvée dans le travail de Samuel Konkin III et sa théorie de la contre-économie.

1. Adjoindre, rattacher quelqu'un à quelque chose.

2. La contre-économie et l'agorisme

Note : avant de nous attaquer à « comment » vivre une vie en dehors des limites imposées par un État technocratique de plus en plus omniscient, nous devons comprendre l'histoire et la philosophie de la contre-économie. Ce chapitre inclut un récapitulatif de la stratégie de la contre-économie, comprenant diverses définitions apportées par Samuel Konkin III. Le troisième chapitre déconstruit davantage la philosophie agoriste. Les deux chapitres avaient à l'origine été publiés dans mon troisième livre, Manifeste d'une humanité libre, *mais ont été mis à jour pour mieux refléter la nature spécifique de ce livre. Je les inclus ici sous la forme d'une brève introduction aux concepts de contre-économie et d'agorisme.*

J'ai l'espoir que ce condensé du travail de Samuel Konkin aidera les lecteurs à comprendre que ces stratégies peuvent être appliquées à leur vie de tous les jours, qu'importe leur âge, race, religion, ethnicité, sexe, appartenance politique, statut socioéconomique, ou toute autre division de l'espèce humaine. Tout simplement, la contre-économie est une stratégie qui peut être appliquée par n'importe qui et n'importe où dans le monde. Aux lecteurs nouveaux dans ce domaine de recherche, je vous recommande de consulter New Libertarian Manifesto[1] *et* An Agorist Primer[2] *de Konkin. À ceux familiers à la contre-économie et l'agorisme, je vous recommande de passer tout de suite au chapitre 4.*

En 1979, l'anarchiste, activiste et écrivain Samuel E. Konkin III publia *Le Manifeste néo-libertarien*, présentant ses arguments en faveur d'une souche de libertarianisme[3] qu'il appelait « néo-libertarianisme ». La philosophie derrière le mouvement du néo-libertarianisme était l'agorisme, nommée selon l'« agora », le mot grec désignant « la place publique », soit le lieu où se réunit le peuple. Nous développerons ce qu'est l'agorisme dans un instant, mais c'est principalement une philosophie radicale qui cherche à créer une société libre de toute contrainte et de toute

1. *Le Manifeste néo-libertarien,* non disponible en langue française.

2. *Une introduction agoriste*, non disponible en langue française.

3. Philosophie politique selon laquelle une société juste est une société dont les institutions respectent et protègent la liberté de chaque individu d'exercer son plein droit de propriété sur lui-même ainsi que les droits de propriété qu'il a légitimement acquis sur des objets extérieurs.

force en encourageant les individus à se soustraire au réseau de contrôle de l'État-entreprise. Konkin pensait que si une masse de personnes retirait son argent, son temps et son soutien aux entreprises et au pouvoir d'État, cela épuiserait suffisamment les ressources de l'État pour qu'il s'effondre. Tandis que l'État s'effondrerait, les agoristes aideraient à construire des systèmes qui ne sont pas basés sur la violence et la contrainte.

Konkin appela les individus à quitter le système économique dominant, car il fut l'un des premiers penseurs modernes à reconnaître que le marché non réglementé est le plus grand marché au monde. Parfois connue en tant que « système D », alternative ou économie informelle, la valeur de ce marché non taxé et non réglementé a une valeur marchande s'évaluant en milliers de milliards de dollars. Tout au long de l'histoire, quand un gouvernement ou un roi tente d'imposer la prohibition, qu'elle soit des drogues, de l'alcool, des paris, du sexe, ou des livres, il provoque accidentellement une hausse de l'économie clandestine ou, comme l'appelle Konkin, la contre-économie. En reconnaissant que l'État avait été incapable de ralentir la hausse de la contre-économie, Konkin y vit une opportunité de priver l'État de pouvoir et de préserver la liberté du peuple.

Konkin appela cette stratégie « la contre-économie », qu'il définit comme la « théorie et pratique de toute action humaine qui est à la fois rejetée par l'État et qui n'implique aucune violence ou menace de violence. » Au fil des ans, Konkin affina continuellement sa compréhension et ses écrits sur le sujet, et ce faisant, il offrit plusieurs définitions et contextes de la contre-économie :

« Une explication de comment des personnes gardent éloignées leurs richesses et propriétés de l'État est donc un contre-établissement de l'économie, ou pour faire court, la contre-économie. L'activité contre-économique est la pratique réelle d'actions humaines qui contournent, évitent et défient l'État. Le terme de contre-économie sera sans aucun doute utilisé de la même manière négligée que l'"économie" désigne à la fois la science et ce qu'elle étudie. Puisque cet écrit est lui-même une théorie contre-économique, ce qui est désigné sous le nom de contre-économie est la pratique. » (*Le Manifeste néo-libertarien*)

« Un contre-économiste est (1) n'importe quelle personne pratiquant un acte contre-économique ; (2) celui qui étudie de tels actes. La contre-économie est (1) la pratique ou (2) l'étude d'actes contre-économiques. » (*Une introduction agoriste*)

« La contre-économie, c'est de faire ce que vous voulez, quand vous voulez, pour les raisons que vous souhaitez. » (*La contre-Économie*)

« La contre-économie sonne comme la contre-culture. En effet, le terme fut choisi avec cela à l'esprit. Là où la contre-culture rejetait une "culture" établie et ses valeurs dans les années 1960, la contre-économie rejette l'économie établie, considérée comme étant tout autant corrompue. Une grande partie de la contre-culture était contre-économique, une grande partie ne l'était pas. **L'anti-économie n'est pas une contre-économie. En effet, la contre-économie en tant que théorie fut développée à partir de ce que l'on pourrait appeler une révolte orthodoxe contre une économie établie hérétique et impure.** » (*La contre-Économie*)

J'ai toujours considéré la contre-économie comme une méthode pour aligner nos actions avec les objectifs et principes que nous avons déclarés. Si vous ne soutenez pas les guerres d'agression illégales, alors trouvez le moyen de vous soustraire aux taxes ou de donner vos taxes à une association caritative (voir : *résistance fiscale à la guerre*). Si vous en avez assez des banques centrales qui manipulent la monnaie d'État et qui vous asservissent via de l'argent factice, alors évitez l'argent de l'État, utilisez une monnaie alternative, troquez, réduisez vos besoins en argent, etc.

La contre-économie suggère que les personnes d'une grande moralité enfreignent les lois injustes en choisissant consciemment de se soustraire aux systèmes qui ne correspondent pas à leurs valeurs. Comme Konkin l'a indiqué dans son ouvrage inachevé, *La contre-Économie* :

« L'activité contre-économique correspond à toute action qui a lieu sans l'approbation de l'État. Et puisque les lois couvrent presque chaque activité humaine, prohibant souvent l'action aussi bien que son inaction correspondante, **tout le monde doit contourner ou enfreindre les lois ne serait-ce qu'un peu afin de simplement exister.** »

Être un contre-économiste signifie que lorsque vous rencontrez un obstacle sur le chemin de votre liberté et santé, vous trouvez le moyen de le contourner. Cela peut impliquer d'utiliser ou de créer une monnaie alternative, des efforts de jardinage communautaire qui fournissent l'opportunité de se libérer des magasins alimentaires appartenant à de grandes entreprises, de la résistance fiscale, de gérer une entreprise sans licences afin que votre argent si durement gagné ne finisse pas dans les caisses de l'État, et bien d'autres encore. La contre-économie s'étend également à la création de programmes éducatifs alternatifs, d'écoles gratuites ou de partages de compétences, et aux entreprises médiatiques indépendantes qui contrent les récits établis.

La vérité est que la contre-économie se trouve tout autour de vous. À chaque fois que quelqu'un paie un voisin en liquide pour tondre la pelouse ou faire un travail manuel, il participe à la contre-économie. La transaction n'implique aucune taxe allant à l'État et l'utilisation d'espèces en fait une transaction non numérique, intraçable. Si vous avez déjà acheté dans un vide-grenier, une brocante ou une boutique éphémère et n'avez payé aucune taxe, ou bien même payé avec une monnaie alternative, alors vous avez été un contre-économiste. Bien sûr, la plupart des personnes qui participent à la contre-économie, aussi appelée économie clandestine ou alternative, ne se rendent pas compte de son potentiel et n'ont probablement jamais entendu parler de Konkin ou de contre-économie. Celui-ci pensait qu'une prise de conscience et une sensibilisation au pouvoir de la contre-économie pourraient créer une mobilisation de la population. Elle sortirait alors du système et formerait de nouvelles méthodes en dehors de l'État technocratique.

Pour une meilleure compréhension du travail de Konkin, jetons un œil à son ouvrage sur l'agorisme. Il est important de noter qu'il n'est pas nécessaire de s'identifier en tant que néo-libertarien, libertarien, agoriste ou anarchiste pour apprécier et utiliser la contre-économie. En des termes simples, on peut pratiquer la contre-économie pour les bénéfices qu'elle offre en permettant d'échapper à l'État technocrate, même si l'on n'est pas entièrement d'accord avec les théories de Konkin. Cependant, je partage cette étude, car je crois que ses idées offrent une marche à suivre viable.

Comprendre l'agorisme

Dans *Le Manifeste néo-libertarien*, Konkin expose les grandes lignes de sa vision d'un monde plus juste et plus libre en décrivant tout d'abord la condition actuelle de la société : l'étatisme. L'étatisme est la tendance des citoyens d'une nation à considérer l'État comme le mécanisme auquel on peut apporter des changements. Ainsi, un étatiste est une personne qui a une confiance aveugle dans l'autorité de l'État et qui s'y adresse constamment afin de régler les maux de la société.

Konkin décrit brièvement le cheminement de pensée de l'être humain, depuis l'esclavage jusqu'à l'émergence de la pensée libertarienne, et met l'accent sur l'importance de la cohérence entre moyens et fins. En effet, Konkin pense qu'exposer les inconsistances étatistes est « l'activité la plus cruciale de la théorie libertarienne. » À partir de là, Konkin décrit le but de l'agorisme et les moyens contre-économiques nécessaires pour l'atteindre.

Afin de dépeindre un portrait réaliste de la lutte agoriste pour un monde plus libre, Konkin explique les quatre étapes de passage de l'étatisme à l'agorisme. Il explique également les diverses actions qu'un agoriste conscient pourrait exploiter afin de faire progresser la propagande agoriste et l'activité contre-économique. En comprenant la vision de progrès de Konkin, il est possible de créer un diagramme pour décrire le chemin parcouru par la société dans son ensemble et où, en tant qu'individus, nous nous trouvons dans ces paliers. Une fois établis, il sera possible d'élaborer des stratégies qui peuvent aider le néo-libertarianisme à avancer étape par étape.

Konkin commence par la « Phase Zéro : Société agoriste à densité zéro ». La phase zéro est l'époque durant laquelle les agoristes n'existaient pas et où la pensée libertarienne était éparpillée et désorganisée. Selon Konkin, cela correspond à la majeure partie de l'histoire de l'humanité. Une fois que les libertariens devinrent conscients de la philosophie de l'agorisme, l'activité contre-économique débuta et nous passâmes à la première phase : « Société agoriste à densité faible ».

Lors de cette phase, les premiers contre-économistes libertariens apparurent. Konkin pensait qu'il s'agissait d'une époque dangereuse pour les activistes qui seraient tentés par des projets « *Get-Liberty-Quick* », « obtenir rapidement la liberté ». Konkin rappelle également aux agoristes de ne pas être tentés par les campagnes politiques. Il écrivit : « Tout sera vain si, pour nulle autre raison que la liberté se développe individuellement, la conversion de masse devient impossible. »

La première phase est présentée à une époque où l'objectif principal des quelques contre-économistes participants est de recruter et de créer des « caucus radicaux », ou comme je les appelle, des cellules libertariennes[1]. Konkin observe également que la majorité de la société agit « avec peu de compréhension d'une quelconque théorie, mais est entraînée par le gain matériel à contourner, éviter et défier l'État. Elle représente certainement un potentiel prometteur. »

Afin d'atteindre une société libre, Konkin met une fois de plus l'accent sur le besoin d'éducation et de « sensibilisation des contre-économistes à la compréhension libertarienne et à la solidarité mutuelle. » Il appelle également à la création d'un mouvement qui peut devenir suffisamment im-

1. *Freedom Cells*

portant en influence et en nombre lors des derniers stades de la première phase pour être capable de « bloquer les actions marginales de l'État. » La capacité à bloquer les actions de l'État a énormément augmenté au cours des dernières années avec l'explosion de réseaux *peer-to-peer*[1] décentralisés via Internet qui permettent de partager rapidement des informations et d'appeler à s'organiser. Il existe un nombre croissant de vidéos sur Internet montrant des communautés se rassembler afin de s'opposer à des arrestations injustes de la part des agents de l'État.

Par exemple, les sites et applications *FreedomCells*, *NextDoor* et *GetCell411* offrent des outils qui peuvent être utilisés afin de renforcer nos communautés, d'accroître la contre-économie et de se retourner contre l'État. En utilisant le réseau de cellules libertariennes, il est possible de localiser dans sa ville, son État ou son pays d'autres individus à l'esprit libre, et ce dans le but précis de se rassembler dans le monde réel et de dépasser le besoin d'un gouvernement.

En 2016, nous avons lancé *FreedomCells* sous la forme d'une plateforme en ligne qui permet de créer des groupes d'entraide appelés des cellules libertariennes. Nous en parlerons plus en détail dans le prochain chapitre. *NextDoor* permet également à l'utilisateur de joindre la communauté locale, à la fois en ligne et dans la vraie vie. L'application présente l'avantage supplémentaire de se concentrer sur un quartier particulier. Cela permet aux individus de diffuser des informations importantes de sécurité, des objets trouvés ou des opportunités d'affaires contre-économiques directement aux personnes à proximité. Enfin, *Cell411* se décrit comme étant une « plateforme gratuite de gestion des urgences en temps réel. » Cela signifie qu'elle permet de créer des « cellules » ou groupes auxquels on peut envoyer des alertes directes en cas de pneu crevé, d'accident de voiture, de violence de la part d'un agent de l'État, ou toute autre urgence. L'application permet également un véritable covoiturage agoriste pour lequel nul tiers n'établit de prix ou type de monnaie à utiliser pour un trajet.

Note : une fois de plus, pour l'éventuel lecteur du futur, si ces sites ou applications deviennent non pertinents au fil du temps ou des avancées technologiques, il est important de s'assurer que nous, en tant que personnes libres, ayons des alternatives à l'État et aux entreprises.

Chacun de ces outils fait partie de la technologie de la contre-économie ayant le potentiel de rendre complètement obsolètes les interventions et

1. Lit. « d'égal à égal ». Modèle d'échange en réseau où chaque entité est à la fois client et serveur, contrairement au modèle client-serveur.

les régulations de l'État. Si nous nous saisissons de l'opportunité, nous pouvons développer les marchés noirs et les marchés gris en utilisant ces plateformes *peer-to-peer* émergentes. Konkin pensait que c'était précisément ce qui aiderait la société à passer de la première à la deuxième phase.

Tandis que nous passons à la deuxième phase, intitulée « Société agoriste à densité moyenne et faible condensation », les étatistes commencent à prendre conscience de l'agorisme naissant. Konkin croit que c'est au cours de cette phase que la contre-économie se développe et que les agoristes commencent à représenter « une sous-société agoriste toujours plus grande et intégrée dans la société étatiste. » Bien que la majorité des agoristes vive toujours au sein des territoires revendiqués par l'État, nous commençons à apercevoir un « spectre du degré d'agorisme chez la plupart des individus. » Cela inclut les bénéficiaires de l'État qui sont « fortement étatistes » et « quelques personnes pleinement conscientes de l'alternative agoriste. » Cependant, la majorité de la société est toujours impliquée dans l'économie étatiste.

À partir de là, Konkin indique que les agoristes pourraient vouloir commencer à se condenser en districts, minorités, îles ou colonies spatiales. Nous commençons en effet à observer la naissance de communautés, de *seasteaders*[1], d'écovillages, de coopératives et d'espaces clandestins à l'esprit agoriste qui mettent l'accent sur l'activité contre-économique et la création de contre-institutions à l'État. Konkin pensait que ces communautés agoristes pourraient être capables de compter sur la solidarité de la société dominante afin d'empêcher une attaque de la part de l'État.

C'est le moment où la question de la défense et de la protection de la communauté entre en jeu. Nous avons vu l'apparition de mesures de protection communautaires alternatives au monopole de la police d'État (voir le Centre de gestion des menaces à Détroit et les *Autodefensas*[2] au Mexique), mais jusqu'à présent rien de purement agoriste n'a vu le jour. C'est la création de ces groupements de protection communautaire qui, à terme, permettra à l'agora de s'épanouir. Toutefois, pour que cela ait lieu « il faudra que la société entière ait été corrompue par l'agorisme jusqu'à un certain degré », menant à la possible création d'un mouvement clandestin ou bien visible que Konkin appelait l'Alliance néo-libertarienne (ANL). L'ANL agit simplement en tant que porte-parole de l'agora et

1. De l'anglais « sea », la mer et « steader » base, stable. Bases permanentes d'habitation sur la mer.

2. « Grupos de autodefensas » ou « Policía comunitaria » ou « Policía popular ». Groupes d'autodéfense formés par des civils au Mexique.

utilise chaque opportunité pour faire la publicité de la supériorité de la vie agoriste par rapport à celle étatiste et plaide peut-être pour la tolérance envers ceux qui ont des "méthodes différentes". »

Cela nous amène à la troisième phase, intitulée « Société agoriste à haute densité et importante condensation. »Elle est décrite comme le moment où l'État passe à une période finale de crise, en partie à cause de « la ponction des ressources de l'État et la corrosion de son autorité par le développement de la contre-économie. » Tandis que l'agora accroît son influence, la mainmise de l'État se dissipe également à cause de pratiques économiques non durables. Konkin avertit de nouveau que les étatistes essaieront de convaincre les néo-libertariens avec des « anti-principes » et appelleront au maintien de la « vigilance et de la pureté de pensée. » Les néo-libertariens fortement motivés se tournent vers la R&D[1] afin d'aider à la création des premières agences de protection et d'arbitrage agoristes qui concurrenceront l'État. À ce stade, le gouvernement et l'État existent dans un ensemble qui se concentre principalement sur un même territoire géographique. Ceux qui vivent sous l'étatisme sont bien conscients de la liberté que vivent leurs homologues agoristes. L'État est devenu suffisamment faible pour que « de larges syndicats d'agences de protection du marché » puissent contenir l'État et défendre les néo-libertariens qui souscrivent à une assurance de protection. C'était, selon Konkin, « la dernière étape avant la concrétisation d'une société libertarienne. » La société est divisée entre les zones agoristes plus larges et les centres étatistes isolés.

La transition entre la troisième et la quatrième phase entraîne « le dernier déchaînement de violence de la part de la classe dominante. » Konkin déclara qu'une fois que les intellectuels de l'État auront reconnu que leur autorité n'est désormais plus respectée, ils choisiront d'attaquer. La défense contre l'État sera gérée une fois que la contre-économie aura généré des syndicats d'agences de protection suffisamment importants pour se défendre contre les étatistes restants. L'ANL devrait œuvrer à empêcher que l'État reconnaisse ses faiblesses jusqu'à ce que le mouvement agoriste ait réussi à complètement corrompre la société étatiste. Une fois que les communautés agoristes auront résisté avec succès à l'attaque de l'État, la révolution agoriste sera complète. Tandis que nous passons de la troisième et la quatrième phase, Konkin observe que les trois premiers changements

1. Lit. « Recherche et Développement ». Ensemble des activités entreprises de façon systématique en vue d'accroître la somme des connaissances, y compris la connaissance de l'homme, de la culture et de la société, ainsi que l'utilisation de cette somme de connaissances pour de nouvelles applications.

« sont en réalité des divisions plutôt artificielles ; aucun changement brutal ne se produit de la première à la deuxième en passant par la troisième. » Néanmoins, il envisage que le changement entre la troisième et la quatrième phase sera « quelque peu soudain ».

Dans la quatrième phase, intitulée « Société agoriste avec des impuretés étatistes », l'État a poussé son dernier soupir et la contre-économie devient le marché libre au sein duquel les échanges sont exempts de toutes contraintes. Konkin prédit que « la division du travail et le respect de soi de chaque travailleur-capitaliste-entrepreneur éliminera probablement l'organisation traditionnelle des entreprises, en particulier la hiérarchie d'entreprise, imitant l'État et non le marché. » Il imagine les entreprises comme des associations de contractants, consultants et entrepreneurs indépendants. Une fois les derniers membres de l'État appréhendés et traduits en justice, la liberté devient la base de la vie ordinaire et « nous nous attaquons aux autres problèmes auxquels l'humanité fait face. »

Que la totalité de la vision de Konkin soit réelle ou non, le monde a au moins fait quelques légers progrès au cours des phases prédites dans *Le Manifeste néo-libertarien*. Tous les signes indiquent que la contre-économie et la pratique consciente du mouvement agoriste se trouvent quelque part à la fin de la première phase et se fondent dans la deuxième phase. Tel que nous l'avons mentionné plus tôt, l'Internet (et la technologie dans son ensemble) a considérablement augmenté les chances de succès de la révolution konkienne. Tandis que l'humanité est exposée aux valeurs d'une vie exempte de toutes contraintes, elle n'a pas encore été correctement exposée aux outils nécessaires à la création d'un tel monde. Si le mouvement agoriste et la contre-économie continuent de s'étendre à la même vitesse que la violence et le vol de l'État, ce ne sera qu'une question de temps avant que l'on aperçoive des agences de protection capables de défendre le peuple. Konkin pensait qu'une fois que le peuple aurait reconnu que l'État était affaibli et déclinant, il se mettrait naturellement à graviter autour de la contre-économie, menant à la réalisation de sa vision agoriste.

Il est évident que la population mondiale désire échanger ses biens et ses services sans barrières oppressives et élitistes à l'entrée sur le marché. Les individus souhaitent s'associer et échanger volontairement, sans interférences ou interventions. Ce désir conduira *toujours* à la création d'une activité contre-économique sur les marchés noirs et les marchés gris, et ce aussi longtemps que l'économie étatiste « dominante » sera sujette aux caprices des marionnettes actuellement au contrôle. Cependant, chercher à échapper à la régulation de l'État n'est pas le seul but de notre stratégie agoriste et contre-économique. **L'objectif final est une société exempte d'État dans laquelle les individus libres ne sont pas liés par la force ou la contrainte de l'État parasite et de la classe des entreprises.**

Bien que cela soit rarement débattu au sein des écoles publiques ou des médias dominants, il y a plusieurs exemples de sociétés et de communautés apatrides ayant existé au cours de l'histoire. Pour ceux intéressés par l'étude d'anciennes sociétés apatrides, je recommande l'étude de *Zomia ou l'Art de ne pas être gouverné*[1] de James Scott, *A Century of Anarchy: Neutral Moresnet Through the Revisionist Lens*[2] de Peter C. Earle, ainsi que *La Société contre l'État*, de Pierre Clastres.

1. James C. Scott,Nicolas Guilhot, et al., 2013
2. *Un siècle d'anarchie : le Moresnet neutre à travers une visière révisionniste*, non disponible en langue française.

3. Agorisme vertical et horizontal

«Alors que de plus en plus de personnes rejettent les mystifications de l'État (nationalisme, pseudoéconomie, fausses menaces et promesses politiques trahies), la contre-économie se développe à la fois verticalement et horizontalement. Horizontalement, cela implique de plus en plus de personnes qui tournent de plus en plus leurs activités vers la contre-économie. Verticalement, cela signifie que de nouvelles structures (entreprises et services) se développent spécifiquement pour servir la contre-économie (liens de communications surs, médiateurs, assurances pour les activités en particulier "illégales", premières formes de technologie de protection, et même des gardiens et des protecteurs). La "clandestinité" finit par gagner du terrain, là où la plupart des personnes sont agoristes, car peu sont étatistes, et là où l'autorité publique la plus proche ne peut pas réellement les anéantir.»

Samuel Edward Konkin III
Agorisme appliqué : une approche agoriste[1]

Nous allons examiner deux types différents d'actions contre-économiques qui s'appliquent à une variété de personnes ayant des situations de vie différentes. Je qualifie ces stratégies d'agorisme vertical et horizontal. Nous travaillons à partir de deux définitions complémentaires de l'agorisme horizontal et vertical qui expliquent davantage le « comment » de la philosophie agoriste. Ces définitions proviennent de la citation ci-dessus de Samuel Edward Konkin III et de l'essai de 2006 intitulé Une stratégie pour reconquérir l'État[2], par l'économiste suédois autrichien Per Bylund. Comparons ces définitions et voyons de quelle manière elles peuvent ouvrir la voie au contre-économiste curieux.

Konkin commence par décrire la contre-économie comme se développant horizontalement, dans le sens où une partie croissante de la population générale oriente ses activités vers l'économie non étatiste. Le développement vertical, au sens konkien du terme, implique la création effective de contre-institutions par rapport à leurs équivalents étatistes. Cela signifie créer des alternatives, non seulement pour les centres de pouvoir

1. Titre original : *Applied Agorism, An Agorist Primer.*

2. Titre original : *A Strategy for Forcing the State Back.*

économique par le biais de nouvelles monnaies, mais aussi des alternatives pour les médias d'entreprise en sommeil, les systèmes de production alimentaire des entreprises, les centres universitaires conformes et pour le complexe industriel à but non lucratif en pleine expansion.

Per Bylund définit sa vision de l'agorisme vertical comme la stratégie « introvertie » basée sur le travail et sur les idées du libertarien radical, Karl Hess. Ce dernier était un orateur et un rédacteur de discours particulièrement éloquent, qui est passé de conservateur à anarchiste libertarien, puis à organisateur et activiste communautaire plus de gauche. Pendant les années 1960, il fut fortement impliqué dans l'organisation d'évènements sur les campus lors de la montée de la nouvelle gauche et des nouveaux mouvements étudiants pacifistes. Hess travailla avec Murray Rothbard, Samuel Konkin, Carl Ogelsby qui était membre de l'organisation étudiante « Étudiants pour une société démocratique »[1], ainsi qu'avec d'autres militants, dans le but de former des alliances entre la nouvelle gauche émergente et les mouvements libertariens. Il fut également l'une des rares personnes à se faire voler la totalité de son salaire par l'IRS[2] pour avoir contesté son impôt sur le revenu.

Dans les années 1970, Hess réorienta son activisme en expérimentant le renforcement communautaire dans le quartier à faible revenu d'Adams-Morgan, à Washington. Dans ses livres Technologie communautaire[3] et Pouvoir local[4], Hess présente la façon dont il a travaillé avec ce quartier pour bâtir une communauté autonome centrée sur la durabilité, ou ce qui a été qualifié de « technologie appropriée ». Hess y décrit un quartier avec du jardinage aquaponique[5] dans les sous-sols, des jardins sur les toits et des services collectifs destinés à remplacer les dispositifs de l'État. Il était catégorique : les différents outils ainsi que la technologie contribuent directement à la liberté. En étant capable de partager ces outils avec les membres de sa communauté, on peut partager l'accès aux moyens de production et encourager l'esprit d'entreprise.

C'est cet accent mis sur l'autonomisation de la communauté que Per Bylund appelle la stratégie verticale ou introvertie. Ces actions peuvent être considérées comme agoristes dans le sens où elles visent à renforcer l'autonomie et la dépendance communautaire, plutôt que la dépendance à

1. « Students for a Democratic Society »
2. « Internal Revenue Service ». Équivalent américain du fisc français.
3. Titre original : *Community Technology*
4. Titre original : *Neighborhood Power*
5. Système de jardinage liant la culture des végétaux à l'élevage de poissons.

l'égard des forces externes, mais elles ne sont pas ouvertement contre-économiques, car elles n'impliquent pas le marché noir et le marché gris. Néanmoins, ces actions verticales sont extrêmement précieuses et nécessaires.

L'agorisme vertical comprend la participation et la création de réseaux d'échanges communautaires, d'agriculture urbaine, de jardins potagers, de marchés fermiers, de soutien aux alternatives policières et de soutien des technologies décentralisées « peer-to-peer[1] ». Bien que ces mesures verticales puissent potentiellement impliquer l'utilisation de la monnaie de l'État (ce qui n'est alors pas complètement contre-économique), elles restent tout de même importantes pour remettre en question la dépendance à l'égard de l'État et des classes d'entreprise.

D'autres mesures verticales peuvent ne pas impliquer directement le changement de devises, mais peuvent toujours agir contre la dépendance. Cela pourrait inclure à la fois un soutien moral et la promotion de technologies qui entravent le statu quo et favorisent des relations plus fortes entre les membres de la communauté.

On peut retrouver un exemple flagrant de l'agorisme vertical dans les médias alternatifs en pleine croissance qu'Internet a fait naître. Il y a moins d'une génération de cela, les médias traditionnels, détenus par de grosses entreprises multinationales et fermement réglementés par le gouvernement, contrôlaient toutes les informations transmises à la société. La transmission de l'information au sein de la société venait des hautes instances, ce qui facilitait davantage le lavage de cerveau et la propagande auprès de la population. Toutefois, avec la montée d'Internet, les militants et les personnes en quête de liberté ont découvert que, par ce nouvel intermédiaire, ils pouvaient créer leurs propres médias, devenir eux-mêmes journalistes et lutter contre la propagande de l'État. En quelques années seulement, les médias alternatifs ont rapidement renversé le monopole des médias traditionnels, en prenant une grande partie de leur part de marché, autrefois exclusive. Dans notre étude, l'essor des médias indépendants constitue un excellent exemple de la manière dont des systèmes et des institutions alternatifs peuvent être créés pour concurrencer les monopoles étatiques existants (malheureusement, le lien entre l'entreprise et l'État a également gagné les médias sociaux, et la censure des voix indépendantes est devenue omniprésente à partir de 2019).

L'objectif est de remettre en question et de contester les mécanismes du

1. Pair à pair

pouvoir qui cherchent à influencer et à régir nos vies. Cela inclut l'État ainsi que d'autres institutions qui tentent d'influencer et d'exercer un contrôle. Par exemple, en choisissant de cultiver vos propres aliments, ou en soutenant les agriculteurs locaux, vous choisissez de prendre des mesures verticales pour vous éloigner des sociétés de biotechnologies qui encouragent l'utilisation intensive de pesticides et d'une technologie potentiellement dangereuse. Vous ne soutenez pas non plus l'import de produits alimentaires qui ont été transportés sur des milliers de kilomètres. Au lieu de cela, vous vous rendez dans votre jardin ou au marché local pour vous procurer vos produits. Cela augmente considérablement votre indépendance, tout en cessant de soutenir un secteur non durable. Ces mesures verticales sont aussi les moyens les plus simples de commencer à vivre en accord avec vos principes. Une fois de plus, nous pouvons constater la valeur de cette cohérence des mots et des actions.

Per Bylund définit la stratégie horizontale, ou extravertie, comme étant plus directement liée aux idées de Konkin. Le terme « extraverti » découle du choix audacieux de poursuivre des actions que l'État considère comme illégales ou immorales. En vous aventurant sur ce terrain-là, vous rejoignez les rangs du contrebandier, des trafiquants d'alcool, de cannabis et d'armes, du jardinier guérilléro, de l'anarchiste de la cryptomonnaie, des tondeurs de gazon, commerçants ou coiffeurs sans qualifications. Lorsque l'on combine la stratégie agoriste verticale et horizontale, on obtient une image qui illustre les mesures qu'un grand nombre de personnes peuvent prendre dans des situations et des environnements de vie divers et variés.

Dans le coin inférieur gauche, nous avons l'étatisme, et dans le coin supérieur droit, nous avons l'agorisme. Nous pouvons déterminer des actions verticales qui aident l'individu à se libérer de la dépendance. Votre situation est peut-être mieux adaptée à des actions verticales, telle que cultiver vos propres aliments, utiliser des messages cryptés, organiser chez vous des partages de compétences entre communautés, travailler sur les méthodes éducatives non violentes, fournir des alternatives à l'aide sociale de l'État grâce au financement participatif des projets communautaires, en donnant à manger aux sans-abri, ou tout simplement en nettoyant le quartier. Chacune de ces mesures fait progresser verticalement l'individu (et à long terme, la communauté) vers l'uniformité et vers l'indépendance. Pour toutes les personnes qui sont prêtes à devenir des contre-économistes et à assumer les risques du marché noir et du marché gris, nous pouvons déterminer leurs actions à la fois verticalement et horizontalement. Un

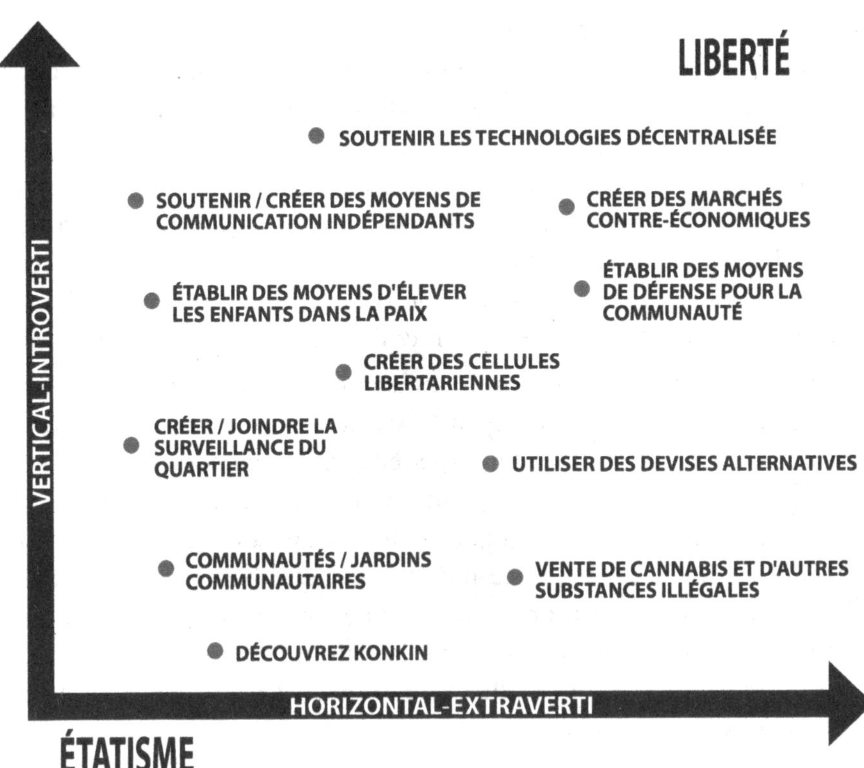

agoriste dont les pratiques sont horizontales et verticales se libérerait de l'étatisme et de la dépendance pour atteindre la partie supérieure droite de l'agorisme. Cela signifie que, pour chaque jardin créé, chaque monnaie alternative utilisée, chaque impôt auquel il se soustrait, chaque compétence partagée, chaque activité exercée illégalement, chaque substance illicite vendue, l'individu peut retracer sa progression en passant de la dépendance à l'autonomie, de l'étatisme à l'agorisme.

Lorsque Konkin adhéra pour la première fois au concept d'agorisme, la contre-économie sciemment exercée n'avait alors peut-être concerné que quelques libertariens radicaux. Mais depuis cette époque, les possibilités d'échanges sur le marché noir et sur le marché gris ont énormément augmenté. À mesure que les faiblesses de l'État deviendront évidentes, il sera alors plus sûr pour les populations de commencer à sortir de l'ancienne économie et à rejoindre la contre-économie. C'est le réel marché libre, ou l'agora, décrit par Konkin.

Il ne faut pas oublier que nous ne pouvons pas vaincre l'État technocratique en utilisant aveuglément sa technologie, car cela ne servirait qu'à lui donner du pouvoir. Nous devons créer et soutenir des solutions contre les monopoles de l'État, chaque fois que cela est possible. Cela demandera aux contre-économistes courageux de s'aventurer dans des territoires inconnus, de commettre des erreurs, et parfois d'être victimes des lois de l'État et d'apprendre les manières d'améliorer notre approche. Nous avons besoin de ces pionniers pour préparer le terrain, afin que d'autres n'aient pas à faire face aux mêmes difficultés à l'avenir. Tandis que ces précurseurs établissent les bases, nous nous attendons également à voir une croissance des communautés libres et des systèmes de libertés dans le monde entier.

J'imagine des milliers de communautés autonomes cohabitant ensemble, et composées d'individus indépendants, ayant des idées et des expressions uniques et très variées de l'expérience humaine. Ces communautés échangent et partagent de leur plein gré leurs compétences, sans la violence inhérente de notre paradigme actuel et sans les atteintes constantes à la vie privée. Je crois que ce monde peut être bâti grâce à un effort d'organisation pour répandre la philosophie agoriste et pour accroître la contribution à la contre-économie par le biais de l'agorisme vertical et horizontal, et du concept de « cellules libertariennes » que nous aborderons dans la deuxième partie.

4. Les inconvénients (et les solutions) du mode de vie contre-économique

Les raisons pour lesquelles on choisit de ne pas s'engager dans des institutions « traditionnelles », ainsi que dans les attentes de la société varient d'une personne à l'autre, mais en général, les individus cherchent à ne plus soutenir des systèmes avec lesquels ils ne sont pas d'accord. Que ce soit sur le plan financier (pour éviter l'imposition) ou philosophique (pour des raisons morales), bon nombre d'entre nous qui vivons en dehors du système traditionnel le font parce qu'ils ne sont pas d'accord avec les dirigeants de ces systèmes, et dans certains cas, avec le système tout entier.

Nous ne voulons pas financer ces gouvernements en nous soumettant à l'imposition. Nous ne voulons pas soutenir le monopole du système bancaire et les banques qui volent le peuple. Nous ne voulons pas bafouer notre sens moral ni nos principes en participant à ce simulacre. Au contraire, nous prenons des mesures pour commencer à nous retirer de ces systèmes aussi rapidement (et prudemment) que possible. Nous avons chacun un objectif ainsi que des points de vue différents sur le niveau d'intensité à mettre dans l'effort visant à ne pas s'engager et à quitter ces systèmes qui encouragent l'autoritarisme et le vol financier. Cependant, ce qui nous unit, c'est notre conviction que les personnes devraient être libres d'organiser leurs propres affaires sans une quelconque intrusion du pouvoir centralisé que constituent le gouvernement ou les monarchies. En d'autres termes, nous reconnaissons que chaque individu est maître de lui-même et devrait pouvoir vivre sans ingérence, extorsion, menace de violence, ou fausse compassion.

Lorsque je suis arrivé à ces conclusions, j'ai ressenti un bouleversement intérieur à la fois profond et évident : « je ne ferai plus partie de ces systèmes que je ne soutiens pas. » Tout d'abord, j'ai cessé d'avoir recours aux banques, car j'ai constaté les conséquences de la crise financière de 2008 et j'ai découvert les nombreuses crises financières créées par des banquiers malhonnêtes, les « banksters[1] », au cours de l'histoire. Deuxièmement, j'ai refusé d'utiliser une carte de crédit et je n'ai jamais tenté d'obtenir un cré-

1. Jeu de mots anglais entre « gangster » et « bank » (banque), c.-à.-d. banquiers gangsters.

dit par l'intermédiaire de ces banques. J'ai aussi arrêté de conduire parce que je ne voulais pas obtenir de carte d'identité nationale; je n'utilise alors que mon passeport. À la fin de l'année 2010, j'ai compris la nature de la guerre et de la violence perpétuée par l'empire américain, et j'ai décidé de ne plus payer d'impôts sur le revenu. J'ai cessé toute déclaration d'impôts et j'ai fait en sorte de maintenir mes revenus en dessous du seuil de pauvreté. J'ai également arrêté d'occuper des emplois qui me rémunéraient par chèque.

Depuis lors, j'ai créé quelques entreprises à mon compte (sans remplir les papiers nécessaires pour obtenir les autorisations de la ville), n'acceptant que des espèces, de l'argent (le métal) ou de la cryptomonnaie.

Tous mes revenus sont des paiements sous forme de matériaux en métal, d'argent liquide, de paiements numériques ou de troc. Bien entendu, je continue de payer des taxes de vente lorsque je ne fais pas mes achats au marché fermier ou directement auprès d'un entrepreneur du marché gris, mais le but est de prendre des mesures en vue d'un total désengagement de nos systèmes. Cela ne se fait pas du jour au lendemain et encore moins sans difficulté. Prenons quelques instants pour nous pencher sur ces difficultés et sur les éventuelles solutions à apporter.

Pour commencer, quels sont les inconvénients possibles sur le fait de ne pas avoir recours à une banque? Avant de répondre à cette question, nous devons souligner qu'il existe des alternatives aux grandes banques, notamment les caisses locales et les coopératives de crédit locales. Ces institutions sont généralement davantage liées à la communauté locale et ne sont pas impliquées dans le délit économique. Vous pouvez cependant faire vos recherches et avoir recours à ces solutions à vos risques et périls. L'une des critiques faites à l'encontre d'une vie sans banque concerne la crainte d'un manque de sécurité lorsque les fonds ne sont pas stockés dans un établissement bancaire traditionnel. Le fait est que l'on peut soit faire confiance à une institution bancaire et au gouvernement américain, soit choisir de prendre personnellement cette responsabilité en conservant son argent sous le matelas, dans un coffre-fort, dans une banque privée ou n'importe où ailleurs, à condition de prendre les mesures de sécurité nécessaires.

Au-delà des risques de sécurité, il y a aussi des inconvénients financiers au fait de ne pas avoir recours aux banques. J'ai récemment été payé par chèque pour un emploi dans les médias. Non seulement j'ai été obligé de me rendre dans une banque pour encaisser le chèque (c'est-à-dire à la Bank of America, rien de moins), mais la banque m'a fait payer une taxe de 8 dollars pour l'encaisser, car je n'avais pas de compte bancaire chez eux. Aujourd'hui, il est facile de remédier à ce problème grâce à un apprentissage continu sur l'importance de ne pas faire appel aux banques (ou à l'argent garanti par le gouvernement) et sur le pouvoir des monnaies alternatives. Malheureusement, nous en sommes toujours à un point où peu de personnes connaissent et comprennent ces valeurs, ce qui limite les options à prendre sur le marché. La société qui m'a envoyé le chèque est une vieille société de médias dans laquelle les employés ne connaissent pas la philosophie agoriste, la contre-économie et les possibilités de paiement numérique. La probabilité de réussir à les convaincre de me payer en argent ou en cryptomonnaie est assez faible. Il est important de se le rappeler, car tant que nous n'aurons pas bâti un système parallèle qui offre une alternative au paradigme actuel (dans tous les domaines de nos vies), nous devrons occasionnellement faire des affaires avec des personnes qui continuent de remplir des déclarations d'impôts, et par conséquent, qui gardent une trace de chaque transaction financière.

Un autre problème que j'ai rencontré récemment concerne la location ou l'achat de biens immobiliers. Dans mon cas, j'essayais de louer un appartement dans une grande ville, mais ce genre d'obstacles existe également ailleurs. Puisque je loue depuis des années par l'intermédiaire de différentes personnes, il est devenu de plus en plus difficile de le faire de moi-même, car j'ai de moins en moins de documents à présenter à d'éventuels propriétaires ou agents immobiliers. Dernièrement, j'ai trouvé plusieurs propriétés. J'ai contacté les propriétaires pour tenter de négocier mon emménagement dans une nouvelle maison. Je n'ai aucun problème pour payer le loyer à temps, mais étant donné que je n'ai pas de chéquier, cela pose un problème pour les personnes qui préfèrent les formes de paiement traditionnelles.

Encore une fois, lorsque j'essaie d'expliquer que je reçois l'argent de ma clientèle via *Patreon*[1], cette chose étrange que l'on appelle la cryptomonnaie, et que parfois je reçois en espèces, ils me regardent généralement avec un air confus. Je leur explique que je peux leur montrer les versements perçus par *PayPal*[2], mais cela ne semble pas leur convenir non plus. À partir de là, les propriétaires ont tendance à me demander à voir un relevé bancaire. Lorsque je leur dis non, cela les rend perplexes. Ils me demandent ensuite un avis d'imposition. Lorsque je leur dis que je n'en ai

1. Site de financement participatif.

2. Plateforme de paiement en ligne ne nécessitant pas la communication de ses coordonnées bancaires.

pas non plus, ils me regardent comme si j'avais manqué de respect à leur mère. À la fin de ces discussions, ils me disent qu'ils ne peuvent rien me louer, car je n'ai aucun moyen de leur prouver mes revenus.

Quelle est donc la solution à ces problèmes ? La plus évidente est l'apprentissage. Ceux d'entre nous qui soutiennent l'idée que toutes les personnes douées de sens moral devraient se soustraire aux systèmes immoraux et en créer de nouveaux feraient bien de consacrer leur temps et leur énergie à éduquer les autres sur l'importance d'agir ainsi. Plus il y aura de personnes qui comprendront ce concept, plus il y aura d'entrepreneurs qui se désengageront et qui créeront de la valeur dans la contre-économie. En ce qui concerne la situation bancaire, les cryptomonnaies montrent au monde entier à quoi ressemble la banque numérique décentralisée. Plus nous mettrons d'énergie à soutenir (ou à créer) des monnaies alternatives (numériques ou autres), moins les monopoles bancaires centralisés auront de pouvoir.

Concernant les solutions pour louer un appartement quand on vit la plupart du temps en dehors du système, je crois que la technologie de la chaîne de blocs[1] donne de l'espoir. La chaîne de blocs est la technologie basée sur un registre digital *peer-to-peer* qui se trouve derrière le système de bitcoin et d'autres cryptomonnaies. Pour comprendre comment cette technologie peut nous aider, nous devons réfléchir aux raisons pour lesquelles les agents immobiliers et les propriétaires veulent voir les documents fournis par la banque ou par le gouvernement : ce sont la confiance et la sécurité. En raison de toute la propagande diffusée dans l'enseignement public, la plupart des gens grandissent en croyant que ces institutions occupent une place essentielle dans notre vie, voire une force bienveillante. On nous apprend à leur faire confiance et à coopérer avec elles. Le citoyen moyen ne fait pas confiance ou ne croit pas qu'une personne puisse être authentique, méritante ou digne de confiance si elle n'est pas en possession de tels documents.

Imaginez donc que chaque semaine, quand je suis payé pour les articles que j'écris, je prenne une capture d'écran du paiement numérique (ou une photo de quelqu'un qui me paie en liquide pour un travail bien fait) et que je la poste sur une chaîne de blocs. Celle-ci est décentralisée, ce qui signifie que les notices ne peuvent être ni modifiées ni supprimées. Si je continue à y mettre mes relevés de revenus hebdomadaires, je disposerai d'un registre décentralisé et transparent de mon historique ou de tout autre document

1. Appelée aussi *blockchain*.

que j'aurai choisi de poster sur la chaîne. En fait, cela pouvait déjà se faire en publiant des notices sur un site web comme Steemit. Si l'agent immobilier ou le propriétaire comprenait le fonctionnement de la chaîne de blocs ou s'il était prêt à l'apprendre, il pourrait alors être rassuré, car la transaction présente dans un registre attesterait de mon salaire. Nous pourrions même signer un contrat ensemble sur la chaîne de blocs. Cela garantirait transparence et sécurité à chacun.

Je crois que des solutions comme celles-ci sont l'avenir de nos systèmes et nous commençons à les voir se concrétiser. Pour le moment, il reste encore des difficultés, car nous, les pionniers de l'agorisme, posons les bases de la contre-économie et de la prochaine étape de l'évolution humaine. Faites alors votre part pour construire l'avenir en vous éduquant et en éduquant les autres sur l'agorisme et sur la contre-économie.

(Cet essai a initialement été publié dans *Counter-Markets Newsletter*)

DEUXIÈME PARTIE

—

LA CONTRE-ÉCONOMIE, UNE SOLUTION CONTRE LA TECHNOCRATIE

Les essais suivants mêlent mes écrits originaux aux notes des derniers chapitres non rédigés de Samuel E. Konkin III. J'ai choisi de ne pas compléter ses chapitres inachevés pour me concentrer plutôt sur les champs qui, selon moi, serviront potentiellement mieux à l'éducation du lecteur sur la contre-économie. Je suis redevable à Samuel Konkin pour ses notes et pour l'inspiration qu'il m'a offerte.

1. La contre-économie à l'ère numérique

Jusqu'ici, nous avons traité de l'histoire de la technocratie, de la stratégie de la contre-économie et de l'agorisme. Nous avons également exploré de quelle manière la voie de la contre-économie détient tout le potentiel pour s'affirmer comme la solution à notre dystopie numérique. Nous parlerons à présent des alternatives permettant de vivre une vie la plus libre possible en nous libérant de la mainmise de l'État technocratique.

En plus d'être un philosophe anarchiste, Konkin était également un passionné de science-fiction. Ces deux centres d'intérêt ont fusionné avec sa « découverte » de la contre-économie, puisque c'est son goût pour la science-fiction qui l'a conduit à suggérer que la technologie puisse jouer un rôle en libérant le peuple des chaînes le retenant esclave et en répandant la contre-économie. Konkin décède en 2004, quelque temps avant que les réseaux sociaux, la cryptomonnaie et le cryptage numérique se popularisent au niveau mondial. Bien avant que les bitcoins ou que la cryptomonnaie n'apparaissent, Konkin parlait déjà de concepts similaires et prédisait que la nouvelle technologie informatique faciliterait l'activité contre-économique. Quoi qu'il en soit, Konkin n'était pas dupe. Il avait compris que les autorités utiliseraient les technologies numériques émergentes pour accroître le contrôle de l'État.

Pour avoir passé les sept dernières années à faire la promotion des idées de Konkin, je reconnais que l'État technocratique menace de supprimer la possibilité de s'exclure en toute sécurité du système de l'État-entreprise. Nous avons désespérément besoin de solutions pour maintenir l'anonymat et la confidentialité nécessaires afin de faire avancer en toute sécurité la contre-économie à travers le monde numérique dystopique dans lequel nous vivons à présent. Il n'existe aucune certitude concernant la capacité de Konkin à prédire la direction que le monde allait prendre quand il nous a quittés. Je me suis néanmoins mis à réfléchir et développer ses idées. Ce qui nous conduit à aborder les sujets suivants :

Que signifie être un contre-économiste à l'ère de l'État de surveillance ? Comment peut-on participer à l'économie clandestine alors que « Big Brother »[1]

1. Personnage du roman *1984* de George Orwell. Chef de l'État totalitaire que le livre décrit.

nous surveille constamment ? Sera-t-il possible de priver l'État de son pouvoir une fois que les notes du système de « crédit social » deviendront obligatoires ?

Commençons tout d'abord par examiner le contexte mondial actuel lié à la surveillance numérique et à la vie privée en général. En 2020, force est de constater que la majorité des pays « développés » ont adopté l'utilisation de technologies numériques telles que les téléphones portables, les tablettes, les ordinateurs portables, les ordinateurs de bureau ou autres technologies numériques portables. Les classes moyennes et aisées suivent les dernières tendances des produits dits « intelligents[1] », s'entourant de technologies qui peuvent écouter, enregistrer et surveiller leur vie quotidienne. Allant de la sonnette de porte d'entrée avec caméra aux assistants vocaux des appareils connectés et aux télévisions toujours à l'écoute, les populations abandonnent consciemment leur vie privée pour le divertissement et la commodité.

Parallèlement, la police et les agences gouvernementales continuent d'affirmer qu'elles ont besoin de toutes sortes de gadgets de plus en plus sophistiqués pour contrer le terrorisme et les crimes violents. Les outils de surveillance sur les téléphones portables, les caméras de reconnaissance de plaques minéralogiques, les caméras de reconnaissance faciale, les radars qui peuvent voir à travers les murs, les avions de surveillance secrets, le contrôle des réseaux sociaux, le prélèvement d'ADN, les détecteurs de mouvement, les reconnaissances vocales et les taux de menace : tous ces outils sont de plus en plus à disposition des services prêts à dépenser des sommes colossales pour les obtenir. Il existe également de grosses entreprises multinationales semi-publiques qui achètent les moindres données qu'elles peuvent trouver sur de potentiels clients. Ces données sont utilisées afin de nous vendre des choses dont nous n'avons pas besoin et de surveiller nos habitudes quotidiennes. À terme, elles pousseront chaque individu à obéir à l'État technocratique, sous peine de sanctions et d'exclusion du monde numérique.

En 2019, Comparitech, l'organisation des consommateurs de technologie, a découvert que les États-Unis, la Chine, la Malaisie, le Pakistan, l'Inde, l'Indonésie, les Philippines et Taïwan étaient les pires contrevenants lorsqu'il s'agissait de la protection de la confidentialité des données biométriques[2] des individus. Comparitech a déclaré que ces pays utilisaient

1. Produits électroniques dotés d'un programme leur permettant d'avoir une certaine capacité d'autonomie.

2. En rapport avec la biométrie, une technologie de pointe permettant de reconnaître les individus à partir de leurs caractéristiques physiques ou des mesures biologiques.

les données biométriques dans « une large mesure et de manière invasive ». En effet, la technocratie est un problème croissant dans le monde entier.

Aux États-Unis, le Bureau fédéral d'enquêtes (FBI)[1] s'est battu pendant des années afin de garder secrète une base de données contenant des centaines de millions d'« images de reconnaissances faciales », aussi bien des citoyens que des non-citoyens américains. Il est important de préciser que la reconnaissance faciale ne sert pas seulement à scanner le visage d'une personne. Les logiciels les plus récents apprennent également à évaluer (et à prédire) nos émotions et nos états d'esprit. Le FBI a également mené une guerre contre le cryptage, de peur que la population ne puisse développer un codage indéchiffrable et ainsi maintenir un certain niveau de vie privée.

L'administration américaine de la sécurité des transports (TSA[2]) a commencé à tester la technologie de reconnaissance faciale dans certains aéroports et sur des voyageurs internationaux, avec en tête l'idée d'élargir leur programme en 2021 et 2023. Le gouvernement américain a exprimé son souhait d'étendre le programme pour filmer tous les voyageurs. Les plans de ce type de mainmise sur le réseau biométrique aux États-Unis ont été mis en place en raison de la loi de 1996 sur les réformes de l'immigration illégale et sur la responsabilité des migrants[3], et ont été élargis après les attaques du 11 septembre 2001. Cependant, certaines des ripostes contre la technocratie ont porté leurs fruits. Par exemple, à partir de décembre 2019, trois villes des États-Unis ont banni ou régulé les logiciels de reconnaissance faciale dans l'attente d'études plus poussées sur le sujet.

En novembre 2019, la France est devenue le premier pays européen à utiliser la technologie de reconnaissance faciale dans le cadre de la création d'une identité numérique pour ses citoyens. La nouvelle application du gouvernement fonctionne à partir de l'utilisation de la reconnaissance faciale et donnera aux utilisateurs l'accès à environ 500 sites Internet gouvernementaux. Celles et ceux qui choisissent de ne pas y prendre part se verront théoriquement refuser l'accès à ces sites Internet.

De nombreux citoyens de l'Inde se trouvent déjà exclus du programme d'identification biométrique Aadhaar. Dans le cadre de ce système, des rapports ont commencé à apparaître, détaillant des cas où des citoyens se sont vu refuser l'accès à des services en raison de problèmes avec Aadhaar, et ont fini par mourir de faim. Le programme fut lancé en 2009 avec pour

1. « Federal Bureau of Investigation »
2. « Transportation Safety Administration »
3. Illegal Immigration Reform and Immigrant Responsability Act of 1996 (IIRIRA)

objectif de donner à chaque citoyen indien un numéro d'identification unique, vérifié par biométrie. Entre son lancement et la fin de l'année 2019, environ 1,2 milliard d'Indiens participèrent au programme. Les yeux et/ou empreintes digitales des utilisateurs sont scannés et les citoyens reçoivent ainsi un numéro unique à 12 chiffres relié à leurs données biométriques et démographiques. Ils utilisent ainsi ce numéro d'identification lorsqu'ils se marient, ouvrent un compte bancaire, paient des taxes, souscrivent à un abonnement téléphonique, voire lorsqu'ils ouvrent un porte-monnaie numérique. De nouveau, il semble évident que ceux qui trouvent le moyen de passer outre le système seront exclus de cette société dominante.

La Chine constitue peut-être le meilleur exemple actuel d'un État autoritaire technocratique avancé, et représente vraisemblablement le modèle que le reste du monde suivra. Une autre étude de Comparitech datant de 2019 a révélé que huit des dix villes les plus surveillées au monde se trouvent en Chine. D'ici 2022, la Chine devrait disposer d'un système d'une caméra de surveillance publique par télévision en circuit fermé (CCTV)[1] pour deux personnes. Les quelque 200 millions de caméras de surveillance CCTV estimées font partie du système « Skynet », actif dans toute la Chine. Le gouvernement chinois a également commencé à prélever l'ADN de ses citoyens afin de créer une base de données d'ADN. Le gouvernement est constamment critiqué pour avoir construit des centres de détention pour les Ouïgours, une population musulmane minoritaire dont les membres ont été forcés à installer une application-espionne sur leurs téléphones et se soumettre à la reconnaissance biométrique. Toutefois, le gouvernement chinois affirme que ces centres de détention sont des centres d'enseignement et de formation professionnelle sur la base du volontariat. En décembre 2019, le gouvernement chinois a mis en place une nouvelle règle imposant aux 854 millions d'internautes en Chine à avoir recours à l'identification faciale afin de souscrire à de nouveaux services Internet ou mobiles.

Ce qui est tout aussi perturbant, c'est la mise en œuvre actuelle du système de crédit social à l'échelle nationale. Dès 2009, le gouvernement chinois a commencé à tester un système national de réputation, basé sur la réputation sociale et économique ou sur ledit crédit social d'un citoyen.

Ce système de notation du crédit social peut être employé pour récompenser ou sanctionner certains comportements. À la fin de 2019, des ci-

1. En anglais : Closed-Circuit Television

toyens chinois perdaient des points sur leur score pour avoir adopté des comportements malhonnêtes et des pratiques financières frauduleuses, pour avoir écouté de la musique trop forte, pour avoir mangé dans les transports en commun, pour avoir traversé en dehors des passages piétons, pour avoir brûlé un feu rouge, pour avoir raté un rendez-vous médical, un entretien d'embauche ou une réservation d'hôtel sans avoir annulé au préalable, ou pour ne pas avoir trié correctement leurs déchets. Afin d'augmenter ses points de crédit social, un citoyen chinois peut faire don de son sang, faire un don à une association caritative, se porter volontaire pour faire des travaux d'intérêt général, ou toute autre activité approuvée par le gouvernement. Le gouvernement chinois a commencé à interdire l'achat de tickets d'avion ou de TGV à des millions de personnes dont la note de crédit social est trop basse, et qui sont ainsi étiquetées comme étant « indignes de confiance ».

Voilà le monde du début du XXIe siècle. En supposant que la technologie va continuer à progresser de manière exponentielle, alors il n'est peut-être pas faux de parier que les préoccupations au sujet de la surveillance et de la vie privée vont durer un bon moment. À moins qu'une sorte de résistance contre ces dangers ne soit mise en place, la vie privée aura complètement disparu d'ici une dizaine d'années. Pour l'instant, ces technologies se basent principalement sur le volontariat. Par exemple, nous ne sommes pas obligés d'acheter l'appareil dernier cri d'assistant vocal pour son domicile ni de prendre son téléphone partout avec soi. Cela signifie que nous avons le pouvoir de décider quel type de produits et d'entreprises nous soutenons grâce à nos achats et notre façon d'interagir avec la technologie. Nous n'avons pas à nous soumettre aveuglément et à adhérer à toutes les mises à jour ou les avancées technologiques les plus récentes.

L'élément le plus proche et le plus menaçant de la technocratie, c'est l'État. Tandis que les entreprises rassemblent des quantités importantes de données sur les individus ayant choisi d'acheter ou d'utiliser certains produits, le gouvernement est en mesure de tirer profit de son autorité jugée légitime afin de forcer la population à se soumettre à la technologie biométrique. L'histoire n'est qu'une suite d'exemples de populations faisant l'objet d'une propagande qui les force à travailler contre leurs propres intérêts. Même si l'ensemble d'une population peut être facilement influencé, il y aura toujours des individus qui tiendront bon.

En tant qu'individus, nous avons la possibilité de choisir de nous soustraire aux systèmes obligatoires de crédit social et de biométrie. Cependant, si toutes les personnes qui nous entourent choisissent de s'y soumettre, il est probable qu'elles choisissent de ne pas fréquenter celles qui ont des notes de crédit social faibles. Certaines personnes feront cela de peur que leur propre note ne diminue pour avoir fréquenté des personnes considérées comme « indignes de confiance ». Je peux entendre d'ici des phrases comme : « Tu sais que je t'adore mon ami, mais si ma note baisse encore, je ne pourrais pas emmener ma famille en vacances à l'étranger », ou « Je ne pourrais pas obtenir ce prêt, acheter cette voiture ou aller dans les parcs publics », et la liste est longue. Il s'agit là du véritable pouvoir de l'ingénierie sociale.

Comme nous l'avons exposé précédemment, l'État technocratique se développe à travers le monde entier. Cela signifie qu'à un moment donné dans le futur proche VOUS devrez faire un choix. *Choisirez-vous de vous soumettre à la reconnaissance faciale obligatoire afin de pouvoir voyager ? Choisirez-vous de vous soumettre à la biométrie afin de pouvoir accéder continuellement aux services du gouvernement ? Que ferez-vous quand le réseau intelligent sans fil de la 5G sera présent partout, des grandes villes à la campagne ? Partagerez-vous votre géolocalisation avec votre compagnie d'assurance automobile pour bénéficier de taux réduits ? Utilisez-vous déjà vos empreintes ou votre visage afin de déverrouiller votre téléphone ou votre maison ?*

Les réponses à ces questions définiront votre avenir. Je me base sur l'hypothèse que si vous êtes parvenu jusqu'à ce livre, cela signifie que vous êtes pour le moins curieux de savoir comment vivre une vie prospère qui ne soit pas sous la coupe de l'État technocratique. Si cela est votre objectif, quelques options s'offrent à vous :

1. **Tenir le coup :** cette option s'adresse aux personnes qui n'ont ni l'intérêt ni la capacité de quitter leur maison, pour n'importe quelle autre option (même potentiellement meilleure). Si vous êtes attaché à votre maison ou si vous n'avez pas d'autre solution, alors voici ce que vous pourriez faire. Vous pouvez soit suivre le reste du troupeau de moutons jusqu'à l'abattoir, soit essayer d'amorcer un changement. Trouvez le moyen d'atteindre les autres et de les mettre en garde contre les dangers. Cela peut impliquer de lutter en faveur des changements politiques sur le plan local, de distribuer des prospectus, d'exécuter vos opérations bancaires sur téléphone ou de mettre en place des campagnes sur les réseaux sociaux. Je comprends bien que l'on ne peut pas tous être des activistes à plein temps, mais chacun d'entre nous peut trouver un moyen de participer à l'objectif de création d'une communauté de personnes qui choisissent volontairement de s'af-

franchir de l'État technocratique. Bien entendu, plus vous êtes proche d'une grande ville et de la « civilisation », plus cela s'avérera compliqué d'éviter la technocratie grandissante.

2. **S'exiler et construire :** cela implique de quitter votre base d'opérations et de vous rendre à un autre lieu avec moins de pratiques envahissantes et moins d'influences technocratiques de l'État-entreprise. Si vous êtes arrivé à la conclusion que vous vivez dans une zone dépourvue d'espoir et que vous préféreriez repartir sur de nouvelles bases, alors vous devriez vous exiler et construire quelque chose qui reflète vos valeurs. Ce voyage peut se faire seul, en couple, en famille ou même avec des amis. Vous pourriez peut-être acheter un terrain, partager des espaces de vie ou vivre les uns à côté des autres au sein d'un voisinage. Peu importe la situation de vie, le but est ici de former une communauté qui offrirait un certain niveau de sécurité et de vie privée à ceux qui se soustrairaient au monde technocratique dominant. Je tiens à souligner que cette option ne signifie pas forcément qu'il faut abandonner votre maison. Comme je le montrerai dans le chapitre sur « le chemin de fer clandestin de la contre-économie », choisir de s'exiler et de se construire une vie avant que les choses ne tournent mal pourrait aider vos amis proches et votre famille à franchir le pas quand cela sera vraiment nécessaire. Mais nous en parlerons plus en détail plus tard.

3. **L'apathie équivaut à la mort :** bien sûr, vous avez toujours la possibilité de ne rien faire. Peut-être que vous voyez ce qui se trame à l'horizon, et vous décidez que : a) il est trop tard pour arrêter la technocratie, b) c'est trop de travail pour que cela vaille de faire un effort, ou c) vous essayez simplement de prendre soin de votre famille et de vivre une vie paisible. Je pourrais continuer ainsi, mais vous avez probablement compris. Il s'agit de votre vie, et vous n'êtes pas obligé d'entreprendre des actions afin d'en apprendre plus sur la technocratie et sur la dystopie numérique qui se développent actuellement. Cependant, je voudrais vous avertir qu'être apathique aujourd'hui ne fera que rendre la vie plus dure pour les générations futures. Si nous tenons à préserver et à répandre la liberté et la notion de vie privée pour tous, nous allons devoir prendre des mesures réalistes et tangibles.

Bien entendu, nous pourrions chercher une douzaine d'autres options, mais de manière générale, je pense que chaque plan peut être rangé dans l'une de ces trois catégories. Pour ceux qui choisissent la première option, il est important de comprendre que décider de rester sur place tout en essayant de s'affranchir de la technocratie impliquera d'enfreindre la loi à un moment donné. Puisque l'État continue de faire pression pour instaurer des systèmes biométriques obligatoires (reconnaissance numérique faciale, par empreinte digitale ou par la rétine) et que les systèmes de crédits sociaux sont largement adoptés, il deviendra de plus en plus compliqué de vivre sa vie sans enfreindre directement les ordres de l'État technocratique. L'astuce consiste à déterminer les risques par rapport aux bénéfices potentiels.

Comme Samuel E. Konkin III l'a un jour écrit, « échangez le risque contre le profit ». Étant donné que chaque décision que nous prenons est économique (que cela ait un rapport avec l'argent ou non), Konkin reconnaît que choisir d'aller à l'encontre des ordres de l'État est un risque qui peut se transformer en un profit sous la forme d'une expansion de la liberté, d'une façon ou d'une autre. Dans ce cas, lorsque vous choisissez de ne pas déclarer l'ensemble de vos revenus afin d'économiser pour votre famille, vous échangez un risque contre un bénéfice. De même, lorsque l'État impose des règles de vaccination obligatoire, de reconnaissance numérique obligatoire de la rétine, d'implant de microprocesseurs sous-cutanés ou tout autre programme obligatoire, vous aurez toujours le choix. Soit vous pouvez vous soumettre à ces programmes de peur de recevoir une sanction ou de porter atteinte à votre réputation, soit vous pouvez choisir de vous y soustraire en toute connaissance de cause. Il y aura des risques et il y aura des bénéfices. C'est à vous de décider ce qui est le mieux pour vous et votre famille.

Dans son livre inachevé *La contre-économie*, Samuel Konkin décrit ce qu'il appelle la contre-économie « discrète » et « apparente », qui sont deux stratégies différentes et accessibles à ceux qui cherchent à se soustraire aux systèmes envahissants. Tandis que la contre-économie discrète implique, comme son nom l'indique, de se désengager discrètement de la technocratie, celle dite apparente utilise une approche plus flagrante.

La contre-économie apparente porte sur un domaine spécifique de la coercition de l'État en attirant l'attention sur les persécutions de telle ou telle personne. Plus cela est voyant, mieux c'est. Comme les huit célèbres prévenus de l'affaire « Chicago 8 »[1] qui se servirent de la publicité pour éviter la prison pendant des années, même après leur condamnation.

1. The Chicago Seven (« les sept de Chicago ») étaient sept prévenus accusés de conspiration, incitation à la révolte, et d'autres charges, en rapport avec les manifestations qui s'étaient déroulées à Chicago, lors de la Convention démocrate de 1968. Un huitième homme,dirigeant des Black Panthers et faisant initialement partie de ce groupe, fut jugé séparément lors du procès.

Les civils désobéissants font confiance à la pression publique pour leur éviter la prison ou pour réduire au maximum leurs sanctions. En effet, les forces de l'ordre de l'État cherchent à éviter d'engendrer des martyrs. Le concept même de martyr révèle le pouvoir de l'information : qu'est-ce qu'un martyr si ce n'est un cadavre doté d'une belle histoire ?

Les contre-économistes bénéficiant d'une grande notoriété encourent plus de risques, car ils sont plus faciles à détecter. Ils ont l'avantage d'obtenir un flux supplémentaire d'informations, provenant d'eux-mêmes et qui s'étend au reste du marché. Dans la mesure où ils parviennent à leurs fins, ils en deviennent une source d'inspiration.

Konkin déclarait que ceux qui suivaient simultanément l'approche discrète et l'approche apparente pouvaient le faire par le biais d'une troisième catégorie : la communauté contre-économique.

Konkin remarque les bénéfices à avoir des alliés qui participent également à la contre-économie et qui s'affranchissent de la technocratie. C'est pourquoi il est important de former un certain niveau de vie en communauté en tant que réseau de soutien mutuel qui rend possible une vie « hors du réseau ». Voici ce que Konkin a écrit :

« Il est possible de poursuivre n'importe quel degré de notoriété (ou, pour le dire autrement, faire librement la publicité de ses services) au sein de la communauté des contre-économistes, sans en informer l'État, ses agents, ni bien sûr, ses informateurs. Pour ce faire, il faut contrôler son flux d'informations personnelles. »

L'une des plus grandes idées présentées par Konkin dans *La contre-économie* est l'importance du contrôle du flux d'informations personnelles, « en particulier, le flux d'informations entre nous et l'État. » Konkin déclare que les deux moyens les plus évidents pour échapper au regard de l'État sont de ne pas exister et « si vous existez, ne le dites à personne ». Le but est alors de réduire toute interaction avec l'État et/ou avec les entreprises privées qui veulent scanner votre visage, enregistrer votre vie et vous forcer à vous soumettre.

Il existe différentes façons d'atteindre cet objectif. Par exemple, Konkin observe que certains contre-économistes en devenir ont choisi de « couper tout contact avec quiconque qui serait susceptible de les connaître, se retirer définitivement des listes de distribution, effectuer toutes opérations financières en espèces et ne jamais avoir recours aux banques, et même éviter les résidences légales, vivant dans un mode de vie nomade, dans des caravanes, ou bien sûr, sur des terrains laissés à l'abandon, dans des caves ou des constructions de fortune. » Même si cela peut paraître extrême pour certains, pendant une courte période dans les années 1960, ces individus promouvaient la philosophie Vonu, ou l'invulnérabilité à la coercition, et tentèrent d'éviter tout contact avec l'État. Tom Marshall, alias Rayo, était le principal partisan de la doctrine Vonu et il écrivait souvent sur la recherche de sa version de la liberté en vivant complètement en dehors de la société, en solitaire dans la nature sauvage ou dans son camping-car. Certains parmi ceux qui choisissent la deuxième option seront peut-être intéressés par la philosophie Vonu, mais selon mon expérience, la plupart des personnes préfèrent vivre avec leur famille ou dans une communauté d'individus partageant un mode de pensée semblable et ne souhaitant pas se soumettre à la prison numérique, plutôt que de vivre seuls. S'il y a bien une leçon à retenir des partisans de Vonu, c'est que vivre en marge de l'État est tout à fait possible, que ce soit à travers une approche apparente de contre-économie ou bien extrêmement discrète comme celle du style de vie à la Vonu. (Pour toutes les personnes qui seraient intéressées par une étude plus approfondie de la philosophie Vonu, je vous conseille de lire *Vonu : A Strategy for Self-Liberation*[1] de Shane Radliff.)

Konkin et Rayo nous ont mis en garde contre les difficultés qui attendent ceux qui recherchent la liberté et la vie privée au sein d'une ville. Cependant, dans le monde de plus en plus interconnecté numériquement dans lequel nous vivons, l'intimité peut être difficile à obtenir, même dans les zones rurales. Que vous choisissiez de tenir le coup et de construire une communauté dans la ville ou le village dans lequel vous vivez, ou que vous choisissiez de vous exiler et de construire une communauté dans un nouveau lieu, l'objectif est de limiter les interactions avec l'État technocratique. C'est sur ce point que nous pouvons apprendre des adeptes de la philosophie Vonu qui parlaient d'être en « connexion » avec le reste de la société selon une base sélective.

Konkin déclare que la façon d'être en connexion avec l'« économie dominante ou établie » (ou le monde ordinaire en règle générale) est de créer une identité fictive qui encourt les risques. Dans ce cas, on peut abandonner cette identité à tout moment si nécessaire. Dans le monde numérique, il est facile de créer des profils alternatifs en ligne, mais il est plus compliqué d'être totalement déconnecté de son identité virtuelle. Durant ma carrière journalistique, j'ai vu des gouvernements qui géolocalisaient des

1. *Vonu : une méthode pour s'autolibérer*, non disponible en langue française.

personnes grâce à leurs téléphones, caméras, ordinateurs et GPS, et qui allaient même jusqu'à forcer des données chiffrées. Comme le constate Konkin, « si les agents de l'État se rapprochent de cet alter ego, tant que vous vous camouflerez, ils se rapprocheront aussi de vous ». De plus, tout ce que vous avez obtenu lorsque vous utilisiez cette identité (comptes, contacts et biens) sera perdu.

Konkin considérait ces fausses identités comme ayant de l'intérêt, mais à terme, il pensait qu'il était nécessaire de classer notre flux d'informations en un système d'échelons. Par exemple, à un certain échelon vous devez révéler certaines informations afin d'interagir avec le reste du monde. Ces informations peuvent inclure : « le produit ou le service que vous avez à offrir, ce que cela coûtera, quel type de paiement vous acceptez, le moyen pour vous contacter et quand vous (ou le produit que vous proposez) serez disponible. Si cela implique plusieurs paiements, des modalités de crédit, la fidélisation des clients et un suivi après-vente, vous devez fournir encore plus d'informations personnelles. »

Lors de l'achat ou de la vente d'un produit, d'un travail pour un employeur ou lors d'un voyage, vous laisserez une trace sous forme de document numérique et vous serez également plus susceptible de rencontrer les outils biométriques de la technocratie. Là encore, si vous vivez dans une grande ville (ou même dans une petite ville) et choisissez la première option, ce sont des défis auxquels vous devrez faire face. Aux États-Unis, en Chine, au Royaume-Uni, en France, en Australie, en Inde, etc., les caméras CCTV, reliées aux « Real Time Crime Centers[1] », des technologies centralisées des forces de l'ordre, et aux « Fusion Centers[2] » fonctionnant 24 heures sur 24, maintiennent les citoyens vivant dans la plupart des grandes villes sous haute surveillance. Ces caméras sont de plus en plus équipées de logiciels de reconnaissance faciale. Afin de combattre cette menace, il existe deux stratégies principales que j'appelle « être invisible » et « rechercher et détruire ».

Être invisible

Si votre objectif est de rester discret et d'être invisible, il existe quelques actions que vous pouvez entreprendre dès maintenant :

- Arrêtez de prendre votre téléphone avec vous partout où vous allez ;
- Arrêtez d'utiliser le GPS ;

1. Lit. Centres de crimes en temps réel.
2. Lit. Centres de fusion.

- Supprimez vos comptes sur les réseaux sociaux et les applications qui vous suivent ;
- Arrêtez d'utiliser des cartes de crédit et de débit ;
- Supprimez votre compte bancaire (utilisez une coopérative de crédit si vous avez besoin de stocker vos fonds) ;
- Arrêtez d'accepter des emplois au sein de l'économie dominante ;
- Arrêtez de payer des taxes.

Alors, bien entendu certaines de ces mesures seront extrêmes pour certaines personnes. Tout n'est qu'une question de niveau de flux d'informations que vous êtes prêt à tolérer. Certaines personnes ne peuvent pas quitter leur emploi principal ou supprimer leur compte bancaire ou leur compte sur les réseaux sociaux. Je les comprends. Cela signifie qu'il y aura un certain nombre d'informations disponibles à votre sujet pour ceux qui ont les moyens et l'envie de les acheter. En soi, il n'y rien de mal à cela. Peut-être que votre préoccupation principale est simplement de vous assurer que les téléphones et les assistants vocaux ne vous épient pas tout le temps. Ainsi vous avez choisi de ne pas acheter l'appareil Alexa d'Amazon, Écho de Google ou autre, et d'allumer votre téléphone uniquement lorsque vous en avez besoin. Ce sont des choix personnels qui varient d'un individu à un autre. Le fait est que vous devez contrôler le flux de données que vous transmettez.

Pour ce qui est du monde numérique, il existe toujours une valeur inestimable à la compréhension et l'utilisation du cryptage. Le nombre d'appareils numériques que vous utilisez correspond directement à votre niveau de liberté et de confidentialité. Si votre Wifi, votre ordinateur portable, votre tablette ou autres appareils fonctionnent tous sans cryptage, alors vous êtes à la merci de toutes sortes d'acteurs malveillants. Il se pose également la question des ordinateurs en vente libre qui sont construits avec des vulnérabilités préinstallées qui permettent au gouvernement et aux sociétés privées d'accéder à vos données sans difficulté. Certes, utiliser un VPN[1] présente un certain intérêt, mais les documents divulgués par le lanceur d'alerte Edward Snowden prouvent que la NSA[2] aux États-Unis peut aussi les décoder. Un outil dont parlait Konkin et qui est toujours intéressant est la cryptographie à clé publique. Nous ne pouvons en parler

1. « Virtual Private Network ». Réseau virtuel privé permettant de relier plusieurs ordinateurs distants tout en les protégeant des réseaux de télécommunication publics.
2. National Security Agency. Lit. Agence nationale de sécurité. Organisme gouvernemental américain en charge de la cybersécurité et des informations d'origine électromagnétiques.

plus en détail ici, mais je vous recommande d'en apprendre plus sur la confidentialité cryptographique et sur le cryptage PGP[1].

J'adresserai une dernière mise en garde sur la communication numérique, en supposant que quelqu'un la lira. Même si vous utilisez des applications de messages cryptés qui promettent de détruire instantanément vos messages, il n'est pas faux de supposer que les gouvernements américain et chinois peuvent y accéder s'ils le désirent. Toute communication numérique peut être collectée, stockée et analysée si quelqu'un le désire. Partez toujours du principe que quelqu'un d'autre peut voir ce que vous envoyez. Si une information délicate doit être communiquée, alors dites-le en personne dans une pièce dépourvue d'ordinateurs, de téléphones, d'appareils intelligents et d'assistants vocaux numériques.

Il existe également quelques méthodes de riposte réalisables. En 2019, il y eut plusieurs histoires rapportant que des activistes avaient trouvé le moyen de riposter contre le réseau de surveillance. Au Chili, des activistes pointèrent des lasers sur des drones observant leur comportement depuis le ciel, au cours de protestations massives contre le gouvernement. Des centaines de lasers pointés directement sur un drone provoquèrent un dysfonctionnement et le firent s'écraser au sol sous un tonnerre d'applaudissements et d'encouragements de la population. À Hong Kong, des manifestants utilisèrent également des lasers afin de combattre la surveillance. Pour riposter contre les caméras de reconnaissance faciale, les activistes avaient commencé à utiliser des lasers à haute puissance et à les diriger sur les caméras et sur la police. Au fur et à mesure que l'État-entreprise évolue, il est fort possible qu'il finisse par découvrir comment ne plus être victime de simples lasers. Il est donc important que le peuple continue de chercher (ou de créer) des avancées technologiques pouvant contrer l'État.

Certaines sociétés et certains concepteurs ont récemment commencé à promouvoir des vêtements, du maquillage, des lunettes et même certaines coupes de cheveux qui pourraient duper la reconnaissance faciale. L'artiste Adam Harvey, vivant à Berlin, a lancé deux projets différents dans le but de submerger et d'embrouiller les systèmes de reconnaissance faciale. Son projet « Hyperface » consiste à imprimer des vêtements avec des motifs d'yeux, de bouches et d'autres caractéristiques faciales afin de tenter de tromper ce type de logiciels. Harvey a également travaillé sur le projet « CV Dazzle » qui cherche à utiliser le maquillage et la coiffure afin de

1. Pretty Good Privacy. Logiciel de chiffrement cryptographique permettant de protéger les données circulant sur Internet.

brouiller les machines. D'autres artistes ont suggéré que des vêtements brillants, réfléchissants et reflétant la lumière, ainsi que le style de camouflage militaire perturbent la reconnaissance faciale en nous rendant « invisibles ».

Bien évidemment, la méthode la plus pratique pour protéger son visage est de le couvrir. Il existe plusieurs solutions à portée de main pour les personnes intéressées, notamment des masques en papier, le célèbre masque de Guy Fawkes (« Anonymous ») ou des visages imprimés en 3D conçus pour vous donner une tout autre identité. Cependant, l'État chinois a rendu les masques illégaux et tente de punir quiconque chercherait à dissimuler son identité. Cela n'a pas empêché des militants intrépides de continuer à utiliser des techniques pour dissimuler leur visage, mais encore une fois, l'idée est que si vous désirez protéger votre vie privée, cela impliquera probablement d'enfreindre la loi. Si une loi viole nos droits à la vie privée et à la liberté, alors c'est la loi elle-même qui est injuste et qui devrait être ignorée. Toutefois, il est à noter que dans un monde rempli de caméras à reconnaissance faciale, une personne portant un masque se démarquera sûrement et sera détectée en un instant. Moins vous portez l'attention sur vous, mieux c'est.

Rechercher et détruire

Avant d'aller plus loin, veuillez noter que ces informations vous sont données à des fins éducatives et de recherche. Vous êtes pleinement responsable de vos actions. Alors, pour ceux qui ne sauraient se satisfaire en évitant simplement l'invasion technologique et en jouant à un jeu numérique du chat et de la souris, l'option « rechercher et détruire » correspondra peut-être plus à vos besoins.

Nous pouvons nous tourner encore une fois vers Hong Kong pour illustrer d'un autre exemple. En août 2019, des activistes ciblèrent des « lampadaires intelligents » qui, selon le gouvernement local, sont utilisés pour récolter des données sur le trafic, sur la météo et sur la qualité de l'air. Les activistes craignaient que ces lampadaires intelligents dans les rues n'aient été équipés d'un logiciel de reconnaissance faciale, alors ils attachèrent des cordes autour des poteaux pour les faire tomber. Il y a environ 50 lampadaires intelligents installés dans les environs de Hong Kong, chacun équipé de caméras et de détecteurs. C'est le même type de lampadaires intelligents que ceux installés dans les « villes intelligentes[1] » aux quatre

1. Villes employant les technologies de l'information et de la communication pour

coins du globe.

Une fois encore, j'admets que cela peut paraître extrême pour certains, mais j'ai rencontré de nombreuses personnes différentes qui ont indiqué que si la technologie s'installait dans leur quartier, ils la réduiraient en charpie. Cela nous amène au sujet du sabotage écologique, le « *monkeywrenching* », une forme d'action directe rendue populaire et à l'origine créée par des membres du mouvement environnemental radical, en particulier *Earth First*! et le Front de libération de la Terre (ELF)[1]. Dave Foreman, le cofondateur de *Earth First!* expose les tactiques de sabotage dans son livre *Ecodefense : A Field Guide to Monkeywrenching* [2]. Ce livre est directement inspiré de celui d'Edward Abbey, Le gang de la clé à molette[3], qui raconte l'histoire de quatre individus ayant utilisé le sabotage afin de manifester contre les dégâts environnementaux dans le sud-est des États-Unis. Entre 1922 et 2007, le Front de libération de la Terre a saboté des projets de constructions qui menaçaient des terres et des forêts sauvages. Leurs tactiques comprenaient des manifestations dans les arbres, le « tree sitting », des blocus pacifistes, la désobéissance civile et la perturbation des machines.

Il n'est pas nécessaire d'être en accord avec la philosophie ou même la cause des mouvements ELF et Earth First ! pour reconnaître que le sabotage peut être appliqué à bon nombre de causes diverses. Je dirais que ce que les activistes de Hong Kong firent aux lampadaires intelligents était du sabotage dont le but était de défendre la liberté et la vie privée. Comme toujours, c'est à vous de déterminer quels sont les risques par rapport aux bénéfices potentiels. Pour ceux qui ne sont pas à l'aise avec cette idée de destruction, **rappelez-vous que chaque fin annonce un nouveau départ.** Nous pouvons construire un monde qui respecte la vie privée et les libertés individuelles sur les cendres des caméras à reconnaissance faciale de l'État technocratique.

Ce n'est là qu'une poignée de suggestions stratégiques et tactiques pour le maintien d'un certain niveau de confidentialité et de liberté. Comme Konkin l'a si bien remarqué, le combat pour la vie privée est un « système dynamique et évolutif. C'est une forme non violente de course à l'armement, où l'une des parties déchiffre les codes et où l'autre développe un

améliorer le cadre urbain.

1. ELF : Earth Liberation Front

2. *Éco-défense : le guide pratique au sabotage écologique*, non disponible en langue française.

3. Titre original : *The Monkey Wrench Gang*

nouveau système pour remplacer l'ancien. »

La technologie numérique est un outil, et comme tout outil, elle peut être utilisée pour faire le bien ou le mal. Entre les mains des technocrates, la technologie numérique est utilisée pour contrôler, espionner, faire de l'ingénierie sociale, manipuler, censurer et faire de la propagande. Entre les mains de personnes libres, la technologie peut être utilisée pour guérir, renforcer, instruire et construire un monde meilleur. Cependant, ce monde meilleur n'existera pas sans un effort conscient dans le bon sens. Nous avons également besoin d'un scepticisme sain à l'égard des technologies émergentes, présentées comme étant le remède miracle aux tourments de l'humanité. Que vous choisissiez de ne pas bouger et de construire dans votre ville, ou de vous soustraire à l'État et de construire ailleurs, il sera nécessaire de participer à un certain niveau de vie en communauté, ne serait-ce que pour survivre. Notre meilleure chance de survie est de nous allier avec ceux qui choisissent de se retirer du futur numérique et de former de nouvelles communautés respectant la vie privée et la liberté.

2. La communauté contre-économique : « les cellules libertariennes »

Tout au long de son œuvre, Samuel Konkin se réfère aux biens faits de vivre dans une communauté agoriste ou contre-économique. Bien que Konkin n'ait jamais rédigé un aperçu détaillé de la manière dont cette communauté pourrait fonctionner, il y définit quelques références utiles. Dans « Chapitre 15 : Psychologie et contre-économie » de son ébauche du livre *La contre-économie*, Konkin définit le« Renforcement mutuel : aller plus loin que l'autonomie de chacun et la propre acceptation de soi, c'est ce concept, dans lequel les individus travaillant conjointement de manière contre-économique et développant une confiance et une interdépendance authentique entre eux-mêmes, qui finit enfin par être décrit (après avoir été mentionné brièvement tout au long du livre). Au-delà des relations et des groupes d'affinités, nous en arrivons logiquement à l'idée d'une sous-société active et/ou d'un mouvement de contre-économistes, qui nous conduit à aborder la deuxième partie. »

Malheureusement, Konkin n'a jamais pu rédiger cette deuxième partie ni développer l'idée de communauté. Que vous choisissiez de tenir le coup ou de vous exiler et de reconstruire, le fait est que la communauté restera nécessaire pour survivre à la technocratie, quel que soit votre choix. J'ai passé les dernières années à développer le concept de « cellules libertariennes », qui selon moi est en accord parfait avec la vision contre-économique. Les cellules libertariennes sont des réseaux dans lesquels sont connectés des groupes composés de sept ou neuf personnes (huit étant le nombre idéal) s'organisant de manière décentralisée, avec l'objectif commun d'affirmer la souveraineté des membres du groupe par le biais d'une résistance pacifique et de la création d'institutions alternatives. Les cellules libertariennes peuvent être considérées comme un type très particulier de groupes d'entraide où l'agorisme et la contre-économie jouent un rôle majeur. Ce nom a été créé pour répondre à la propagande de l'État autour des cellules terroristes. C'est moi qui ai sciemment décidé de me réapproprier l'expression afin de créer des cellules qui propagent cette idée de liberté. De plus, les cellules libertariennes agissent comme les cellules d'un corps, réalisant individuellement des tâches importantes tandis qu'elles servent également les objectifs d'un organisme plus grand. De ce point de vue, chaque cellule libertarienne joue un rôle vital dans la diffusion de l'activité contre-économique tout en formant également une part d'un réseau plus large qui accueillera un partage d'idées et de produits entre les différentes cellules.

Le choix du nombre de participants, c'est-à-dire huit, est tiré de la recherche de Robert Podolsky et de son livre *Flourish! An alternative to Government and Other Hierarchies*[1]. Podolsky était le protégé du chercheur américain John David Garcia, qui passa vingt ans à étudier la manière de maximiser la créativité d'un groupe de personnes travaillant ensemble sur un projet commun. Après avoir réalisé des centaines d'expériences, il en arriva à un modèle optimisé basé sur des groupes de huit personnes, qu'il appelait un «octet» ou un «octologue». L'idée est qu'un nombre insuffisant d'individus limiterait les capacités du groupe, tandis qu'un surplus d'individus entraînerait désorganisation et manque de concentration. Podolsky recommande de former des «octologues» composés de quatre hommes et quatre femmes, tous guidés par des principes éthiques spécifiques. Bien que les cellules libertariennes soient également promues en tant que groupes de huit individus travaillant ensemble, elles diffèrent des octologues du fait qu'elles sont fortement axées sur la décentralisation. Même si le chercheur Robert Podolsky a présenté une version détaillée de la manière dont un octologue devrait fonctionner, j'espère apporter des exemples à appliquer aux cellules libertariennes, sans vouloir les leur imposer. Les besoins de chaque communauté différeront tout naturellement. Au-delà d'un accord général de respect mutuel des droits de chacun à être libéré de la coercition, je crois que les cellules libertariennes ne devraient pas être dominées par le point de vue d'une seule cellule. J'invite le lecteur à garder en tête que ces idées sont des conseils et non la solution définitive sur les possibilités qui sont littéralement infinies.

À l'origine, les individus peuvent travailler conjointement afin d'accomplir un objectif tel que celui que chaque membre du groupe dispose de trois mois de provisions, de communications cryptées, d'un plan d'échappatoire (ou pour s'exiler et construire une nouvelle vie), de s'assurer que les membres ont accès à des armes à feu (ou à une quelconque forme d'autodéfense) et qu'ils savent comment les utiliser correctement et sans danger. Pendant ce temps, les membres des cellules se rendent facilement disponibles pour apporter leur aide aux autres cellules, quelle que soit la

1. *Prospérez! Une solution alternative contre un gouvernement et les autres autorités*, non disponible en langue française

manière jugée nécessaire. Une fois que vous avez formé une cellule libertarienne de sept à neuf personnes, chaque individu devrait être encouragé à voler de ses propres ailes pour former une nouvelle cellule libertarienne, en particulier si les membres d'origine ne vivent pas à proximité les uns des autres. Vivre raisonnablement proche les uns des autres permettra de raccourcir le temps de réaction pour venir en aide en cas d'urgence. Mais de nouveau, chaque membre des cellules libertariennes devrait être encouragé à former d'autres cellules.

À un moment ou un autre, la cellule d'origine finira connectée à sept ou neuf cellules complémentaires grâce à chaque individu d'un groupe, ce qui formera un total de 70 à 90 personnes. Imaginez la force et l'influence que ces cellules pourraient exercer une fois connectées au monde numérique grâce à un site Internet tel que FreedomCells.org et aux régions du monde physique où cela serait possible. La création d'un réseau de cellules libertariennes sert également de réseau pour les voyageurs désirant faire affaire au sein de la contre-économie avec d'autres personnes partageant les mêmes idées. En construisant et en soutenant des options telles que des réseaux de denrées alimentaires locales, des services de santé, des groupes de défense mutuelle et des réseaux de partage d'économie et de communication, les cellules libertariennes seront plus à même de se déconnecter et de se découpler de l'État technocratique. Une fois que les groupes deviennent suffisamment nombreux, il devient tout à fait possible aux participants de se soustraire en masse et d'assurer leur liberté.

Il s'agit du modèle que nous avons suivi dans la communauté activiste des libres-penseurs de Houston[1] et dans l'espace communautaire de La maison des libres-penseurs[2]. Nous avons commencé en construisant des jardins potagers et en vendant les récoltes par le biais de la « communauté des voisins »[3]. Nous avons également vendu des jus de fruits et du thé kombucha, fabriqués à partir de fruits cueillis dans les arbres de nos voisins qui comprenaient nos objectifs. Nous étions au début un petit groupe d'environ trois à quatre personnes, qui se réunissaient pour discuter des objectifs et des thèmes de notre cellule. Le but est de diffuser des compétences et des savoirs au sein du groupe. De cette manière, si une personne quitte le groupe, ce savoir ne part pas avec elle. Par exemple, savoir que chaque membre de la cellule sait effectuer un *RCP*[4], utiliser des communications

1. *The Houston Free Thinker.*
2. *The Free Thinker House.*
3. *Nextdoor Community*
4. Remote Procedure Call (RPC), protocole d'appel de procédure à distance.

cryptées, tirer au pistolet ou transmettre l'idéologie contre-économique peut paraître important pour sa cellule. Bien entendu, certains individus seront plus doués ou plus informés dans certains domaines, mais il y a des compétences et des informations fondamentales qui devraient être communes à tous les membres d'une cellule.

Notre groupe utilisait également la structure qui permet de s'instruire mutuellement sur des sujets d'intérêt spécifiques. Il est possible que des membres d'une cellule libertarienne se réunissent et se mettent d'accord sur l'apprentissage de tout ce qui concerne la permaculture ou un concept philosophique particulier. On peut choisir de diviser le sujet entre les membres de sa cellule et de revenir deux semaines plus tard afin de s'instruire mutuellement. Il est possible que sa cellule rejoigne l'application mobile *Cell411* et réponde à des messages d'urgence au sein de sa communauté. Plusieurs cellules pourraient se rassembler pour surveiller la police, pour résister activement ou pour désarmer les policiers violents ou d'autres agents de l'État. Une cellule libertarienne pourrait se connecter à d'autres cellules pour accomplir une « guérilla jardinière » secrète. Avec le déluge constant de la désinformation, à travers ce que l'on appelle communément les *fake news*[1], provenant de l'industrie des médias, une cellule libertarienne pourrait rapidement chercher et démasquer une future propagande. Les cellules libertariennes pourraient organiser des réseaux d'échanges alternatifs qui encourageraient les artisans et les entrepreneurs locaux à vendre leurs produits artisanaux non réglementés et à accepter des monnaies alternatives. Dans un scénario catastrophe où les ennuis arrivent de tous côtés et s'accélèrent exponentiellement, les cellules libertariennes pourraient prévoir des lieux d'échappatoires prédéfinis contenant des vivres et autres provisions primordiales. Si plusieurs cellules libertariennes sont préparées à l'avance, vous vous retrouverez dorénavant dans une petite communauté d'individus puissants, à l'opposé d'être forcé à vivre et vous défendre seul.

Quant à l'attitude à adopter envers la technocratie, les membres des cellules libertariennes peuvent s'engager à limiter la quantité d'informations divulguées par la technologie numérique, en gardant les conversations importantes pour des discussions en face à face. De plus, les membres peuvent partager des astuces sur la manière d'échapper au regard vigilant de l'État. Cependant, le vrai intérêt de l'utilisation des cellules li-

1. Lit. « fausses informations ». Terme anglais désignant les informations faussement diffusées via les différents médias en passant pour légitimes, pour influencer l'opinion publique.

bertariennes pour construire la communauté contre-économique est que la force réside dans le nombre. Si votre décision de ne pas adopter les systèmes biométriques ou de crédit social obligatoires implique des actes vus d'un mauvais œil, voire illégaux, alors préparez-vous à être sanctionnés pour avoir refusé d'y adhérer. Comme nous l'avons mentionné plus tôt, le but des systèmes de crédit social est de rendre la société aveugle, bête et obéissante face à la technocratie, par le biais d'une ingénierie sociale. L'État utilisera la technocratie pour propager l'idée que tous ceux qui choisissent de s'y soustraire seront la cause du véritable problème. Même les individualistes les plus férus de liberté et les plus préparés rencontreront de grandes difficultés pour survivre hors du réseau une fois la technocratie complètement déployée. Et bien sûr, le calcul des points du crédit social dissuadera même les amis et la famille de fréquenter ceux qui ont été inscrits sur une liste noire[1].

La solution est de collaborer avec les individus et avec les familles qui choisissent de ne pas se soumettre à la technocratie. La raison de ce choix varie d'une personne à une autre ; certaines peuvent choisir de s'affranchir afin d'éviter les vaccinations obligatoires, d'autres afin de pouvoir pratiquer leurs croyances religieuses en paix, tandis que d'autres encore le feront pour protéger la vie privée de leur future progéniture. Très honnêtement, s'il faut choisir entre l'obéissance forcée au réseau technocratique ou une vie en marge de la société dominante, cela nécessitera un effort coordonné de la part d'un grand nombre d'individus déterminés afin de créer un monde rempli de communautés en réseau où les individus pourront prospérer, élever leur famille, mener des affaires et faire du commerce tout en vivant librement. Je pense que le concept de cellules libertariennes peut aider ceux d'entre nous qui feraient n'importe quoi pour se libérer de l'étreinte technocratique.

Pour conclure, je vous propose comme point de départ au lancement de votre propre groupe ces 12 astuces pour construire des cellules libertariennes. Toutefois, veuillez les adapter aux besoins spécifiques de votre communauté :

1. **Comprendre sa motivation** : pour toute personne qui envisage de créer une cellule, une plateforme ou un cercle, je trouve qu'il est important de savoir pourquoi vous suivez un tel objectif : quels sont vos motivations et intérêts ? Il faut savoir répondre à cette question avant de créer votre groupe, cela vous fera gagner du temps. Se soustraire à

1. N.D.É. Déjà en place en Chine depuis janvier 2020.

la technocratie est peut-être un but évident en soi, mais quelles pourraient être vos motivations cachées ?

2. **Identifier des candidats potentiels** : sont-ils mentalement, physiquement, spirituellement sains pour vos objectifs ?
3. **Discuter des thèmes communs** : quelles sont les forces motrices qui maintiennent votre groupe soudé ?
4. **Identifier les points forts et les points faibles** : relevez honnêtement les forces et les faiblesses de chacun des membres ainsi que celles de l'ensemble du groupe en tant que tout.
5. **Évaluer votre besoin de liberté désiré par rapport à la sécurité** : chaque individu a un besoin de liberté différent par rapport aux autres, et de ce fait, il aura des buts et une acceptation des risques différents. Face à la technocratie, c'est un point très important à considérer. À quel degré de liberté désirez-vous réellement parvenir ? Quel niveau de vie privée désirez-vous conserver ? Qu'êtes-vous prêt à faire pour atteindre de tels objectifs ?
6. **Établir des objectifs à court terme et à long terme** : que peut ou doit accomplir votre cellule en trois mois ? En six mois ? En un an ? Établissez ensemble des objectifs et prenez chacun une part de responsabilité.
7. **Exercices de pleine conscience** : mettez en place dans votre cellule des pratiques telles que des exercices de communication non violente et de la médiation de groupe.
8. **Atteindre des objectifs** : reconnaître et valider chaque objectif rempli avec succès par la cellule ou par un membre en particulier.
9. **Formation continue du groupe et communication** : élargissez continuellement les connaissances, les compétences et les ressources de votre cellule.
10. **Promotion de vos objectifs et accomplissements** : utilisez le pouvoir des réseaux sociaux (lorsque cela est sans danger) et du marketing pour faire savoir au monde à quel point vous prospérez bien plus au sein de la contre-économie.
11. **Identifier des stratégies générant des revenus ou de l'indépendance** : exploitez le pouvoir de votre cellule et le nombre de membres qu'elle compte afin de créer des revenus contre-économiques qui ne peuvent pas être taxés par l'État.
12. **Mise en réseau avec d'autres cellules** : la clé pour se soustraire à l'État

technocratique est la construction d'une communauté contre-économique. Cela signifie construire votre propre cellule, mais également rejoindre un réseau qui s'étend à votre ville, votre département, votre nation et enfin à la communauté mondiale. Il ne tient qu'à vous de faire un effort afin de vous mettre en réseau avec d'autres activistes et libres-penseurs.

3. Le chemin de fer clandestin de la contre-économie

Durant ces deux dernières années, je me suis concentré à développer des solutions potentielles pour libérer les esprits de l'emprise de la technocratie. J'en suis venu à la conclusion que peu importe la voie que l'on choisit de suivre, il est nécessaire de prendre des précautions appropriées et des plans d'urgence. La notion d'espérer le meilleur et se préparer au pire doit s'appliquer ici. Même si j'ai proposé des suggestions pour ceux qui choisissent l'option de « tenir le coup », il est impératif que certains individus choisissent l'autre option pour s'exiler et construire au cas où le système en place s'effondre. Ces individus avant-gardistes peuvent choisir de quitter les grandes villes pour aller dans des zones rurales où les coutumes envahissantes sont moins présentes, ou bien pour rejoindre une région proche, avec relativement plus de liberté et de vie privée. Le but est d'établir un réseau de communautés libres qui pourraient servir de sanctuaires pour les réfugiés de l'État technocratique. C'est ce que j'appelle le « chemin de fer clandestin de la contre-économie », ou tout simplement la voie clandestine.

Cette voie clandestine de la contre-économie est basée sur le modèle original du « chemin de fer clandestin » de l'ère coloniale américaine. À la fin des années 1700, d'anciens esclaves, des abolitionnistes et des sympathisants civils formèrent un réseau décentralisé de refuges au sein de maisons sures, qui permettaient aux esclaves de fuir l'esclavage. La majorité des esclaves libérés se dirigèrent vers le nord, c'est-à-dire au Canada, mais il y avait également des refuges qui aidaient des personnes à fuir vers le sud, au Mexique. Il a été estimé qu'au moins 1000 esclaves par an fuyaient l'esclavage entre 1850 et 1860. Le chemin de fer clandestin était contre-économique par nature, car d'après la loi sur les esclaves fugitifs de 1793[1], les forces de l'ordre des États libres étaient tenues d'aider les propriétaires d'esclaves à capturer les esclaves en fuite. Fort heureusement, de nombreux officiers eurent la sagesse d'ignorer cette loi injuste et d'aider les anciens esclaves à se frayer un chemin vers la liberté. Il s'agissait d'une décision délibérée de violer la demande de l'État et d'échanger cette prise de risque contre un bienfait.

1. Fugitive Slave Act of 1793.

Dans les notes de ses chapitres inachevés « Smuggling Counter-Economics »[1] et « Human Counter-Economics »[2], Samuel E. Konkin III fait référence au chemin de fer clandestin en tant qu'exemple de trafic d'êtres humains. Dans « La contrebande de la contre-économie », il déclare : « on introduit le trafic d'êtres humains pour l'utiliser dans le chapitre "La contre-économie humaine"**, en lien avec le chemin de fer clandestin de l'époque de la Guerre civile.** »

Il est important de noter qu'il existe une différence entre faire du trafic volontaire d'êtres humains et du trafic forcé d'êtres humains réalisé sous la menace de la violence.

La contrebande implique généralement de choisir de transporter des biens que l'État a qualifiés d'illégaux ou d'éviter de payer les taxes sur le transport desdits biens. Le trafic de personnes ou d'êtres humains implique qu'un individu paie un autre individu afin d'être l'objet d'une contrebande pour traverser des frontières internationales. Alors que la contrebande implique généralement une sorte d'accord contractuel qui prend fin une fois à destination, le trafic d'êtres humains implique l'utilisation de la force, l'enlèvement, la fraude ou la contrainte. Cela est souvent utilisé afin d'inciter au travail forcé ou à l'exploitation sexuelle. En d'autres termes, la contrebande devient du trafic quand l'argument de la force ou de la contrainte entre en jeu. Selon la théorie contre-économique de Konkin, le trafic d'êtres humains est légal lorsqu'il n'implique ni violence ni coercition. Dans « La contre-économie humaine », Samuel E. Konkin donne quelques détails supplémentaires sur sa vision :

« Les esclaves du chemin de fer clandestin se déplaçaient de façon contre-économique, avec diverses techniques toujours utilisées aujourd'hui. Les réfugiés utilisent la contre-économie pour se protéger d'une tyrannie plus importante : **c'est là qu'on protégeait les minorités en premier, leur manière de survivre dans des sociétés hostiles et les sous-sociétés qu'elles formaient et qui étaient en très grande partie contre-économiques...** »

Bien que nous n'ayons en notre possession qu'un ouvrage inachevé, il est intéressant de voir que Konkin y mentionne les minorités et « la manière dont elles survivent dans des sociétés hostiles et les sous-sociétés qu'elles forment ». À l'ère de l'État technocratique, les personnes choisissant de s'en exclure seront les minorités survivant dans ces sociétés hostiles. Les

1. « La contrebande de la contre-économie »
2. « La contre-économie humaine »

sous-sociétés que nous créons pourraient être des communautés libres qui gardent le flambeau de la liberté pour l'avenir. Imaginez un réseau de cellules libertariennes s'étendre aux environnements urbains et ruraux du monde entier. Ceux qui restent dans les villes font ce qu'ils peuvent pour combattre la technocratie et pour instruire les autres sur ses dangers. Ceux qui s'exilent forment des communautés qui se soustraient à différents niveaux à l'invasion technologique (selon leurs préférences) et instruisent également les autres sur les bénéfices de cette déconnexion. Les deux stratégies fonctionnent bien ensemble afin d'extraire autant d'esprits que possible de la matrice technocratique.

Que vous voyiez ou non l'intérêt dans la théorie contre-économique, il y a des leçons utiles à tirer du chemin de fer clandestin. Les individus qui choisirent d'ouvrir leur porte aux esclaves en fuite prirent cette décision de manière délibérée, conscients du risque d'être arrêtés et emprisonnés pour avoir aidé un autre être humain. Les fonctionnaires et les policiers qui désobéirent à l'État rejoignirent la contre-économie, lorsqu'ils réalisèrent que faire ce qui est juste est plus important que faire ce qui est légal. Les alliés qui faisaient du trafic d'anciens esclaves à travers les frontières internationales risquèrent également leur liberté au nom d'une cause juste. Il s'agit là des mêmes décisions qu'à mon avis beaucoup d'entre nous auront à prendre dans les années à venir, puisque l'État technocratique continue de se développer.

Les individus qui choisissent de s'exiler et de construire une vie dès à présent peuvent acheter des terres, construire des maisons et poser les fondations d'une société plus libre. Tandis que cela servira initialement à subvenir aux besoins de leurs propres familles, si les ennuis surgissent, le réseau clandestin aidera les esclaves de la technocratie à s'échapper vers ces communautés. C'est le rôle que je choisis de jouer. Je ne pense pas que mon lieu de naissance (les États-Unis) puisse être sauvé. Je ne vois pas cela comme abandonner le navire ou abandonner tout espoir, mais plutôt comme un choix délibéré de construire le futur que je souhaite, en sachant que d'autres personnes pourraient avoir besoin d'aide dans un futur proche. Je crois qu'en quittant la ville pour aller dans une région du monde moins nuisible et qu'en construisant sur un terrain, je trouverai ma paix intérieure et j'aurai l'opportunité d'aider les autres. Ce n'est peut-être pas ce rôle particulier que vous choisirez, mais il existe d'autres moyens pour que l'on soit tous utiles.

Comme pour le chemin de fer clandestin, nous aurons besoin d'individus compatissants au sein de la société hostile, et qui seront prêts à héberger et à conduire les personnes en quête d'un abri. Nous aurons besoin des petits employés de l'État, prêts à accepter un pot-de-vin ou à fermer les yeux sur la voie clandestine de la contre-économie. Nous allons avoir besoin de hackers éthiques[1] prêts à créer des outils technologiques pour combattre les yeux et les oreilles omniprésents du réseau intelligent. Nous aurons besoin d'individus qui abandonneront leur confort de vie pour développer le réseau de communautés libres qui pourraient très prochainement servir à héberger des réfugiés de la technocratie. Enfin, nous aurons besoin d'organisateurs qui peuvent aider à mettre en relation chacun de ces individus, de la manière la plus décentralisée possible.

Je ne prétends pas savoir exactement comment ce chemin de fer clandestin de la contre-économie se développera. La seule chose que je sais, c'est qu'il doit se développer le plus rapidement possible. Si nous choisissons de rester les bras croisés alors que l'État technocratique devient de plus en plus visible, nous abandonnons alors nos générations futures. Si vous lisez ces mots, vous avez l'opportunité de faire partie de la solution. La seule façon qui nous permettra de surmonter la dystopie numérique est de mettre de côté nos différences mineures pour construire le monde que nous savons qu'il est possible de bâtir.

1. *White hat hackers*

4. Dernières réflexions sur les manières de survivre à la dystopie numérique

Vers la fin 2009, j'ai commencé à me questionner sur le monde qui m'entourait et à me demander qui menait la danse. J'ai ingéré toutes les informations que j'ai pu trouver sur l'histoire du gouvernement, des banques, de la classe dominante et du pouvoir. Pendant un temps, j'étais persuadé que la fin du monde, l'effondrement des gouvernements ou des États policiers, ou que quelque chose de ce genre allait arriver. Avec le temps, mes craintes se sont dissipées à mesure que je portais un regard plus raisonné sur le monde qui m'entourait et que je prenais note des progrès positifs en cours dans ce monde. Malheureusement, tout en écrivant ces mots, mes craintes d'une catastrophe imminente réapparaissent. Ce n'est que maintenant que j'aperçois la menace imminente venant de ce que j'appelle l'État technocratique.

Cet État diffère de tous ceux que nous avons pu voir jusqu'à présent dans l'histoire de l'humanité. Il y a une classe dominante totalitaire et élitiste composée de technocrates et de scientifiques fous, combinés avec la technologie numérique qui n'existait pas sous les anciens régimes totalitaires. Cela ne présage rien de bon pour l'avenir de la liberté des peuples. La conception moderne de la liberté est elle-même vieille d'à peine 300 ans, et il semblerait que l'humanité rencontre de nombreux problèmes quant au maintien et au développement d'un principe aussi nécessaire. Apparemment, les hommes cherchent encore à savoir si des concepts tels que la vie privée et la liberté vont continuer de prospérer.

Une question émerge alors: la liberté s'étendra-t-elle à chacune des contrées de la Terre ou les tyrans continueront-ils de régner? Je ne prétends pas savoir exactement ce que l'avenir nous réserve, mais je sais que l'issue sera déterminée par ceux qui choisissent de s'interposer et d'agir. La direction que cela prendra dépendra des valeurs et des principes des individus s'engageant dans cette lutte et recherchant des solutions. Ceux qui resteront à l'écart ne seront que les instruments de la machination d'un autre parti. Le temps de la passivité est révolu. Si vous ne souhaitez pas perdre votre vie privée, et finalement toutes vos libertés, vous devez agir pour vous protéger, vous et les êtres qui vous sont chers.

La technocratie est de plus en plus visible, et chaque jour qui passe, il devient plus évident que les populations en avaleront le poison sans hésitation. Se désengager du confort et des plaisirs du réseau intelligent ne sera pas un choix très populaire. Dire non aux systèmes biométriques obligatoires entraînera un risque plus ou moins élevé. Cependant, il pourrait très prochainement être nécessaire de prendre ces décisions afin de préserver notre vie privée et notre liberté. J'ai tenté d'expliquer la raison pour laquelle je crois que la théorie de contre-économie de Samuel E. Konkin peut être appliquée au combat contre l'État de surveillance totalitaire. La contre-économie apporte une base philosophique au simple rejet des règles immorales ou injustes de l'État, et à la possibilité de faire ce qui est nécessaire pour s'épanouir.

Les faits sont là: lorsque l'État interdit une activité ou un produit, il crée implicitement une contre-économie de personnes qui choisissent volontairement d'enfreindre les interdictions et faire ce qu'elles jugent être nécessaires pour survivre et s'épanouir. Cette contre-économie est l'une des économies les plus répandues au monde et elle n'est en rien contrôlée par une autorité centralisée. Le pouvoir de la contre-économie dépend de la capacité à reconnaître le potentiel détenu par l'abandon massif des systèmes qui ne correspondent pas à nos valeurs et qui sont fondamentalement immoraux. Tout comme dans le chemin de fer clandestin du XIXe siècle, j'appelle à la création d'abris, à l'organisation du transport des réfugiés et à l'objection de conscience face aux lois qui tentent d'incriminer ceux qui viennent en aide aux fugueurs. Les conducteurs(ou « chefs de train ») de ce chemin de fer clandestin faisaient ce qu'ils savaient être justes, car cela importait plus que de suivre aveuglément des ordres écrits sur des bouts de papier.

Nous devrions nous inspirer de cet exemple d'activité contre-économique pour nous soustraire volontairement au réseau de contrôle technocratique. Si nous créons des cellules libertariennes qui peuvent promouvoir l'activité contre-économique et encourager au scepticisme face à la technocratie, nous aurons peut-être une chance de faire naître une société concurrente de communautés libres qui choisissent de rejeter différents niveaux de technologie numérique envahissante. Nous ne pouvons pas faire face à cette tâche monumentale tout seuls. Il est d'une importance capitale que nous trouvions un moyen de former des alliances et des coalitions pour le bien de la préservation de notre liberté collective.

Je pense que s'affranchir de l'État technocratique devrait aller de pair avec la soustraction au complexe militaro-industriel (CMI), au système de banque centrale, au système éducatif, au complexe de sociétés médiatiques et au complexe pharmaceutique. Cela ne sera pas aisé, voire possible pour tout le monde dans toutes les situations. Faites ce que vous pouvez, où vous le pouvez. Référez-vous à l'agorisme vertical ou horizontal quand vous avez besoin d'idées, afin de vous désengager des institutions ou des organisations à grande échelle qui ne représentent pas vos intérêts. Je recommande également de prendre du temps pour revoir mes explications sur la stratégie consistant à tenir le coup, ou celle de s'exiler et de construire une autre vie, afin de voir où vous pensez que votre voie peut vous mener.

À terme, il n'appartient qu'à chaque individu de décider de son futur, car la totalité de nos choix individuels ouvrira la voie à suivre au reste de l'humanité. J'ai tenté de comprendre la manière de motiver les autres à agir et j'ai découvert que donner l'exemple est la meilleure façon d'inspirer les autres. Nous n'avons pas besoin de tous prendre exactement la même voie afin de réussir. En effet, plus les groupes d'individus utilisant l'éthique de la contre-économie seront variés, mieux nous nous en porterons. Chacun d'entre nous sera inspiré et sera motivé par des stimulus différents, et ainsi nous toucherons et inspirerons de nombreuses personnes différentes.

Non seulement nous avons tous des sources de motivations différentes, mais en plus, nos habitudes et modes de vie façonnent également notre capacité à nous libérer de l'État technocratique. Le niveau de vie privée et de liberté que vous maintiendrez dans les années à venir sera déterminé selon votre volonté de changer, de vous adapter et d'abandonner des habitudes qui affaiblissent votre capacité à vous libérer de systèmes d'oppression. Cette lutte entre ce que vous désirez (liberté) et vos actions (une variable qui dépend de vous) définit si vos désirs deviendront réalité ou ne resteront que pures fantaisies.

« Niveau de liberté désiré + volonté de changer
= expérience réelle de liberté »

J'appelle cela la « formule de liberté » : une simple équation dans laquelle votre niveau de liberté désiré ajouté à votre volonté de changer et de vous adapter équivaut à votre expérience de la liberté et de la vie privée. Afin de déterminer la meilleure voie à suivre pour vous, il est important de comprendre quels sont vos objectifs et à quoi ressemble votre vision idéale de la liberté et de la vie privée. Cela correspond à la première partie de la formule. Ce n'est qu'une fois que vous aurez clairement identifié ce que vous voulez et ce que vous ne voulez pas, que vous pourrez vous demander ce que vous êtes prêt à accomplir pour atteindre cet objectif. Même si certains pourraient appeler cela un sacrifice, la vérité est que nous échangeons depuis longtemps notre précieuse liberté et notre précieuse vie privée contre le confort et le plaisir. Accordez-vous plus de valeur à l'utilité de ne pas faire la queue à l'aéroport en échange de votre empreinte faciale qu'à la protection de votre vie privée ? Cela vaut-il la peine de perdre un niveau de confidentialité juste pour pouvoir télécharger les dernières applications et les dernières tendances ?

Tandis que vous songez aux réponses à ces questions, je vous demande humblement de prendre un instant pour considérer les conséquences de l'apathie et de la complaisance. Les générations futures n'ont jamais autant dépendu des décisions que nous prenons maintenant. Ces décisions détermineront le cours de l'humanité, et pour de nombreuses générations à venir. Nous en sommes arrivés au point où les enfants grandissent sans la connaissance d'un monde sans Internet, sans téléphones portables et sans réseau intelligent. Ces générations n'auront aucune notion de vie privée, car elles sont élevées durant une époque où celle-ci n'est plus que très peu au centre des préoccupations. Tandis que l'intelligence artificielle évolue, que le réseau intelligent 5G est mis en service, et que l'Internet des objets voit le jour, nous allons devoir faire face à des décisions compliquées concernant la vie privée. Si nous choisissons de faire partie des personnes qui se sont préparées à l'avance, qui se sont exclues et qui ont formé des communautés libres, nous pourrons laisser à nos générations futures un monde qui respecte les principes de la liberté et de la vie privée. Même si je manque d'optimisme ces derniers temps, je pense tout de même qu'il nous reste du temps pour poser les bases du chemin de fer clandestin de la contre-économie et pour construire un monde meilleur.

TROISIÈME PARTIE

—

LA CONTRE-ÉCONOMIE : DE L'OMBRE À LA LUMIÈRE[1]

PAR SAMUEL E. KONKIN III

1. Titre original : *Counter-Economics, From the Back Alleys to the Stars.*

Au début des années 1970, avant d'écrire son livre phare *Le manifeste néolibertarien*[1], Samuel E. Konkin III commença à développer sa philosophie de l'agorisme et la stratégie de la contre-économie. L'ouvrage présente la structure du marché anarchiste dans ses moindres détails. Le deuxième livre de Konkin, *Une approche agoriste*, fut publié après sa mort, en 2004. Cet ouvrage mit en lumière le chemin vers ce que Konkin appelait le « néo-libertarianisme » ou « l'agorisme ». Peu avant son décès, Konkin avait l'intention de publier un autre livre intitulé *La contre-économie.* Il envisageait ce livre sous la forme d'un volume universitaire qui rivaliserait avec le *Manifeste du parti communiste* de Karl Marx.

Malheureusement, ce volume n'a jamais été achevé, et le projet de Konkin de le publier n'a jamais pu se réaliser. Grâce à son ami, Victor Koman, ce qui subsiste du livre est maintenant disponible au public en format numérique. Après avoir appris que Konkin avait un livre inachevé et inédit qui devait être publié, j'ai décidé de « terminer » le travail, en guise de remerciements à l'auteur et précurseur de l'agorisme pour ses efforts visant à démontrer l'efficacité de l'économie existant en dehors de l'emprise tyrannique de l'État. Après avoir lu les six chapitres achevés et le plan du reste du livre, j'ai été ravi à l'idée de pouvoir lui donner vie.

Quoi qu'il en soit, le livre que vous tenez entre vos mains ne suit pas exactement la vision décrite par Konkin. Je ne sais d'ailleurs pas si je pourrais concevoir un livre capable de satisfaire le projet ambitieux de Konkin. Plutôt que de tenter de recréer l'ouvrage *La contre-économie* tel que décrit par Konkin, j'ai décidé d'utiliser son travail et de remettre le concept à jour au contexte du XXIe siècle et des siècles à venir. Je crois à présent que les essais de Konkin ainsi que ma contribution offrent des informations clés pour tout individu ou communauté souhaitant participer à une activité contre-économique de sorte à obtenir plus de liberté dans leur vie. Je remercie infiniment Samuel E. Konkin auquel revient tout le mérite pour avoir préparé le terrain sur lequel de nombreux autres contre-économistes et moi-même construisons.

J'ai inclus les textes originaux de l'introduction, de ses chapitres achevés ainsi que les notes personnelles de Samuel Konkin pour

1. Titre original : *New Libertarian Manifesto.*

les chapitres non rédigés. Les chapitres qui suivent se composent des six chapitres sur les dix que Konkin écrivit avant sa mort. En janvier 2020, les quatre autres chapitres restaient encore introuvables. Je vous les présente alors tel qu'ils furent écrits par Konkin et révisés par Victor Koman. Ces chapitres ici assemblés constituent une source de preuves abondantes pour les théories de Konkin concernant le pouvoir de la contre-économie. En lisant ces témoignages, le lecteur doit se poser la question suivante : « que dois-je faire de cette connaissance ? ».

Konkin soutenait qu'il suffisait de faire prendre conscience au citoyen des opportunités qui l'attendent au sein d'une contre-économie non imposée et non réglementée par autrui. Si un grand nombre d'individus faisant preuve de cohérence et de principes résistait à l'extorsion de l'État et concentrait son énergie dans une contre-économie, l'État deviendrait alors impuissant. Des années 1980 jusqu'à sa mort en 2004, Konkin avait déjà reconnu le succès de certains points de la contre-économie. Pourtant, même si en 2020 les confirmations de succès sont devenues bien plus nombreuses et capitales que ce que Konkin aurait pu imaginer à la fin de sa vie, nous sommes encore confrontés à cette même question : « que doit-on faire à présent ? ».

Devons-nous accepter les preuves qui nous sont présentées ici pour guider nos actions, comme toute personne raisonnable devrait le faire ? Ou bien devons-nous ignorer la solution évidente et continuer à jouer le jeu politique du « diviser pour mieux régner » ?

Chers lecteurs, le choix vous appartient.

– Derrick Broze

Avant-propos de Victor Koman

(La préface suivante a été écrite par un auteur primé, le docteur Victor Koman. À l'origine, elle fut publiée en guise de postface du livre *La contre-économie : de l'ombre à la lumière*, en format epub, qui a inspiré mon livre *Comment se soustraire de l'État technocratique*.)

Samuel Edward Konkin III, auteur de *La contre-économie*, décéda le 23 février 2004 à l'âge de 56 ans. Il me laissa l'original de son manuscrit dans l'espoir qu'un triple lauréat du prix Prometheus et qu'un éditeur (les éditeurs de livres KoPubCo) mèneraient à ce que son livre soit publié, tout comme je l'avais fait avec son *Manifeste néolibertarien* (aux éditions KoPubCo, publié en 1983 et republié en 2006) et avec le livre d'introduction publié à titre posthume, *Une approche agoriste* (aux éditions KoPubCo, 2008). Ce dernier manuscrit ne nécessita qu'une petite mise à jour, ce qui permit de le publier assez rapidement (selon les normes libertariennes) à la suite de son décès.

Son livre *La contre-économie*, en revanche, s'est avéré être un plus grand défi. Le manuscrit, écrit vers 1984-85, ne comprenait que les six premiers chapitres sur les vingt que son plan comptait (bien que quatre autres chapitres soient censés exister quelque part au format numérique, mais n'ont pas encore été trouvés). En outre, de nombreuses citations tirées de sources d'actualités et de magazines contemporains constituaient une partie importante du manuscrit. Comme ces références ne sont plus à l'ordre du jour (l'économie informelle de l'Union soviétique, par exemple, lui avait fourni de multiples exemples d'une économie étatiste ayant mal tourné, et le Venezuela, actuelle tête d'affiche des horreurs du socialisme, n'était pas encore au bord de l'effondrement), terminer le livre aurait nécessité une recontextualisation approfondie de la contre-économie dans un monde ayant près d'un tiers de siècle d'écart avec celui du manuscrit original.

Le monde a radicalement changé depuis 1985 : l'effondrement de l'Union soviétique, dû en grande partie à la contre-économie, la montée du terrorisme islamiste, le retour à une économie basée sur la guerre (ou du moins, qui s'adapte à celle-ci), la légalisation aléatoire (mais pas la décriminalisation) de la marijuana, la privatisation (même faible) des voyages dans l'espace, l'explosion de la puissance de cryptage des ordinateurs et de l'ingéniosité des pirates informatiques, l'essor de la cryptomonnaie comme le Bitcoin, l'omniprésence des systèmes de surveillance, l'abandon de tout semblant de soutien déclaré pour la liberté ; liberté déclarée par les élites des partis politiques américains, par les conseils d'administration et par les gouvernements du monde entier. Tous ces évènements n'ont fait qu'augmenter, et non diminuer, l'ampleur et la portée de la contre-économie.

En relisant les chapitres de cette édition, j'ai trouvé des échos du passé qui résonnent encore aujourd'hui. Il s'avère que même si les références ne sont plus d'actualité, les principes qui sous-tendent la contre-économie sont cohérents et opportuns, et nous verrons comment ils s'appliquent aux évènements actuels et comment ils peuvent résoudre les controverses d'aujourd'hui et guider les futurs choix de notre propre vie et de la société en général.

La numérisation du manuscrit fut un processus extrêmement frustrant (qui fut effectué au milieu des années 1990, en utilisant le programme OmniPage et un scanner centenaire). La vieille machine à écrire à espacement proportionnel, version « Executive » de la marque IBM, et appartenant à Samuel Konkin, avait une touche « t » décalée, ce qui entraînait le logiciel OCR[1] à faire des fautes d'orthographe dans quasiment tous les mots contenant la lettre « t », ainsi qu'une erreur quant à l'espacement de presque chaque mot contenant un « o ». Je passai d'innombrables heures au cours des années suivantes à corriger (du mieux que je pouvais) les erreurs et à rendre les notes de bas de page de Samuel conformes aux normes bibliographiques APA 6e édition[2].

Puisque les demandes d'édition avaient déjà fait le tour de plusieurs éditeurs et avaient été rejetées, Samuel ne jugea jamais utile de s'investir davantage dans une réécriture de son livre. Lorsqu'il me donna le manuscrit (probablement vers 1993), il doutait d'un succès commercial une décennie après l'avoir rédigé. Quand je lui affirmai que je pouvais sûrement en faire quelque chose, il m'accorda la permission de le modifier.

Je savais, cependant, que le « moi » des années 1990 n'était pas capable de terminer le livre tout seul sans un certain soutien de connaissances académiques. Durant les vingt années qui suivirent, j'obtins quatre diplômes

1. De l'anglais « Optical Character Recognition ». Reconnaissance optique de caractères, permettant de convertir des images de textes en fichiers de textes.

2. APA (American Psychological Association) est le style le plus couramment utilisé pour citer des sources dans les sciences sociales.

universitaires : un premier diplôme d'études universitaires en Arts[1], puis un BSIS[2] et un MBA[3], et enfin un doctorat en informatique spécialisé dans la garantie et la sécurité des systèmes d'information. Je publiai également les livres de Samuel mentionnés ci-dessus et je republiai quelques-uns de mes propres ouvrages grâce aux éditeurs KoPubCo. Je réalisai tout cela en travaillant à temps plein en tant que développeur d'applications web, de 1996 à 2014. À la fin, je me sentis prêt à terminer le chef-d'œuvre de Samuel Konkin tout en conservant le savoir et la cohérence idéologique qu'il méritait.

Cependant, à la demande de mon confrère et auteur primé, J. Neil Schulman, je tentai de trouver une certaine référence au manuscrit sur la contre-économie faite par Samuel, en recherchant dans mes archives de courriers électroniques datant des années 1990. En cherchant dans un fichier texte de 32 Mo (sauvegardé à l'époque où un mégaoctet était vraiment un mégaoctet !), j'y trouvai plusieurs références. J'y découvris également quelque chose que j'avais oublié au fil des décennies. Dans un courriel datant du 28 novembre 1999, Sam écrit :

« Même si mon livre "inéditable", La contre-économie, n'avait été qu'à moitié écrit au début des années 1980, avant que j'abandonne mes démarches pour trouver un éditeur à New York (la meilleure réponse a été celle de quelqu'un qui a déclaré : "C'est un exemple de l'écrit le plus immoral du mouvement libertarien..." Eh oui !), je possède une dizaine de chapitres que je pourrais retaper et poster sur le web. »

Dans un courrier adressé à la Liste libertarienne de gauche[4] et qui date du 26 janvier 2000, Sam déclare :

« [...] Je l'ai déjà mentionné que j'avais écrit dix chapitres d'un livre intitulé La contre-économie au début des années 1980, mais il a été rejeté par une douzaine d'éditeurs de l'élite new-yorkaise, deux d'entre eux citant des idées "extrémistes" qui étaient la raison de leur refus, tandis que les autres avaient été moins honnêtes. Chaque chapitre décrit un domaine spécifique de la contre-économie pour que, de chapitre en chapitre, le lecteur se rende compte que le livre couvre toutes les actions de l'homme.

« Victor Koman a apparemment numérisé et traité en OCR les pages du

1. « Associate of Arts », équivalent d'un bac + 2.

2. « Bachelor of Science in Information Systems », équivalent d'une licence dans les domaines des technologies informatiques.

3. « Master in Business Administration », équivalent de la Maîtrise en Administration des Affaires.

4. « Left Libertarian List »

manuscrit, et me les a ensuite offertes cette année à Noël. Si je continue à recevoir du soutien… Je les mettrai alors en ligne… »

Le fait est que j'avais totalement oublié cet échange avec Samuel.

Pendant toutes ces années, j'avais gardé le manuscrit dans l'espoir de le compléter avec les recherches et les compétences d'écriture d'un universitaire, car je souhaitais protéger l'intégrité de l'œuvre pour ensuite (re)découvrir que Samuel était prêt à publier le manuscrit tel quel, au cours du millénaire précédent.

Alors voici *La contre-économie* incomplète. Je n'ai aucune idée de l'endroit où se trouvent les quatre chapitres perdus, mais je rééditerai ce livre avec les chapitres manquants quand ils seront disponibles, s'ils le sont un jour. Les seuls changements que j'ai apportés au manuscrit ont été la correction de quelques fautes de frappe, la reformulation d'une ou deux phrases peu claires et la mise en page aux normes APA pour les notes de bas de page, comme je l'ai mentionné plus haut. Peu de temps après la publication de ce livre numérique, l'éditeur KoPubCo mettra à disposition un PDF gratuit des pages du véritable manuscrit, ainsi que d'autres éléments tels que les numérisations des articles que Samuel cite dans ce livre. Ce que vous tenez entre vos mains en ce moment, cependant, est le texte le plus purement condensé de la contre-économie et de l'agorisme présenté par le génie Samuel Edward Konkin III, qui est allé au-delà des idées de Ludwig von Mises et de Murray Rothbard, pour vous fournir les connaissances, la stratégie et les tactiques afin de vous libérer, vous et la société.

– Victor Koman

Introduction de Samuel Edward Konkin III

Êtes-vous en train de lire un livre sur le développement personnel, un guide sur la libération personnelle, un guide financier, un texte d'économie ésotérique, un programme antipolitique, une histoire de scandale, un reportage sensationnel sur la vie clandestine ou un livre de recettes de cuisine anarchiste? La réponse à toutes ces questions est affirmative.

Cela peut sembler déroutant, mais l'objectif principal de cet écrit est d'extraire une partie de chacun de ces sujets qui ne sont habituellement pas liés dans la plupart des esprits des personnes d'aujourd'hui. J'espère qu'il divertira et enthousiasmera réellement le lecteur en abordant la question d'un autre mode de vie accessible à tous, qu'il donnera une nouvelle justification à certains des problèmes délicats qui affectent notre vie sociale et qu'il en résoudra peut-être quelques-uns. Au cours de ces pages, de nombreux opprimés (en particulier ceux qui ont choisi de se battre) pourraient être soulagés de se voir enlever quelques fardeaux supplémentaires. Par-dessus tout, certains d'entre vous pourront être poussés à agir, en leur propre nom.

Toute action, tout changement commence par soi. Si l'individu choisit d'exercer ses droits en dépit de l'opposition organisée et institutionnalisée, c'est à ce moment-là que la contre-économie démarre. Il n'est pas nécessaire d'être anarchiste ou même libertarien pour pratiquer la contre-économie, car la plupart ne l'ont jamais été jusqu'à présent. Pourtant, si un socialiste ou un fasciste, ou même un individu dépourvu d'idéologie ou d'opinion apprend et applique des pratiques contre-économiques, à mon avis le libertarisme le plus pur a déjà commencé à se développer.

C'est pour cette raison que j'ai délibérément laissé les aspects philosophiques de la contre-économie pour la fin du livre. Et pour m'assurer que vous ayez trouvé le sujet suffisamment passionnant pour vous plonger dans une théorie plus sérieuse, j'ai mis la partie économie juste avant la fin du livre.

Il ne s'agit pas d'attirer les réfractaires ou de piéger les imprudents. Ce livre n'est ni un traité ni un manifeste. L'auteur en a d'autres à sa disposition. Le livre *La contre-économie* est destiné à rendre la contre-économie accessible au plus grand nombre possible de personnes.

Au premier plan, avec les éléments délicats en arrière-plan, voici ce qu'est la contre-économie. L'économie est l'étude et la pratique des actions humaines impliquant un échange volontaire. Le concept d'« économie » mis en place correspond à la présentation des motivations des actions humaines de manière à bénéficier à la construction ou la gouvernance d'une partie de la société. La première définition est une tentative d'explication scientifique, la seconde, une escroquerie. Le contre-pouvoir économique[1] est l'étude et la pratique de cette partie des actions humaines engagées contre la légitimité officielle (c'est-à-dire la législation gouvernementale) affirmant le contraire.

Comme le mouvement du contre-pouvoir s'est avéré peu pratique dans les années 1960 et a été réduit à un mouvement culturel (non sans que ses objectifs se soient dénaturés par la suite), l'expression du contre-pouvoir économique sera alors raccourcie en contre-économie. Pour éviter toute confusion, ce que j'appelle la « contre-économie » sera, de manière cohérente, définie ainsi :

« La contre-économie est la théorie et la pratique de toute action humaine qui n'est pas acceptée par l'État et qui n'implique aucune initiation à la violence ni menace de violence. »

Si cette formulation semble un peu obscure, il faut explicitement exclure de la contre-économie les meurtres et les vols. Les gouvernements ont un quasi-monopole sur les meurtres (guerre) et les vols (imposition et inflation) et nous pouvons exclure les quelques étatistes indépendants pour nous distinguer d'eux de manière nette et précise.

Compte tenu du code moral libertarien qui consiste à ne pas nuire à son prochain, la contre-économie consiste à faire ce que vous voulez, quand vous le voulez, selon vos propres raisons. Et, c'est avec cette idée que nous gardons la théorie dans un coin de notre tête pour nous préparer à examiner le terrain.

L'objectif du livre est de montrer au lecteur ce qu'est la contre-économie. Nous l'examinerons dans tous les aspects de la vie, dans toutes les régions du monde et au-delà. Le marché noir, le marché gris, la dissidence nationale et étrangère, la résistance fiscale, l'économie féministe, les écoles et les centres commerciaux clandestins, l'or, l'argent, le troc, les étrangers illégaux, l'informatique créative et les systèmes d'information sécurisés,

1. « Counter-Establishment Economics »

les trafics d'armes, la contrebande de la Bible, le prolongement de la durée de vie et l'augmentation du niveau de l'intelligence, l'épanouissement personnel et la résistance psychiatrique, les exploits sensationnels et le révisionnisme historique rigoureux, la transformation de l'espace intérieur et extérieur : tout sera expliqué ici.

Après avoir vu par vous-même, puis après avoir entièrement compris tout cela, tentez l'expérience si vous le souhaitez... mais vous vous rendrez compte que vous l'avez déjà peut-être expérimenté ! Si vous souhaitez accroître votre liberté, vous trouverez ici sans aucun doute de nouvelles idées. Le plus important pour moi, c'est que si vous êtes déjà en train d'accroître votre liberté et que si vous vous inquiétez de sa légitimité, vous aurez, espérons-le, une vision plus globale et vous pourrez juger par vous-même votre bonne foi.

Si un ou une contre-économiste change d'avis concernant un éventuel renoncement à une vie de libre marché pour revenir dans la société conformiste, malade et étatiste, ce livre aura alors à moitié atteint son objectif. Et si les autres perçoivent cette personne sous un jour nouveau, plus sympathique, alors l'autre moitié de l'objectif sera accomplie.

Et maintenant, passons à la question des véritables actions humaines.

– Samuel E. Konkin III

1. La contre-économie fiscale

« Une vaste économie souterraine dont la portée rivalise avec la production totale du Canada, qui touche jusqu'à 20 millions de personnes et qui génère des centaines de milliards de dollars de revenus non imposés, prospère à travers la vie économique américaine principale. Au total, il s'agit de plus de 500 milliards de dollars par an (environ un quart de la production enregistrée aux États-Unis), selon certaines estimations. Même les estimations les plus prudentes commencent à près de 200 milliards. »

Article en première page du *U.S. News & World Report*, 22 octobre 1979.

« Il se passe quelque chose ici, mais ce dont il s'agit n'est pas très clair... »[1]

– Stephen Stills, *For What It's Worth* (chanson enregistrée par Buffalo Springfield).

Ce que l'on appelle l'« économie souterraine » a été découvert grâce aux médias dominants à grand tirage. Par exemple, le *Los Angeles Times*, durant les années où l'auteur suivait de près ce magazine, fit paraître les articles suivants :

- 17 juillet 1979 : « Découverte d'une "économie souterraine" dont la valeur s'élève à 100 milliards de dollars » (Section IV, pages 1 et 11) :

  « Quiconque ayant étudié l'économie souterraine vous dira qu'elle est très importante », a déclaré Allen Voss, directeur du Bureau central de la comptabilité[2], à la sous-commission de surveillance du Comité des voies et moyens[3].

  Les fonctionnaires décrivent l'économie souterraine comme étant constituée de personnes qui déclarent moins que ce qu'elles gagnent, y compris celles qui se livrent au troc ou qui travaillent seulement pour de l'argent liquide, et celles qui ne se donnent même pas la peine de remplir une déclaration.

- 18 septembre 1979 : « L'"économie souterraine" refait surface » (Partie II, page 5) : Le chroniqueur Robert J. Samuelson déplore que« les agences

1. « There's something happening here. What it is ain't exactly clear... », Stephen Stills, *For What It's Worth*.

2. « General Accounting Office ».

3. « House Ways & Means ». Commission gouvernementale chargée du budget.

gouvernementales ont une façon d'accorder un respect aux opinions, et c'est exactement ce que l'*Internal Revenue Service*[1] a fait pour l'"économie souterraine". Jusqu'à récemment, ce n'était qu'un sujet de plus pour les journaux et pour les magazines. Aujourd'hui, l'IRS a publié un lourd bilan, estimant qu'un dollar sur dix des revenus passe à la trappe et n'est pas fiscalement déclaré. Soudainement, nous avons un problème social à grande échelle. »

- 9 janvier 1980: « L'argent: une question de concessions mutuelles », sous-titre: « Le fisc a escroqué des milliards de dollars » (Partie IV, page 5), première phrase: « Je me sens merveilleusement bien de ne pas payer d'impôts, déclare R. M. Jones. Je n'aime pas soutenir un "tigre de papier"[2] en guise de gouvernement et je n'aime pas financer des gens qui vivent de l'aide sociale. »
- 2 avril 1980: « Impôts sur le revenu: l'effroi face aux milliards de dollars de fraudes fiscales », sous-titre: « Les États-Unis s'inquiètent des fonds non déclarés qui circulent vers des comptes bancaires à l'étranger ». Cet article développe le concept au niveau international. « Selon de nombreux experts, l'abus des comptes dits "offshore"[3] par les riches Américains adeptes de l'évasion fiscale (ainsi que par les narcotrafiquants, les sociétés corruptrices et autres) a atteint des proportions sans précédent. »
- 7 avril 1980: « Du côté de l'illégal », sous-titre: « La tolérance des Américains à l'égard des fraudes fiscales de l'économie souterraine leur coûte des milliards ». Il s'agit ici d'une attaque journalistique par l'éditorialiste du *Times*, Ernest Conine. Il déclare: « La plupart des Américains sont enclins à fermer les yeux sur ce genre d'activités. Ce n'est pas très intelligent, c'est le moins que l'on puisse dire. Celui qui fraude par rapport à ses impôts sur le revenu, qu'il soit poseur de moquette ou homme d'affaires multimillionnaire, vole les contribuables honnêtes exactement comme s'il leur plaçait un pistolet sur la tempe. »
- 17 avril 1980: « Les refus de payer des impôts en forte hausse », sous-titre: « Les opposants et les "patriotes" soutiennent que les États-Unis n'ont aucun droit de prélever des taxes. » Mais l'article ne mentionne nulle part l'« économie souterraine » (Partie 1-C, pages 7-8). Pourtant,

1. Agence gouvernementale des États-Unis pour les services fiscaux et des revenus (IRS)
2. Expression chinoise de Mao Zedong pour désigner une chose qui paraît menaçante, mais qui est en réalité
inoffensive et pouvant être détruite.
3. Anglicisme désignant les comptes bancaires à l'étranger.

il commence ainsi : « Les Américains sont de plus en plus nombreux à refuser de remplir des déclarations d'impôts sur le revenu ou de payer un sou de plus à l'"Oncle Sam"[1]. La plupart d'entre nous passent plusieurs mois par an à travailler pour le gouvernement fédéral, mais chacun des opposants à l'impôt a déclaré au gouvernement : "Je démissionne" ». Plus d'informations sur cette anomalie dans les pages suivantes.

- 18 avril 1980 : le titre « La plus grande de toutes les escroqueries fiscales » est en tête d'une rubrique de courrier de lecteurs du *Times* en réponse au rédacteur Ernest Conine. Six missives furent imprimées et publiées, toutes critiquant la défense de Conine concernant l'imposition, même si deux d'entre elles étaient en faveur de l'imposition en proposant une alternative au problème, qui était la taxe sur la valeur ajoutée, autrement dit la TVA. Deux autres missives contenaient ce mot-phrase en riposte à Conine : « Sottises ! », et une autre disait : « La proposition inepte de Conine d'engager plus d'auditeurs est absurde ! »
- 18 août 1980 : « Les actions de l'IRS pour freiner la montée des insurgés fiscaux », sous-titre : « Les vagues d'actions prennent de l'ampleur malgré les condamnations ». Cet article ne mentionne pas non plus l'« économie souterraine ». (Section 1, page 1)
- 10 janvier 1981 : « Mises aux enchères des Églises : c'est possible ! », sous-titré « 15 congrégations refusent de remplir les formulaires fiscaux de l'État ». Cet article élargit à nouveau la question des particuliers et des insurgés fiscaux organisés en intégrant le cas des églises (page 30, partie I). « Au moins quinze églises fondamentalistes californiennes, impliquées dans une révolte de plus en plus forte contre les déclarations d'impôts, risquent de voir leurs propriétés mises aux enchères par l'État ». Une fois encore, aucune « économie souterraine » n'est mentionnée.

Cela ne se limite pas non plus aux journaux *LA Times* ou à *U.S News*. L'éditorial de Jack Anderson, daté du 29 décembre 1979 commence ainsi : « Les honnêtes contribuables américains se font arnaquer par une économie "souterraine" grandissante de fraudeurs fiscaux dont les impôts impayés doivent être régularisés par ceux qui respectent la loi. Les estimations varient quant à l'ampleur des ravages annuels causés par ces guérillas fiscales, mais certains experts estiment que ces transactions illicites et détaxées représentent jusqu'à un tiers de l'économie américaine totale. La caractéristique la plus alarmante de cette armée de fraudeurs agissant dans l'ombre reste peut-être le fait que nombre de ses recrues ne sont pas

1. Figure emblématique et allégorique des États-Unis.

des figures endurcies du milieu de la pègre, mais des citoyens respectés et apparemment respectables. »

Dans la rubrique « La valeur de votre argent », la chroniqueuse Sylvia Porter consacre trois éditoriaux (10-12 novembre 1980) à l'économie souterraine « invisible ». Sa conclusion est terrible : « La conformité doit être la réponse à nos questions si nous voulons éviter le risque que tout notre système s'effondre. »

Sa vision n'est peut-être pas infondée. Le 1er août 1980, le *Zodiac News Service* publia le récit suivant :

(ZNS) « L'*Internal Revenue Service* a récemment décidé de contrôler ses propres employés en vérifiant les déclarations d'impôts sur le revenu personnelles de 168 de ses propres auditeurs, qui ont été choisis au hasard.

« L'IRS rapporte que 110 de ces contrôles sont maintenant terminés et qu'exactement la moitié de ses auditeurs ont commis de graves erreurs dans leurs propres déclarations d'impôts.

« Sur les 55 déclarations inexactes, 13 ont dépassé en moyenne de 129 dollars le montant de leurs impôts. Les 42 autres, en revanche, ont en moyenne sous-payé l'"Oncle Sam" de 720 dollars. Ce montant de 720 dollars représente d'ailleurs plus du double de la moyenne du salaire très faible des citoyens, qui s'élève environ à 340 dollars.

« L'IRS comptait renforcer le contrôle de ses propres auditeurs, mais il a depuis annulé ce projet après que ces derniers ont qualifié le système de "scandaleux" et de "très, très injuste". »

Et la « menace » ne se limite pas encore à cela. Thomas Brom, rédacteur pour le *Pacific News Service* paru le 28 novembre 1980, écrivit dans l'article : « L'économie américaine "hors-la-loi" en plein essor : des emplois pour beaucoup, une protection pour personne ». Il commence par ce terrible avertissement sous la forme d'une « Note de la rédaction » : « Selon de récentes estimations, l'économie "hors-la-loi" ou "souterraine", où l'on paie les factures en liquide et où l'on fuit l'IRS, se développe à pas de géant. Elle en est venue à fonctionner comme une sorte de système "fourre-tout" de survie douteux et de programmes d'aide sociale officieux pour les légions croissantes de chômeurs. Mais, alors qu'elle assure la survie de beaucoup, elle n'offre que peu d'aide sociale et aucune protection aux travailleurs, tout en représentant une sérieuse menace pour les syndicats américains. », rapporte donc Thomas Brom, rédacteur au service économique du PNS[1].

1. Abréviation de *Pacific News Service*.

Enfin, un phénomène populaire ne se résume à rien s'il n'est pas relaté dans le magazine *People*. Ainsi, en septembre 1979, à la page 30, une photo pleine-page de Richard Fogel, du Bureau central de la comptabilité, comprend la légende ci-contre : « Si le gouvernement ne prend pas de mesures, l'intégrité de tout notre système fiscal pourrait être menacée », avec comme titre : « Une nouvelle étude américaine sur l'évasion fiscale offre une autre raison de crier : je suis fou de rage et je ne vais plus le supporter ! ».

Il se passe quelque chose ici. Cela ne semble pas être la « rébellion fiscale » des avocats constitutionnels amateurs. Mais cette chose semble être un grand succès et surtout être très agaçante pour l'État, pour l'ordre social et pour ses défenseurs.

Qu'est-ce que l'« économie souterraine » ?

L'« Économie souterraine » évoque une vision d'une « sous-société » imbriquée dans la société générale, avec des prises de conscience, une organisation structurée et une sous-culture de coutumes, de traditions et peut-être même d'art et de littérature. L'image du centre commercial clandestin dans le roman *Alongside night* (des Éditions « Crown », 1979) de l'auteur J. Neil Schulman conviendrait à cette définition. Mais cela se déroule en 2001 (fiction spéculative) et personne ne prétend qu'une telle société existe aujourd'hui. En outre, Schulman parle de la contre-économie, qui implique bien plus que de l'évasion fiscale.

Quelle est donc l'actuelle « économie souterraine » et quelle est sa relation avec la contre-économie, si tant est qu'il en existe une ?

Le magazine d'actualité américain *U.S. News & World Report* donne la définition la plus large des sources ci-dessus, avec bien plus d'exemples : « En résumé, l'économie souterraine implique toutes les activités économiques quotidiennes qui, pour diverses raisons, échappent au contrôle des estimateurs officiels de l'économie du pays(du travail au noir et de la vente de fruits au bord de la route, aux ruses de haut niveau des entreprises et aux opérations frauduleuses impliquant plusieurs millions de dollars dans les casinos). » Jusqu'à présent, cette définition est suffisamment large pour englober la contre-économie. Mais voilà que le journal *U.S News* la précise par : « Cette "main-d'œuvre" est dominée par les travailleurs indépendants (des avocats, médecins et comptables aux commerçants et aux artisans) et par les travailleurs pauvres. Mais elle comprend également de nombreux autres groupes sociaux, notamment ceux qui bénéficient de déductions fiscales ou qui sous-déclarent les intérêts, les dividendes, les loyers ou les redevances. »

La contre-économie concerne tout le monde. (Lire les chapitres suivants pour le vérifier) Autrement dit, une activité contre-économique est toute action humaine qui a lieu sans l'approbation de l'État. Et puisque les lois couvrent presque chaque activité humaine, prohibant souvent l'action aussi bien que l'inaction correspondante, tout le monde doit contourner ou enfreindre les lois ne serait-ce qu'un peu afin de simplement exister.

Le magazine *U.S News* compte beaucoup moins de personnes dans sa définition de l'« économie souterraine » : « Selon Allen R. Voss, qui a supervisé une étude fiscale sur le sujet grâce au bureau central de la comptabilité, 15 à 20 millions d'Américains sont probablement concernés, de près ou de loin. Selon Peter M. Gutmann, professeur d'économie à l'Université de la ville de New York, pas moins de 4,5 millions d'entre eux tirent tout leur soutien des "revenus sous-jacents". » En résumé, l'« économie souterraine » est de loin le secteur le plus engagé des fraudeurs de la contre-économie.

Qui sont les personnes échappant à l'impôt ? Il y a plusieurs cas : des veuves qui font le ménage, aux femmes au foyer couturières, en passant par les agriculteurs qui vendent leurs légumes sur le bord de la route. Mais le cas suivant peut être l'exemple type : « Une actrice de 24 ans en difficulté à New York occupe trois emplois pour joindre les deux bouts. Elle travaille en tant que *barmaid*, un emploi qui lui rapporte 30 à 35 dollars par jour, pourboires compris, elle aide aussi à la bijouterie de son père le samedi et elle joue occasionnellement dans son propre spectacle de cabaret, dans une boîte de nuit du quartier de Greenwich Village.

« Tous ses emplois ne sont pas déclarés. Autrement dit, ses employeurs ne retiennent pas d'impôts sur sa paie et ne contribuent pas à la sécurité sociale ou à l'assurance chômage comme ils devraient le faire. Elle-même affirme : "Je suis dans l'illégalité la plus totale. Il n'y a aucune trace de ce que je fais." ».

Elle n'exprime aucun remords ou culpabilité pour ne pas avoir rendu compte de ses actions à l'État. La femme de ménage semble nostalgique : « En vieillissant, dit-elle, je commence à penser que j'aurais peut-être dû faire payer la sécurité sociale à mes employeurs. Mais de cette façon, je ne paie pas d'impôts, rien du tout. »

Alors que le concept d'« économie souterraine » est fortement axé sur l'évasion fiscale, l'interconnexion avec d'autres activités contre-économiques, telles que la fraude à la sécurité sociale, le détournement du droit du travail, le non-respect des inspections dc santé et de sécurité ou l'immigration illégale, est évidente.

L'« économie souterraine » telle que définie par l'IRS et autres inclut tout au plus notre actrice et ses employeurs. Mais n'oublions pas que quiconque qui traite avec elle et qui est au courant de ses activités illégales, est un complice et un conjuré. Ainsi, tous ses amis, tous ses proches, tous ses collègues de travail et probablement beaucoup de ses clients, de ses partenaires comédiens, et même les personnes fréquentant son bar, sont impliqués dans la contre-économie. Cet effet de « ricochet » est caractéristique de la contre-économie, ainsi nul besoin de s'éterniser sur l'effet qu'elle produit sur la majesté et l'autorité de l'État, sur ses agents et ses bureaucrates, et sur toutes les personnes qui sont impliquées même de manière indirecte.

Tout emploi ou toute entreprise non étatique est susceptible de « contre-économiser » dans une certaine mesure. Certaines industries semblent avoir une plus grande attirance pour la contre-économie que d'autres. Le journal *U.S News* se penche sur ces secteurs commerciaux qui, pour conserver la métaphore, ont tendance à « s'immerger ». C'est cet ensemble hétérogène de possibilités d'emplois connu sous le nom de « travail au noir » qui ouvre la voie vers la contre-économie.

« Toute une panoplie de travailleurs au noir travaille d'arrache-pied dans l'économie souterraine. Un exemple de ces travailleurs s'illustre par ce jeune musicien new-yorkais, qui a gagné 7500 dollars (presque tout en espèces), en donnant des cours de guitare l'année dernière. Mais il n'a rien indiqué de tout cela dans la déclaration d'impôt commune qu'il a déposé avec sa femme. Il dit ne pas avoir déclaré les revenus, d'une part par besoin et de l'autre par colère. Il a avoué que ses parents ont payé des impôts élevés pendant des années, pourtant on lui a refusé des prêts et des subventions du gouvernement, néanmoins accessibles à d'autres, pour l'aider à payer ses frais d'études, parce que les revenus de ses parents étaient trop élevés. » Le lien entre ressentiment antiétatique et la motivation contre-économique est révélateur d'un libertarisme implicite de la contre-économie. Le fait qu'il demeure flou, même actuellement, pourrait bien intéresser les stratèges libertariens.

« Dans l'État de l'Indiana, un travailleur au noir occupe un poste dans un atelier d'usinage la semaine et supervise une installation privée d'élimination des déchets le week-end, où il perçoit chaque semaine environ

100 dollars de revenus non déclarés.» Si les contre-économistes purs et durs sont plus nombreux qu'on ne l'espérait (comme l'actrice et le musicien ci-dessus), la plupart des gens sont aussi partiellement contre-économiques.

«Des millions de personnes qui occupent des emplois ordinaires, mais qui ne sont pas soumises au prélèvement à la source (enseignants, chauffeurs de taxi, vendeurs à domiciles, enquêteurs, assureurs, et courtiers immobiliers, entre autres) sont accusées par les autorités d'être les sources principales de l'économie souterraine. L'IRS affirme même qu'environ 47 % ne déclarent pas leurs revenus.» Il est intéressant de voir que le *U.S News* ne mentionne à aucun moment les serveuses et les serveurs dans son article… C'est un oubli assez surprenant si l'on considère la taille de cette armée puissante (principalement constituée de femmes) dont les pourboires ne sont très souvent pas déclarés.

Comment fonctionne la non-imposition contre-économique ?

Comment cela fonctionne-t-il ? En règle générale, comme l'a admis l'*Internal Revenue Service* à travers ses propos quelque peu ironiques, l'impôt sur le revenu est basé sur une soumission volontaire. Lorsque la soumission a lieu, elle est dissimulée et se retrouve dans les informations au sujet du butin et non de son recouvrement fiscal. Pour le dire de manière simple et directe, vous devez vous dénoncer (ou que quelqu'un en qui vous avez confiance le fasse pour vous) afin d'être imposable. Couper l'accès de l'État aux informations sur ses victimes est un principe universel des mécanismes de la contre-économie, cependant l'autre méthode implique de les informer lorsqu'ils sont incapables d'agir, ce qui fonctionne dans certains domaines, mais cela n'est guère «clandestin».

Il s'agit de la vraie signification de «clandestin», ou «souterraine», dans ce contexte, c'est-à-dire hors du «champ de vision» des informateurs et des forces de l'ordre de l'État. Comment cela fonctionne-t-il dans les pratiques quotidiennes ?

Dans presque tous les exemples donnés, les individus ont recours à l'argent liquide (et à des complices). Les espèces sont intraçables. En effet, quand bien même l'État soupçonnerait quelque chose, tant que le système légal actuel restera en place, il ne pourra rien prouver ni condamner. Il a besoin de dossiers (et de témoignages). La complicité est, bien entendu, achetée au comptant, avec un tarif préférentiel. (Dans certains cas rares, particulièrement avec des artistes, des artisans et des trafiquants de drogues particulières, cette complicité peut être achetée par le caractère unique du produit, c'est-à-dire que vous ne pouvez pas l'obtenir sans passer par des accords clandestins.)

Une autre méthode, cependant, fonctionne sur la méthode inverse : aucun recours aux espèces. D'après le journal *U.S News* : « Les opérations de troc sont considérées comme étant une autre source considérable de revenus non imposables. Un avocat de la ville de Flint au Michigan avait reçu une crédence antique d'une valeur de 300 dollars de la part d'un habitant local qu'il avait représenté lors d'une affaire de pension alimentaire. L'avocat fait souvent des échanges de services avec ses clients, mais il ne déclare pas dans ses revenus la valeur des biens qu'il reçoit. Il avait déclaré : "je ne me sens pas coupable pour ce que je fais. C'est le gouvernement qui m'escroque" ». Une fois encore, nous constatons que le ressentiment antiétatique justifie cette illégalité, ainsi que l'effet de ricochet des actions « contaminantes » de cet unique avocat, sur une ville entière pleine de clients, et ce, grâce à la complicité contre-économique.

« Un autre homme, un illustrateur et rédacteur commercial indépendant à Chicago qui en a plus qu'assez des taxes élevées, raconte qu'il effectue peu de transactions en espèces, mais beaucoup de troc. Il rédige des affiches publicitaires pour une boutique d'alcool en échange de boissons alcoolisées dont il a besoin pour son plaisir, et il réalise des illustrations pour une agence publicitaire en échange de services typographiques. Il estime que le troc représente 5 à 10 % de son chiffre d'affaires. » L'entreprise clandestine, tout comme celle non clandestine, semble n'être limitée que par son ingéniosité. Bien sûr, l'« économie dominante » est également limitée par le contrôle et les régulations de l'État.

J'allais oublier… Comment cet artiste se sent-il par rapport à ses activités hors-la-loi ? Eh bien : « "Ces échanges ont lieu tellement souvent, à un niveau économique faible, que je ne peux pas compter le nombre de fois où ça arrive", a-t-il déclaré. Les dissimuler au receveur d'impôts l'aurait mis dans l'embarras quelques années plus tôt. Mais plus maintenant : "À présent, j'y pense en termes de survie économique. L'imposition, c'est devenu du vol légalisé". » Il a l'air d'être une personne aux idéologies libertariennes.

En plus de ces deux méthodes de conservation des revenus « hors des livres de comptes » afin de les dissimuler aux receveurs d'impôts, une autre méthode consiste à manipuler les livres de comptes directement. Un groupe de retraités perçoit les gains des grands parieurs sur les pistes de course, puis les remet à leurs bailleurs de fonds qui évitent ainsi d'atteindre un haut niveau d'échelle salariale. Les notes de frais peuvent englober, et englobent même, toutes sortes de transactions qui ne doivent pas être stipulées sur les livres de comptes de revenus personnels. Le détournement est presque universel chez les petites entreprises, les magasins et les taxis : il suffit de garder tous les jours une partie des recettes journalières, sans la déclarer. Un bijoutier, interviewé par le journal *U.S. News & World Report*, affirme avoir réalisé un chiffre d'affaires annuel de 10 millions de dollars, dont 25 à 30 % ont été perçus en argent liquide. « Il déclare penser que 10 à 20 % des revenus générés “dans la rue”ne sont pas déclarés ». C'est un coup énorme. Et ses propos sont presque semblables à ceux de Ayn Rand : « Je suis parti de rien et j'ai bâti une entreprise de plusieurs millions. Le gouvernement est bien parti avec des milliards et il continue sans cesse de s'endetter. Il ne fait que de gaspiller de l'argent. »

Et enfin, comme dernière méthode, on peut tout simplement doubler les livres de comptes, un pour soi et un pour l'État : « Une coiffeuse de la ville de Houston garde deux exemplaires de livres de comptes, un pour elle, un pour l'IRS. La plupart des affaires se font en espèces et elle en empoche environ un tiers, soit 200 dollars par semaine, sans le déclarer. »

Un dernier exemple provenant du journal *U.S. News & World Report* rassemble toutes ces méthodes : « Un marchand californien qui se vante de ne pas avoir payé 1 % d'impôts sur le revenu depuis cinq ans propose ce conseil pratique sur le détournement : “La chose la plus importante, c'est la cohérence. Si vous détournez de l'argent, alors tenez-vous-en à la même somme chaque année. Si vous laissez une année s'écouler sans rien retirer de vos entrées d'argent, mais que vous en retirez 20 % l'année suivante, alors vous vous ferez prendre la main dans le sac.

« “Même un audit de l'IRS ne représente pas la fin du monde. On est habituellement prévenu en avance. Tout ce qu'on a à faire, c'est de s'acheter un nouveau livre de comptes et de le faire correspondre aux chiffres désirés. Tant que les recettes seront numérotées consécutivement et que les chiffres correspondront, tout sera pour bon pour vous. À vrai dire, l'année où j'ai berné le gouvernement correspond à l'année où j'ai été contrôlé par les impôts. Résultat : l'inspecteur a fini par me féliciter de la bonne tenue de mes livres de comptes. Tromper le gouvernement est tellement simple que ça en est désolant”. »

Quelles sont les causes de l'« économie souterraine » ?

La contre-économie existe, car l'État existe. Chaque intervention de l'État sur le libre marché dissocie l'offre de la demande. En plus d'être le fléau coercitif que dénoncent les libertariens, chaque intervention donne à un entrepreneur une opportunité économique de comprendre comment satisfaire la demande interdite par l'État ou à un prix plus bas que celui permis par l'État.

Dans le cas particulier de l'« économie souterraine » se soustrayant aux impôts, chaque taxe est un défi. Prenons exemple de la ville de New York. Le journal *U.S News & World Report* déclare que : « le marché noir des cigarettes de contrebande à New York, qui d'après une estimation représente la moitié de toutes les ventes actuelles de tabac au sein de la ville, pourrait priver la ville et l'État de "centaines de millions de dollars de revenus par an", d'après David Durk, commissaire adjoint de l'exécution des lois pour le département des finances de la ville. La raison de l'essor du marché de la contrebande, ce sont les droits d'accise élevés, équivalant au total à 23 cents le paquet de cigarettes. »

Extraordinaire, n'est-ce pas ? Alors poursuivons la lecture : « L'économiste Gutmann déclare que les taxes de vente de la ville de New York, à un taux relativement élevé de 8 %, posent un autre problème. Il est courant que les marchands en détournent 20 %. » Et tout cela, seulement à New York ? « John F. Due, un expert des taxes sur la vente et professeur d'économie à l'université de l'Illinois, affirme que 3 à 5 % des taxes totales sur la vente dues à l'échelle nationale, soit pas moins de 2 milliards par an, échappent à la perception des taxes. »

Un second article du *U.S. News & World Report*, publié juste après celui cité ci-dessus et intitulé « Fraude fiscale : une quête mondiale », rapporte des données similaires, adaptées aux pratiques culturelles locales à travers le monde. C'est le « Schwarzarbeit » en Allemagne, le « moonlighting » dans les pays anglophones, les « fiddlers » au Royaume-Uni et le « morocho » en Argentine, qui sont les termes employés pour parler de travail au noir ou d'« argent noir ». « L'économie souterraine italienne se développe tellement vite que le gouvernement l'inclut désormais dans ses plans économiques. » Les fonctionnaires du gouvernement argentin « estiment qu'au moins 40 % de toutes les entreprises sont impliquées. » Le Japon, la Suisse et le Canada sont couverts, et « des économistes en Thaïlande lèvent les bras au ciel en signe d'impuissance lorsqu'on leur demande d'estimer ce que les taxes non perçues coûtent au gouvernement. “Qui sait?” est la réponse qu’ils donnent la plupart du temps.» Nous analyserons plus en détail la contre-économie internationale dans le prochain chapitre.

L’économie souterraine doit-elle exister ? : les pour et les contre

Il existe une contre-économie, en particulier dans le secteur de l’évasion fiscale et elle est vaste. Elle a été «découverte» et nommée par notre fameux auteur qui, en 1974, s’adressait aux libertariens radicaux. Puis, la partie «souterraine», tout du moins, a été découverte par d’autres individus qui la désapprouvent. En gardant les théories et les justifications pour la fin, comme je l’avais promis, je pense pouvoir ouvrir l’appétit du lecteur en donnant un aperçu du débat entre les libertariens et les écrivains du pouvoir établi, qui aborde seulement la question fiscale.

Chacun de ces deux camps s’accorde sur le fait qu’une société parfaite serait dépourvue de contre-économie, ou toute autre part de celle-ci. Ce sur quoi ils ne s’entendent pas, c’est le fait que les libertariens considèrent la contre-économie comme étant cet embryon de la société parfaite luttant pour enfin éclore. Cependant, le camp opposé la considère comme étant un fléau et une tumeur inesthétique présente sur le corps politique qui est plus ou moins acceptable.

Les défenseurs et les planificateurs de l’État-providence n’apprécient pas ces critiques. Selon le journal *U.S. News & World Report:* «les programmes gouvernementaux sont affectés par l’économie souterraine. À cause des emplois et des revenus non réglementés, les lectures des chiffres faites par les statisticiens gouvernementaux (dont les chiffres pourraient provoquer automatiquement des augmentations du coût de la vie ou injecter des milliards de dollars d’“adrénaline fiscale” dans l’économie si le chômage augmente) peuvent être en décalage par rapport à ce qui se passe réellement. Le chômage, par exemple, pourrait presque atteindre en réalité un pourcentage bien inférieur à 0,5 %, contrairement à ce que les chiffres officiels indiquent, d’après un économiste qui a réalisé cette étude, et le nombre de personnes touchées par la pauvreté pourrait aussi être quelque peu inférieur.» Les libertariens souligneraient qu’il serait possible que la contre-économie puisse englober tous les chômeurs, en particulier si l’État s’enfonce dans une hyperinflation ou dans une dépression catastrophique (en raison des propres contrôles de l’État).

Ernest Conine, éditorialiste du journal *Los Angeles Times* s’exprime en ces termes : « Dans un monde parfait, toutes les inégalités disparaîtraient. Toutefois, en attendant ce jour improbable, les réclamations que nous avons tous faites contre le gouvernement ne constituent guère une excuse valable à la fraude fiscale. » Alors, peut-être que non, mais qu'y a -t-il de mal à cela d'après Conine ? Selon lui : « Après tout, lorsqu'un peintre en bâtiment ou lorsqu'un avocat ne déclare que la moitié de ses revenus, il ne fait pas de mal à David Rockefeller, ni au Pentagone, ni à Jimmy Carter, ni à la Cour suprême américaine ou au grand fraudeur fiscal. » La raison pour laquelle toutes ces personnes ou certaines d'entre elles devraient en être blessées serait très instructive, si cela était expliqué par un éditeur du *Los Angeles Times*. Hélas, aucune analyse de ce genre n'a été fournie. Et, en plus de cela, Conine a tort au niveau des faits, se trouvant à l'opposé de la vérité. Puisque chacun d'entre eux, excepté « le grand fraudeur », vit des impôts de l'État, cela fait d'autant moins de part de gâteau à se partager. Si toute l'économie devenait « souterraine », chacune des personnes mentionnées précédemment ferait faillite.

À qui est-ce que le contre-économiste fait du mal, selon Conine ? : « Il fait du mal à cet individu en bas de la rue qui travaille pour un salaire honnête, qui n'a pas les moyens d'éviter les taxes, quand bien même il le souhaiterait et qui doit ainsi payer à la fois sa part des charges fiscales et celle du fraudeur fiscal. » Une fois encore, Conine a tort, car si sa théorie économique se tenait, dans la condition que tout le monde évite les taxes sauf un pauvre malheureux, alors il ou elle aurait à supporter l'ensemble des charges fiscales. Il existe une certaine « élasticité » à l'« approvisionnement » fiscal, mais rien qui ne soit de l'ordre de 20 à 30 % de l'économie. L'État perçoit tout simplement moins d'impôts, point final.

Conine rejette la faute sur la « fraude fiscale » qui engendre l'augmentation des impôts et conclut que : « cependant, d'une certaine manière, il s'agit d'un cas où il y a énormément de personnes qui prennent instinctivement parti non pas pour la police, mais pour le voleur... La plupart d'entre nous semblent déterminés à étrangement tolérer les fraudeurs fiscaux de bas étage, allant même jusqu'à jouer leur jeu en les payant au noir et en espèces pour chaque service rendu, et ce, dans le mépris le plus insouciant du fait qu'ils nous font porter sur nos épaules le poids d'une part importante de leurs charges fiscales. »

Un peu plus loin dans le livre, l'« individu avec un salaire honnête » trouvera plus de moyens, s'il n'en a pas déjà choisi quelques-uns, pour faire partie des personnes s'exonérant de toutes taxes. Un chapitre traitera du sentiment de peur de Brown, journaliste au journal *Pacific News Service*, vis-à-vis de l'exploitation illégale des étrangers et du manque de sécurité, car la majorité de la littérature qui existe déjà sur l'économie du libre marché répond aux craintes de Sylvia Porter au sujet de la chute de la société et de l'État au sein de la société, c'est-à-dire, s'interroger sur la question de l'étendue de la contre-économie afin de submerger l'économie de l'État, de créer une société libre et de la vendre à un peuple opprimé et en colère qui se bat déjà jusqu'aux limites de sa compréhension. Ce sujet sera traité dans le dernier chapitre de ce livre.

La part équitable de la charge fiscale, si cela existe, nous amène à observer des théories que j'aborderai ultérieurement. Pour le moment, il suffit de dire que si Conine croit qu'une société relativement libre de personne a le droit de choisir son propre taux d'imposition, avec représentation juridique ou non, alors il devrait accueillir à bras ouverts les personnes qui choisissent réellement cette méthode. Mais ce ne sont pas seulement les personnes étant relativement libres aux États-Unis qui peuvent faire ce choix grâce à la contre-économie. Nous devons à présent nous tourner vers le reste du monde.

2. La contre-économie à l'international

Après avoir au moins révélé l'existence de la partie non fiscale de la contre-économie et au moins au sein de ce continent, il existe deux directions possibles pour étendre ce concept : soit à d'autres domaines de ce continent, soit à la contre-économie à l'étranger. Il existe également une combinaison des deux sujets, c'est-à-dire la contre-économie par-delà les frontières de ce continent et celles des autres pays.

Dans un libre marché, il n'existe aucune frontière. Il y a des espaces géographiques à traverser pour transporter des biens et des informations, ainsi que des obstacles à surmonter, et tout cela a un impact sur le prix. Lorsque l'État impose des frontières imaginaires et des forces de l'ordre bien réelles telles que les inspecteurs de douanes, les agents de l'immigration et les agents des finances publiques, sans parler de l'armée et de la marine, le marché se divise. Le libre marché y voit des obstacles pour se développer tandis que le marché noir y voit des opportunités. Aux yeux des contre-économistes, une frontière n'est rien de plus qu'un autre obstacle à la libre circulation des marchandises et des services qui doit être traité de manière efficace et compétitive.

Certains des biens faisant l'objet de trafics illégaux comprennent des personnes, de l'argent et des marchandises (ces dernières entrent dans la catégorie de la contrebande et peuvent être de tout type, des jeans à la cocaïne). Un autre domaine de commerce évitant les frontières est la transmission d'informations. Cela peut aller des « radiodiffusions pirates » à l'espionnage industriel et politique. Il existe même une tactique visant à faire circuler des marchandises légalement acceptables à travers les frontières afin de profiter des différentes exonérations fiscales et des avantages de l'exportation.

C'est peut-être le meilleur moment pour souligner qu'il existe des endroits où il n'existe pratiquement aucune contre-économie (bien que des contre-économistes venant d'autres régions agissent peut-être uniquement à ces endroits-là), par exemple : l'espace, la haute mer et les zones franches. La militarisation et la nationalisation rapides des deux premiers exemples génèrent aujourd'hui une contre-économie qui sera détaillée plus tard. La troisième catégorie d'exemples décrit des zones où les États du monde ont établi des contrats (traités) afin de s'abstenir de tout contrôle, bien que cela soit révocable à tout moment, comme l'ont découvert les villes de Dantzig et Tanger. Car même Hong Kong et Singapour furent brièvement occupés lors de la Seconde Guerre mondiale. On peut tirer les leçons que l'on désire de ces espaces où il n'existe aucune intervention économique et aucune intervention contre-économique, et dont les standards de vie sont bien plus élevés que ceux des espaces qui les entourent.

Par ailleurs, presque tous les grands pays ont des zones de libre-échange, des aéroports et des ports maritimes permettant de transférer les biens d'un transporteur international à un autre. Par exemple, la ville de New York en possède un sur l'île de Staten Island. Le pédophile notoire Roman Polanski, faisant l'objet d'un mandat d'arrêt aux États-Unis, avait atterri à l'aéroport international de Los Angeles avant de repartir pour Tahiti, depuis la France. Il ne fut pas appréhendé, bien qu'il soit resté sagement dans l'avion tout au long du voyage. De telles zones de libre-échange sont loin d'être le résultat de la bienveillance de l'État ou de son laxisme. Au contraire, si un État éliminait ses avantages commerciaux, un autre État au sein de l'« anarchie internationale » proposerait ce service et augmenterait la part du marché.

Qu'advient-il de l'« économie souterraine » provenant de l'évasion fiscale ? Existe-t-elle à l'étranger ? Dans de nombreux pays, l'imposition est pire qu'aux États-Unis, donc en admettant l'idée que plus il y a de contre-économie, plus il y a d'intervention de l'État, nous devrions être capables d'en trouver des exemples en abondance.

L'« économie souterraine » à l'international

Le terme « *Schwarzarbeit* » utilisé en Allemagne de l'Ouest, ou encore le terme « travail au noir » utilisé en France ont tous deux la même signification que le terme américain « *black labor* » : « Quel que soit le nom donné à ce marché caché en Europe, il signifie que les travailleurs échappent à l'impôt sur le revenu, à la sécurité sociale et souvent à d'autres taxes, en ne déclarant pas la totalité de leurs revenus au gouvernement. Les employeurs contournent les cotisations sociales, et dans certains pays, les taxes sur la valeur ajoutée. Ils évitent également de payer des salaires plus élevés aux salariés permanents qui font des heures supplémentaires. » Mais combien de personnes sont concernées ? « Les experts de l'Organisation internationale du travail basée à Genève estiment qu'en Europe, 5 % ou plus de la main-d'œuvre totale sembleraient être impliqués dans l'économie souterraine. Cela représente 7 à 8 millions de travailleurs ! »[1].

En dehors du Pacte de Varsovie, on considère généralement que le pays le plus socialiste (étatique) est la Suède : « La Suède, le pays qui taxe le plus de toute l'Europe, a une économie souterraine qui, selon les estimations, représente au moins 10 % de la production nationale et coûte au gouvernement des taxes s'élevant à 15 % du budget. » Le troc de services semble être la principale méthode et l'État suédois tente vivement de supprimer ces services contre-économiques, « et de renforcer ses contrôles fiscaux, qui figurent déjà parmi les plus stricts d'Europe. Mais les autorités semblent mener une bataille perdue d'avance... »[2]

« L'économie souterraine de l'Italie se développe à une telle vitesse que le gouvernement l'inclut désormais dans ses plans économiques. Selon les estimations officielles, en 1978, les revenus du travail au noir représentaient environ 10 % du produit national brut (PNB), soit environ 24 milliards de dollars. Mais une étude récente indique que ce chiffre était beaucoup plus élevé, atteignant 43 milliards de dollars en 1979. »

Le marché du travail contre-économique profite à la fois aux employeurs et aux employés, outrepassant les frontières sociales, même dans une Europe obsédée par les classes sociales. Pourquoi ? Parce que les travailleurs au noir d'Italie « perçoivent généralement des salaires plus bas, travaillent plus longtemps et n'ont pas de sécurité sociale ou d'autres avantages sociaux. Mais ils ne paient pas d'impôts. »[3] Ceux qui veulent faire valoir que les travailleurs souhaitent éviter les dangers et font alors confiance au gouvernement pour les protéger de l'exploitation des entrepreneurs, devront gérer cette pénible existence : « Plus de six millions de travailleurs, soit un tiers de la main-d'œuvre italienne, sont employés pour travailler au noir. » Et pour les employeurs italiens, la contre-économie « réduit leurs coûts de main-d'œuvre, rend cette dernière flexible et leur permet de demander aux employés de faire des heures supplémentaires si nécessaire. »[4]

La main-d'œuvre italienne est-elle la seule à avoir pris conscient de la contre-économie ? « Le propriétaire d'une usine de vêtements (qui emploie des travailleurs illégaux) peut vendre son produit à un intermédiaire. Cet intermédiaire, qui opère à partir d'une camionnette de livraison, le vend à

1. « The underground economy : How 20 million Americans cheat Uncle Sam out of billions in taxes ». (22 octobre 1979). *U.S News & World Report*, p. 53.
2. Ibid.
3. Ibid.
4. Ibid.

un détaillant. Le détaillant n'enregistre pas l'achat et peut donc vendre au rabais, parce qu'il n'a pas payé la taxe sur la valeur ajoutée. »[1] Remarquons comment des couches d'activité économique se forment entre le producteur initial et le consommateur final, et comment ces couches forment des étapes contre-économiques dans la « pyramide du capital économique »[2]. Aucune étape de production ne semble sure, en tout cas pour les étatistes.

« Pourtant, comment se fait-il que l'on entende rarement parler de la déréglementation sous ce ciel bleu de la Méditerranée ensoleillée… ? Nous en prenons d'abord conscience sur l'*autostrade*[3]. Sur les routes limitées à 100km/h, le seul véhicule qui respecte la limite de vitesse, c'est la Morris Minor, garée sur le côté, ayant une plaque d'immatriculation britannique et un pneu crevé. Sur les passages piétons des *piazzas*[4], on peut voir des vélos, des scooters et des chars à bœufs, mais pas de piétons. Ils traversent rapidement les voies réservées aux bus, où même les Italiens les plus âgés ne se souviennent pas avoir jamais vu un bus. La réglementation des devises est stricte, mais les magasins ou les cabines de péage acceptent tout type de monnaie, du dollar au franc suisse, et vous rendent ensuite la monnaie sous forme de chewing-gum gentiment emballé pour compenser le manque de monnaie frappée. Un portier de l'hôtel Gritti Palace à Venise explique la raison pour laquelle les bateaux-bus font payer trois fois le tarif officiel. Il montre fièrement les déclarations de revenus informatisées que le gouvernement de Rome envoie à tout le monde. Il déclare ensuite que : "ce sont les Américains qui ont montré à notre gouvernement comment faire" ».

Mme Amiel, notre spécialiste, considère que la réponse à la question est plutôt contre-économique : « Soudainement, le cours de la monnaie, ou peut-être du chewing-gum a chuté. Et bien sûr, on parle peu de la déréglementation en Italie. Pourquoi lutter contre le "tigre de papier" ? Car le merveilleux esprit méditerranéen, le génie italien, le brio avisé et essentiel ont résolu le problème sans lui. Les Italiens ont tranché le nœud gordien.

« Ils peuvent disposer de toutes les règles et réglementations du monde, ils ne les respecteront tout simplement pas. Les Italiens ont élevé la désobéissance civile au rang d'un art noble et subtil. Ils ont rendu inutiles des régulations contenant les désirs d'autrui, la plupart d'entre elles méritant

1. Ibid.
2. Bôhm-Bawerk, E. V. (1890) « Capital and Interest » New York : Macmillan.
3. Terme d'origine italienne signifiant « autoroute ».
4. Terme italien signifiant « place publique ».

de rester lettre morte. »[1]

L'oppression fiscale en France est moins importante, et le nombre de travailleurs au noir est estimé à (seulement) 800 000 et leur coût à cinq milliards de dollars[2], bien que ces chiffres soient sans aucun doute sous-évalués. « La plupart des emplois dissimulés concernent les domaines de la plomberie, de la peinture, de la toiture, de l'installation électrique et d'autres réparations à domicile. Mais la couture, la réparation automobile et de camions, les métiers dans la coiffure et la menuiserie sont également répandus. » Jusqu'à présent, personne n'y avait vérifié le traitement des données de ces travailleurs.

Les rangs du gouvernement lui-même ne sont pas à l'abri. « Même des fonctionnaires tels que les policiers travaillent au noir, la nuit ou le week-end. » Nous y reviendrons dans un instant. Mais qu'en est-il des individus recevant les aides sociales ? « Certaines personnes qui perçoivent des allocations chômage élevées préfèrent travailler au noir et à plein temps plutôt que de travailler légalement ».[3]

L'étatisme européen incite davantage au développement de la contre-économie ouest-allemande, où des impôts moins élevés pourraient affaiblir la motivation de travailler. (Les niveaux des salaires gonflés artificiellement créent une barrière à l'accès au travail, laissant ainsi des emplois vacants.) Les *Schwarzarbeiters*[4] se battent contre les niveaux de salaires gonflés artificiellement. « Les plombiers et les maçons, qui facturent entre 17 et 25 dollars de l'heure s'ils sont employés officiellement par un entrepreneur, peuvent être engagés secrètement pour la moitié de ce prix. »[5] Il est impossible d'attribuer une valeur marchande sans comptabiliser les transactions, mais les fonctionnaires allemands estiment que vingt-cinq milliards de dollars d'emplois non imposés par an coûtent à l'État allemand quatre milliards d'impôts, ce qui suppose que ces emplois auraient quand même été effectués, si ces personnes avaient été imposées.

À tort et à la dérobée, « un ministère du Travail affirme que 230 000 Allemands de l'Ouest pourraient trouver du travail seulement si on mettait fin au *Schwarzarbeit.* » Les millions de travailleurs au noir qui seraient ensuite

1. Amiel, B. (13 juillet 1981). « The subtle art of disobedience ». *Maclean's*. n° 28. 1994 p.52.
2. Note du traducteur (NDT) : c'est-à-dire, environ 4, 2 milliards d'euros.
3. op. cit., *U.S. News & World Report*, p.53.
4. Terme allemand, équivalent de « travailleurs au noir » en français.
5. Ibid.

au chômage sont sans conséquence pour le ministère du Travail.[1]

Des amendes de 380 000 dollars ont été infligées, dont 5000 dollars à une personne travaillant à Stuttgart, en plus d'une taxe de 112 000 dollars pour avoir gagné 250 000 dollars en sept ans. « Mais les amendes ne semblent rien changer à la situation. »[2]

« En Grande-Bretagne, ces travailleurs clandestins sont appelés "*fiddler*" (magouilleur). On estime qu'un Britannique sur huit gagne au moins 2200 dollars par an en travaillant au noir et ne paie pas le moindre impôt sur ce revenu non officiel. D'après une étude, l'économie du marché noir représente près de 8 % du PNB du Royaume-Uni. »[3] Que ceux qui craignent que la social-démocratie ne retienne les mesures incitatives britanniques se rassurent. Les Britanniques contre-économisent avec les mêmes techniques que les Américains et que les Européens, même s'il existe quelques cas exceptionnels.

« Une escroquerie difficile à contrôler est en train de se produire sur les plateformes pétrolières de la mer du Nord. De nombreuses sociétés britanniques et filiales de sociétés étrangères participent au plan fiscal "PAYE"[4] du gouvernement, consistant en une retenue à la source sur les revenus versés aux employés. Mais certains foreurs se refusent à le faire… jusqu'à présent, environ 8000 travailleurs n'ont pas payé d'impôts sur leurs revenus qui représentent environ 90 millions de dollars. »[5]

La contre-économie transfrontalière à des fins d'évasion fiscale a été mentionnée plus haut dans le texte. Certains cas spectaculaires impliquant des stars du cinéma suédoises et de rock anglaises sont bien connus. Voici le témoignage d'une « lumpen-bourgeoisie »[6] : « Si je travaillais à la maison, je gagnerais jusqu'à 400 dollars par semaine, avec lesquels je devrais payer le loyer, la nourriture et les impôts. Mais en effectuant le même travail en Allemagne ou aux Pays-Bas, je gagne 700 dollars par semaine, en plus des repas et du logement pris en charge. Je suis payée en espèces et je ne paie d'impôts à personne. »[7]

Du côté des pays du tiers monde : l'Argentine appelle cela *morocho*, de

1. Ibid., p.54
2. Ibid.
3. Ibid.
4. Abréviation de « *Pay as you earn* » : système de prélèvement des impôts.
5. Ibid.
6. Terme utilisé pour désigner les bourgeois soutenant ces régimes de la période coloniale et néo-colonial en Amérique latine.
7. Ibid.

l'« argent noir », c'est-à-dire de l'argent qui est exonéré d'impôts, et l'État estime que 40 % de toutes les entreprises sont concernées.[1] « Le chef d'une entreprise de construction résume la situation ainsi : "Vous ne pourrez prétendre à voir les travaux être effectués dans ce pays que si vous êtes prêt à payer avec l'argent noir." » Et du côté des classes les plus aisées : « un banquier vivant à Buenos Aires déclare : "l'appartement à côté du nôtre a été vendu il y a quelques semaines pour 360 000 dollars, le tout en espèces et en argent noir. Il n'y avait pas d'impôts, pas de commission immobilière, rien, mis à part 360 000 dollars en espèces." »[2]

Alors que l'évasion fiscale est (jusqu'à présent) relativement faible au Japon, la contre-économie entre en jeu là où le système éducatif public et monopolistique crée artificiellement des « barrières à l'entrée » (c'est le terme économique que l'on utilisera beaucoup à présent). Pour entrer dans les universités les plus prestigieuses, il faut payer des droits d'entrée « illicites ». « Les parents ont payé l'équivalent en yens de 4600 à 460 000 dollars aux représentants de l'école afin que leurs enfants puissent intégrer l'université de leur choix. »[3]

La Thaïlande, proche du marché noir birman, compense pour ceux qui respectent la loi au Japon. « Le bureau de la politique fiscale du ministère des Finances estime que moins de 10 % des 19 millions de travailleurs du pays remplissent des déclarations d'impôts. »[4] Soit 90 % qui ne le font pas. Quelqu'un doit surveiller de près ces 10 %. Pour s'assurer que la motivation est de jouer le jeu et non de dénoncer, « un vendeur de voitures offre à un client potentiel un "prix d'ami" de 10 à 30 % du prix catalogue, si l'acheteur paie en espèces et consent à renoncer à tout document qui pourrait être utilisé par les percepteurs des impôts qui retraceront la vente. »[5]

Pour en revenir rapidement à l'Italie, on constate un effet contre-économique encore plus menaçant pour cet État. Il semble que la majorité de ces six millions (estimation de 1979)[6], ou deux à quatre millions (estimations de 1977)[7] pratiquant ces méthodes soient les fonctionnaires eux-mêmes ! Travaillant de 8 heures du matin à 13 h 30, les bureaucrates romains sont

1. Ibid.
2. Ibid.
3. Ibid.
4. Ibid.
5. Ibid.
6. Ibid.
7. Hoagland, J. (18 septembre 1977), « European tide of "black labour" », *Manchester Guardian Weekly*, colonne du Washington Post.

bien placés pour avoir un deuxième emploi l'après-midi.[1]

« Oui, je sais que j'occupe un poste alors que quelqu'un d'autre en a plus besoin », déclare un bureaucrate du ministère des Finances italien qui complète son salaire mensuel de 400 dollars en travaillant dans une agence immobilière l'après-midi, et qui s'absente de son travail au gouvernement le matin si une grosse affaire se présente. « Mais je dois m'occuper de ma femme et de mes trois enfants. »[2]

La montée de la « bande du citoyen »[3] britannique (CB) et de la contrebande de diverses marchandises telles que les drogues, les armes et les personnes, sera abordée dans les chapitres correspondants. Mais il ne faut pas oublier que ces activités se soustraient aux impôts : « Les garde-côtes estiment que six à huit milliards de dollars d'herbe illicite ont été introduits clandestinement par bateau aux États-Unis, l'année dernière. »[4]

Ceci n'est qu'un produit et qu'un mode d'expédition parmi d'autres. Et pourtant, « vous n'avez encore rien vu ». Passons maintenant au Bloc de l'Est, c'est-à-dire au Pacte de Varsovie et aux autres pays qui travaillent sous l'influence du marxisme, du léninisme et de leurs variantes.

La contre-économie sous le communisme

L'Argentine, gouvernée principalement par une dictature militaire, semble avoir une contre-économie florissante comme nous l'avons vu. Existe-t-il une réelle différence entre les régimes « autoritaires » de l'étatisme de droite et les régimes « totalitaires » de l'étatisme de gauche, au moins à cet égard ? Un paradis de la drogue tel que la Colombie ou la Bolivie, gangrené par la corruption, peut avoir une contre-économie en plein essor, mais qu'en est-il des pays du tiers monde nettoyés et réformés par les gouvernements marxistes-léninistes ? La question la plus importante dans ce domaine est peut-être la suivante : le pouvoir de l'État peut-il devenir si grand que la contre-économie soit anéantie, plutôt que de croître en réponse à ce phénomène ?

Le Vietnam pourrait apporter la réponse à toutes ces questions. Après tout, n'y a-t-il pas eu de terribles prédictions de catastrophe, voire d'apocalypse, lorsque les Américains adeptes de la libre entreprise ont été chassés

1. Ibid.

2. Ibid.

3. De l'anglais : « Citizen Band ». Bande à haute fréquence sur laquelle fonctionnent des radios libres d'usage pour tous.

4. « The marihuana smuggling war is heating up on the high seas ». *Zodiac News Service*. (5 janvier 1981).

par les Nord-Vietnamiens communistes ? Quelqu'un faisant la distinction entre les États autoritaires et les États totalitaires niera-t-il que le Vietnam d'après-guerre (1973) fasse partie de la dernière catégorie ? Le Vietnam n'est-il pas à la fois le « tiers monde » et le « second monde » ?

En juillet 1976, l'auteur de cet ouvrage découvrit un rapport sur le Vietnam et voici ce qu'il en rapporta (ses écrits ont été publiés ici dans leur intégralité).

Le journaliste Patrice de Beer publia un article composé de deux parties dans l'édition hebdomadaire anglaise du célèbre quotidien français *Le Monde*, au sujet de la « corruption » qui a tant entaché le régime Thieu-Kỳ[1] et les sergents américains, et qui a affecté les fonctionnaires du Lao Dong (Parti communiste) dans la ville de Saïgon « libérée ».

« Pas un seul dollar n'est entré dans les caisses vides de Saïgon depuis le 30 avril 1973, pas un sac de riz américain n'est venu pallier les insuffisances de la récolte », rapporte le journaliste Patrice de Beer. Plus loin, il décrit la scène dans la ville de Saïgon telle qu'elle est aujourd'hui.

« Pourtant, les rues de la ville sont bouchées par les voitures et par les motos. Des nuées de prostituées exercent leur métier dans l'ancienne rue Tu Do et le marché des voleurs offre des tas de chaînes stéréos, de ventilateurs et d'autres marchandises américaines amenées de Dieu sait où. J'ai même été retenu pendant un quart d'heure dans un embouteillage en essayant de sortir de la ville. »

Beer poursuit en décrivant le problème de cette nouvelle société : « Certains membres de la nouvelle classe dirigeante (une infime partie, m'a-t-on assuré, mais bien visible) suivent les traces de leurs prédécesseurs, fournissant aux prostituées une nouvelle clientèle, en particulier à l'Hôtel Miramar, situé au centre de la ville et occupé par des officiers militaires. Les serveurs des restaurants chics se plaignent que les *bodoi* (soldats de l'armée populaire) ne sont pas de bons clients parce qu'ils n'ont pas d'argent.

« Mais les *canbos* (officiers) sont de bons clients. Ils sont riches et laissent de gros pourboires. »

Beer décrit maintenant ce qu'un libertarien appellerait une véritable contre-économie : « On dit que les visas de sortie coûtent des centaines de dollars, l'essence destinée aux armes et à l'usage du gouvernement se retrouve sur le marché noir, et des fonctionnaires ou des individus se faisant

1. Régime (1965-1975) dirigé par le Président vietnamien Nguyên Văn Thieu et le Premier ministre Nguyễn Cao Kỳ.

passer pour des fonctionnaires sont accusés de solliciter des pots-de-vin auprès des familles pour libérer un mari ou un frère envoyé dans un centre de rééducation. Certains des dirigeants vivent dans des villas réquisitionnées, ont des voitures, achètent des meubles, des téléviseurs et se laissent corrompre par la vieille bourgeoisie, qui sait qu'à long terme son destin est scellé, et n'a donc pas un avenir très optimiste. Ceux qui ont décidé de rester dépensent tout ce qu'ils ont. Cela explique la ruée vers les restaurants de luxe et la frénésie d'achats qui alimente une flambée inflationniste. »

En Autriche, les étudiants en économie souriraient des idées inversées de cause à effet émises par Patrice de Beer dans son analyse de l'inflation et noteraient la description classique d'une « fuite vers les biens réels ».

Beer poursuit en rapportant les ragots cruels sur les *bodoi* et les *canbos*, l'enquête du Lao Dong sur les corruptions, l'hostilité entre le nord et le sud du Vietnam.

« Quant aux habitants du nord, ils sont abasourdis à la vue de l'apparente prospérité du sud, car on leur a dit que leurs compatriotes manquaient de tout.

« La démobilisation vient de commencer et un certain nombre de *bodoi* se sont vu attribuer des emplois dans le secteur économique. On leur demande encore de faire des sacrifices pour aider leurs "frères du sud", bien qu'à leurs yeux les Sud-Vietnamiens ne semblent pas si mal lotis. »

Étant un pays communiste, le Vietnam dispose évidemment d'un plan quinquennal. Mais cela rappelle étrangement Ford ou Carter : « la politique du sud, dite des "cinq secteurs économiques" (d'état, coopératif, mixte, capitaliste et privé) devrait se poursuivre pendant encore un certain temps. Comme l'a fait remarquer Nguyen Huu Tho, l'État doit « utiliser les qualités du capitalisme et freiner ses tendances négatives. » Il a ajouté qu'il fallait être « flexible, très réaliste et pouvoir parfois se retirer un peu. » Les principes ne pouvaient pas être davantage contournés dans une situation où, officiellement, le pays se dirige vers une économie de type socialiste. Il convient de mentionner que même dans le Nord, il existe un secteur privé dynamique surnommé le "secteur sous le manteau". »[1]

Tout cela, c'était en 1976, certainement trop proche de la fin de la guerre avec les États-Unis. Les choses ont maintenant dû changer, disons peut-être, quatre ans après la guerre ?

1. « Counter-economy in Viet Nam thrives » (1er août 1978), *New Libertarian Weekly*, n°3 (34), pp. 1-4.

« L'économie se résume purement au marché noir. Les magasins privés restent ouverts, mais ce sont des endroits miteux, regorgeant de vaisselle bon marché, des contrefaçons laquées, et de traités politiques abrutissants, le tout à des prix scandaleux.

« Il existe aussi les magasins du gouvernement où les fonctionnaires et les employés des entreprises publiques achètent leurs rations alimentaires mensuelles.

« Un ouvrier a droit à 13 kilos de riz par mois (soit un peu moins de cinq cents grammes par jour) et ce poids se réduit, jusqu'au commis de bureau, qui se voit attribuer moins d'un quart de cette quantité par jour.

« Il y a rarement assez de riz pour tout le monde. Il y a aussi des légumes ramollis, et parfois un morceau de porc ou de bœuf. » On observe ce tableau pitoyable après sept ans de communisme, comme prévu… Sauf pour une chose.

« Le marché noir est appelé Cho Troi, ou "marché en plein air", parce que les marchandises sont exposées en extérieur. Ici, dans les ruelles et sur le marché central avec ses satellites dans toute la ville, se trouve l'économie collective de Hô Chi Minh-Ville.

« Les prix sont exorbitants, mais le marché est le seul endroit où l'on trouve des articles exotiques tels que des lames de rasoir, du savon qui mousse, des aliments frais, des cassettes audio et des tissus d'assez bonne qualité.

« L'essence à plus de 15 dollars le gallon y est peut-être la plus chère du monde. Cette minuscule lame de rasoir est à 5 dollars et le très prisé savon américain pour le corps de la marque Lux, à 11 dollars.

« Dans un endroit où les revenus officiels sont en moyenne inférieurs à 100 dollars par mois, des luxes tels que l'électricité et le téléphone sont devenus des objets de curiosité virtuels.

« Le marché noir prospère grâce à l'*Intershop*[1] officiel, qui est ouvert à tous les étrangers et accepte les principales devises du monde, mais pas le dong, la monnaie vietnamienne, dont la valeur officielle est de 43 cents. »[2]

Peut-être que sept ans après la Révolution ne suffisent pas. Qu'en est-il de la République populaire de Chine, vingt et un ans après sa révolution ?

1. Chaîne de magasins initialement créée en 1962 en Allemagne de l'Est et dissoute en 1990, qui proposait des produits de qualité généralement non disponibles au reste de la population, contre des devises.

2. *Los Angeles Times*, journal du mercredi 23 juillet 1980, section Iowa, page 5.

Le journal de Shanghai, *Wen Hui Bao*, rapporte que « lors d'une rafle à Shanghai, la plus grande métropole chinoise, la police a arrêté près de 200 vendeurs au noir ces dernières semaines et a confisqué des objets de valeur allant des téléviseurs et des cassettes audio aux guides sur le mariage et à du "contenu pornographique". »[1]

Comment peut-on mener des activités contre-économiques dans des conditions de surpopulation aussi spectaculaires ? « La vie privée est inexistante ici. Ainsi, même un commerce illicite doit être mené au grand jour, mais les vendeurs au noir sont plus subtils que la plupart des autres. L'autre jour, sur la route très fréquentée de Zhongshan, une foule immense de jeunes s'était rassemblé autour un homme plus âgé qui écoutait de la musique avec son magnétophone tout neuf de la marque Sanyo. Ils sont restés là à écouter un moment, puis ont disparu dans un café situé dans une petite rue adjacente. Un jeune homme est revenu, le magnétophone caché sous son bras. L'objet avait manifestement changé de propriétaire dans ce café.

« Un autre des dispositifs appréciés est celui qui permet aux personnes qui vendent des lunettes de soleil à l'étranger de conserver l'autocollant étranger sur un verre, attestant du lieu d'origine. Les lunettes de soleil étrangères, le dernier symbole de prestige pour les jeunes Chinois, se vendent au marché noir à des prix entraînants des marges très élevées, généralement 25 dollars pour une paire qui coûte 5 dollars à Hong Kong. »[2]

La contre-économie chinoise n'est limitée ni dans sa portée ni dans sa géographie. « Les biens de consommation de haute qualité, disponibles ici seulement en petites quantités et sous contrôle gouvernemental, représentent la majeure partie du commerce illicite, mais il y a aussi des articles exotiques. Les vendeurs au noir se sont fait prendre ici pour avoir vendu un manuel sur la sexualité en langue chinoise intitulé *Un guide pour un mariage heureux*. Même de l'héroïne est introduite clandestinement dans la province du Guangdong en étant importée depuis Hong Kong.

« Les activités du marché noir prospèrent dans cette ville montrant l'exemple, où 11,6 millions de personnes semblent un peu plus aisées et décidément plus élégantes que la plupart des Chinois, mais les endroits les plus guindés ne sont pas à l'abri.

1. Mathews, L. (7 juin 1980). « Black marketeers, smugglers move in as China opens trade door to the world », *Los Angeles Times*, Partie I, pp. 6-7. (Le titre est inexact, car l'article prouve qu'il existe un marché noir, et non qu'il soit arrivé de nulle part.)

2. Ibid.

« Dans le cadre d'une campagne jusqu'ici infructueuse visant à mettre fin au commerce illégal à Pékin, peut-être la ville la plus fermement contrôlée de Chine, la police de la capitale a effectué à plusieurs reprises des descentes sur le marché noir dans la rue Dongdon. Pourtant, durant de nombreux dimanches après-midi, de jeunes spéculateurs se rassemblent toujours au même endroit, à moins d'un kilomètre du ministère de la Sécurité publique, pour échanger des marchandises. »[1]

Néanmoins, toutes les régions de Chine ne se valent pas, au niveau contre-économique. (Toutes les régions des États-Unis, par exemple, ne se valent pas non plus sur le plan économique.) Les régions limitrophes des pays « capitalistes » semblent, bien entendu, avoir une meilleure contre-économie, du moins en termes de disponibilité des marchandises. « Parce qu'elle se trouve à côté de la colonie britannique de Hong Kong, la province du Guangdong, dans le sud de la Chine, semble être le point d'entrée des marchandises du marché noir. Elle se vante également d'être ce que des sources chinoises considèrent comme le plus grand marché noir de Chine, à Foshan, situé à 20 minutes en bus de la ville de Canton.

« Foshan est si bien approvisionné en montres, radios, magnétophones, calculatrices, téléviseurs et autres produits de luxe qu'il attire toute la population de Chine.

« Même les acheteurs officiels des communes rurales, qui ont reçu l'ordre d'acheter des biens rares pour un usage collectif, se tournent vers Foshan lorsque les réserves des magasins du gouvernement sont très basses. »[2]

À ce stade, on pourrait probablement s'attendre à ce que la zone proche de la République de Chine vers Taïwan compte de nombreux marchands. « Quanzhou, qui se trouve sur la côte de la province du Fujian, en face de l'île de Taïwan tenue par les nationalistes, est parsemée de vendeurs de paquets de cigarettes Dunhill, Viceroy et autres cigarettes occidentales, à un prix allant de 0,65 à 1,30 dollar l'unité. Squattant les routes poussiéreuses, ils exposent ouvertement leurs marchandises, mais rangent tout et se dépêchent de partir lorsqu'ils sont abordés par les caméras.

« D'autres étals sur les trottoirs exposent des cassettes enregistrées par Teresa Teng, une chanteuse taïwanaise modèle, dont les ballades romantiques sont un succès dans toute la Chine, bien qu'elle n'ait jamais mis les pieds dans ce pays. Comme les autres marchandises, les cassettes ont été

1. Ibid.
2. Ibid.

introduites clandestinement depuis Hong Kong, affirme un vendeur. »[1]

La contrebande fera l'objet d'un prochain chapitre, mais il y a une chose que nous devons vérifier. Après tout, la contrebande est bien plus réprimée par les communistes hostiles aux marchés que par les nationalistes épris de liberté, non ? « Bien que des arrestations aient été effectuées des deux côtés, les nationalistes semblent beaucoup plus préoccupés que le gouvernement de Pékin par l'arrêt de ce commerce. Un porte-parole du gouvernement a déclaré qu'un groupe d'enquête spéciale a été mis en place le mois dernier à Taipei pour enquêter sur les réseaux de contrebande, et que d'autres arrestations sont attendues. Sous la stricte loi martiale de Taïwan, commercer avec "l'ennemi", c'est-à-dire les communistes, est un acte de trahison passible de longues peines de prison. »[2]

S'il existe un endroit où le libre marché pourrait être anéanti, c'est bien au Cambodge, après que le despote Pol Pot et les dévastations supplémentaires de la guerre l'ont banni.

« Le marché noir s'étend de Bangkok, la capitale de la Thaïlande, à Hô Chi Minh-Ville, anciennement Saïgon, dans le sud du Vietnam. Son centre se situe dans cette ville sale, aux maisons ravagées par la guerre et aux cabanes de tôle accaparées par des personnes de passage venant de presque toutes les provinces du pays.

« Sisophon se trouve à une cinquantaine de kilomètres de la frontière, et les commerçants thaïlandais y ont installé des supermarchés en plein air où les Cambodgiens affluent malgré les vols occasionnels, les combats en cours de route et les guérillas qui prennent une part du commerce. »[3]

Rien ne peut-il arrêter la contre-économie dans son activité ? Non. « Tout commence avec l'or échangé à la frontière contre de la monnaie thaïlandaise, le baht. Le trafiquant cambodgien utilise le baht pour faire ses achats, qui sont ensuite revendus ici, généralement à nouveau contre de l'or. Mais il ne s'agit là que d'une infime boucle d'un système de distribution apparemment désorganisé, mais en réalité très efficace.

« Des armées de cyclistes, parcourant en moyenne 50 kilomètres par jour, partaient d'ici en empruntant les principaux axes routiers du pays, en particulier les routes nationales 5 et 6 vers la capitale, Phnom Penh. Des sacs

1. Ibid.

2. Mathews, L. (n.d., c. 1980). « China, Taiwan crack down on smugglers », *Los Angeles Times*.

3. Gray, D. D. (13 avril 1980). « Black market net funnels consumer goods to Cambodia », *Santa Ana Register*, p. D15.

et des boîtes bien remplis sont attachés aux selles des vélos, et des bouts de tissu pendent et battent parfois à l'arrière, lorsque le vendeur pousse le vélo.

« Certains voyagent entre leur domicile et la frontière,tandis que d'autres déposent leurs marchandises sur les "marchés libres", qui prospèrent dans presque toutes les villes. Des ateliers de réparation de vélos et des buvettes bordent les routes au profit des commerçants qui se déplacent également à pied, en char à bœufs, en moto, en camion militaire et civil, et en train, de Phnom Penh jusqu'à Battambang, à 40 kilomètres à l'est de la frontière. »[1]

Nous connaissons tous le manque de production au Kampuchéa démocratique… Ou est-ce le manque d'action du gouvernement plutôt que celui du peuple cambodgien ? « Le gouvernement en place depuis 14 mois n'a pu donner à la population que du riz provenant de donateurs étrangers, et il rencontre des difficultés à le distribuer. La majorité de la population, y compris la plupart des fonctionnaires, doit donc faire leurs achats au "marché libre", où l'on trouve des médicaments, des montres, des vêtements, des cigarettes ou encore des lecteurs radiocassettes et des motos de fabrication japonaise. »[2]

Donc pas de cas de famine à Phnom Penh, la capitale évacuée par Pol Pot et réduite à un communisme primitif de base ? « Sur le vieux marché animé de Phnom Penh, on peut, grâce à une libre entreprise débridée, s'asseoir devant un bon canard rôti et des légumes, de la bière australienne ou japonaise en canette, et du riz distribué par l'aide internationale qui s'est infiltré dans le système. »[3]

Il est évident que beaucoup de personnes ont été privées de nourriture au Cambodge et que nombre d'entre elles en sont mortes. Mais la contre-économie a survécu et s'est développée. Et la contre-économie, ne l'oublions jamais, c'est l'action humaine, c'est-à-dire, les hommes qui agissent. Certains individus au Cambodge conservent leurs avantages et leur production contre les pires menaces qu'un gouvernement puisse émettre, et malgré tous les exemples de menaces de mort qu'ils peuvent subir. Il s'agit de ces personnes cupides, sans cœur, lâches, avides de profits, incapables de s'occuper de leurs semblables, des entrepreneurs spéculatifs, qui, d'après l'opinion générale, sont les seuls à empêcher le Cambodge de connaître la famine totale imposée par les communistes de Pol Pot qui aiment

1. Ibid.
2. Ibid.
3. Ibid.

leur peuple, et par son opposant politique tout aussi communiste, Heng Samrin.

L'ironie du sort est peut-être que non seulement le marché thaïlandais de droite est un soutien à la contre-économie cambodgienne, mais aussi à celle alliée de Samrin, autrement dit, au Vietnam lui-même ! « Bien que la plupart des échanges commerciaux se fassent avec la Thaïlande, il existe également un commerce bilatéral important avec le Vietnam. Les biens de consommation, tels que le thé, le savon, les fruits et les pièces de vélo, sont acheminés vers le Cambodge. Mais les Vietnamiens, qui viennent parfois en camion pour livrer de l'aide ou des fournitures aux forces armées, ramènent également des marchandises qu'ils achètent aux Cambodgiens avec de l'or. »[1]

La contre-économie dans le second monde

Il reste une dernière possibilité qu'il faut exclure avant de conclure qu'il n'est peut-être pas possible de supprimer la contre-économie, mais qu'elle prospérera plutôt sous un étatisme encore plus important. Peut-être que tous les états communistes d'Asie ou d'Amérique du Sud (Cuba) sont des pays qui se sont développés trop récemment, qui sont trop orientaux (ce qui signifie généralement qu'ils ont une tendance à la corruption) ou trop latins, ou simplement trop faibles pour résister à la puissante richesse du capitalisme mondial. Si les pays du Pacte de Varsovie, soit du bloc de l'est, répondent à ces objections, c'est que l'Union soviétique exerce une influence bien plus grande au nom de Marx et de Lénine que l'OTAN[2] capitaliste et ses laquais.

La Pologne est considérée comme anormale en raison de la montée du mouvement syndicaliste « Solidarność »[3], ce qui en fait un piètre exemple pour illustrer notre argument. Néanmoins, il faut attribuer la montée du mouvement syndicaliste « Solidarność » à cette contre-économie, puisqu'elle s'est organisée et a agi au mépris de toutes les lois polonaises. En réalité, la plupart des syndicats, même aux États-Unis, ont vu le jour de façon contre-économique. (Nous verrons plus tard ce qu'ils sont devenus et pourquoi.)

En 1976, la Pologne connut une protestation de masse qui s'atténua jusqu'à l'essor du mouvement « Solidarność » : « Le Premier ministre de

1. Ibid.
2. Organisation du Traité de l'Atlantique Nord.
3. « Solidarność » signifie « solidarité » en polonais. C'est une Fédération de syndicats polonais.

Pologne a ordonné d'augmenter le prix des produits de première nécessité, de la nourriture, des vêtements, etc., dans les magasins d'État. Sans attendre, les consommateurs ont organisé des manifestations dans les rues, semblables à celles qui ont renversé le Premier secrétaire Gomulka et ont amené l'actuel dictateur Edward Gierek au pouvoir. Un jour plus tard, le Premier ministre Gierek a suspendu les actions qu'il avait lui-même ordonnées.

« Un facteur non mentionné dans la plupart des articles de presse est que ces mêmes marchandises étaient disponibles dans une certaine mesure dans un grand nombre de magasins privés autorisés et sur le vaste marché noir. Le journal britannique *The Guardian* a remarqué que le prix contre-économique était plus élevé que le prix imposé par l'État, même après l'augmentation officielle des prix, et pourtant les affaires sont florissantes. »[1]

Dans quelle mesure le solide bloc de l'est est-il donc libre de toute contre-économie ? « Les Roumains, contrairement aux Polonais, ne sont pas officiellement autorisés à posséder des devises étrangères, mais cela n'empêche pas les changeurs d'approcher les étrangers dans les rues. Le taux du marché noir a grimpé en flèche depuis le début de la crise polonaise et il est maintenant cinq fois supérieur au taux officiel, voire plus. La monnaie d'échange la plus convoitée en Roumanie est le paquet de cigarettes de marques étrangères (de préférence des Kent). Selon une pratique constituant l'amorce d'une spirale irrésistible de la corruption (partie intégrante de la vie en Europe de l'Est), un paquet de cigarettes est glissé au serveur en chef, et la nourriture et les boissons qui ne figuraient pas au menu cinq minutes auparavant réapparaissent miraculeusement. Un homme d'affaires étranger, qui vit en Roumanie, mais qui conduit une voiture immatriculée à l'étranger, est arrêté par la police. Avec un paquet de cigarettes, des documents qui étaient suspects juste avant sont soudainement en ordre. Ces paquets de cigarettes changent à nouveau de mains pour des produits alimentaires vendus sous le manteau, pour des vêtements de qualité, pour des réparations de maison. Et ils graissent la patte de la bureaucratie. »[2]

En fait, une grande partie de la contre-économie des pays de l'Est fonc-

1. « Free market cracks red regimes » (25 juillet 1976), *New Libertarian Weekly*, n° 3 (33), p. 1.

2. Masterman, S., and Koene, A. (24 août 1981). « A nation embarked on a perilous ride : Eerily reminiscent of Poland, growing tension threatens the oppressive Ceausescu regime », *Maclean's*, n°34, 1994, p. 11.

tionne comme celle de l'Europe occidentale décrite auparavant : « Le système implique un deuxième, voire un troisième travail, dont beaucoup sont effectués contre des devises de pays d'Europe occidentale, qui peuvent être ensuite utilisées pour acheter des produits de luxe. En Hongrie, en Pologne et en Tchécoslovaquie, cette seconde économie est devenue si puissante que de nombreux travailleurs en sont venus à consacrer plus de temps et plus d'énergie à ce secteur plutôt qu'à leur emploi principal.

« En Tchécoslovaquie et en Hongrie, les ouvriers du bâtiment se présentent rarement à leur emploi principal après leur pause déjeuner de midi. Ils partent travailler à leur second ou à leur troisième emploi. »[1]

Vous voulez acheter une voiture en Hongrie, mais l'État vous le refuse ? « Une gouvernante d'un hôtel de Budapest a raconté comment, malgré les récentes mesures répressives de la police, elle a pu commander à un fournisseur local clandestin une Lada, un nouveau modèle de voiture fabriqué par un constructeur soviétique, livré en un mois et à un prix 50 % supérieur au prix officiel, avec le paiement comptant à la livraison.

« Son fournisseur, à qui elle avait prudemment présenté un intermédiaire occidental, a déclaré que le système fonctionnait avec la connivence des concessionnaires officiels. Ils trouvent des clients qui sont sur une liste d'attente depuis deux ou trois ans, mais qui sont prêts à renoncer à leur nouvelle voiture et à attendre à nouveau, en échange d'un meilleur prix. »[2]

Certains contre-économistes orientaux semblent avoir mieux réussi que les travailleurs du « monde libre », en battant l'inflation : « Lorsque les prix à la consommation ont augmenté de 50 % ou plus en Hongrie cet été, un menuisier d'une usine de tracteurs a déclaré qu'il pouvait facilement s'en sortir. Son salaire a augmenté de moins de 10 %, mais ses honoraires pour les travaux d'ébénisterie qu'il effectue la nuit et le week-end ont doublé. »[3]

Les Hongrois ont leurs ouvriers entrepreneurs, leur travail au noir avec leurs *Schwarzarbeiters* : « Puis il y a les “moineaux”, un terme utilisé en Hongrie pour désigner les travailleurs hautement qualifiés qui passent d'un emploi à l'autre, avec des salaires qui augmentent régulièrement en fonction de l'évolution de la demande entre les entreprises. »[4]

Quant au système éducatif compétitif, selon la contre-économie, les Orientaux pourraient bien être en avance sur l'Occident. « En Pologne,

1. « Second society grows in Europe » (2 novembre 1979), *New York Times*.
2. Ibid.
3. Ibid.
4. Ibid.

la situation a pris une nouvelle dimension, avec les "lycées itinérants" qui répandent des sujets tabous. Ces derniers vont du règne de la terreur par le dirigeant Boleslaw Bierut, de l'ère stalinienne en Pologne, à l'économie de Milton Friedman et de Paul A. Samuelson. »[1] Comme à notre habitude, nous pouvons nous demander de quelle manière fonctionnent ces diffusions.

« Si ces conférences ne touchent que quelques milliers d'étudiants sur les 100 000 ou plus que compte la Pologne, leur impact est bien plus conséquent. Plusieurs jeunes hommes et jeunes femmes enregistraient une conférence d'un historien clandestin, Adam Michnik, qui se tenait dans un appartement privé de courant dans la banlieue de Varsovie.

« "Mes colocataires ont trop peur de venir, a déclaré l'un d'entre eux, mais comme ils veulent eux aussi écouter cette conférence, alors je l'enregistre pour qu'ils l'écoutent plus tard". »[2]

Pourquoi et comment la mère Russie permet-elle cette libre entreprise endémique malgré une étroite surveillance par satellite ? Ou bien la contre-économie a-t-elle également atteint les confins du rideau de fer ? Cette histoire mérite un chapitre à elle seule.

1. Ibid.
2. Ibid.

3. La contre-économie soviétique

Voici l'une des principales hypothèses de la théorie de la contre-économie :plus le gouvernement intervient dans l'économie, plus la contre-économie se développe. En effet, alors que nous sommes passés des « gouvernements limités » d'Amérique du Nord aux « économies mixtes » du reste du monde, l'activité contre-économique ne s'est évidemment pas dissipée. La contre-économie, en outre, prévoit que les États totalitaires devraient diriger presque toute l'activité économique (en réalité, toute action humaine non politique et même souvent politique) en dehors de la zone sanctionnée par l'État. Ce qui prouverait notre théorie serait donc de se renseigner plus en détail sur un État totalitaire et d'observer le niveau d'activité contre-économique.

Toutefois, une légère réserve s'impose dans le sujet abordé, mais nous verrons qu'elle n'est guère nécessaire pour notre analyse. La théorie économique, qui constitue le niveau le plus élémentaire de notre compréhension de ces sujets, prédit qu'*aucun* État ne peut parvenir à un contrôle totalitaire. En vérité, la contre-économie a été découverte par cet auteur mentionné précédemment lorsque j'ai suivi cette idée pour en tirer d'autres conclusions. Mais tous les États dits totalitaires (le Troisième Reich, la Russie soviétique, la République populaire de Chine ou même le Cambodge) ont en fait autorisé et continuent à autoriser un certain droit de propriété « privée » et une certaine liberté de commerce.

Néanmoins, la plupart des spécialistes reconnaîtront qu'il y a beaucoup plus d'intervention de l'État au sein de l'Union soviétique[1] qu'aux États-Unis, par exemple. Par conséquent, il devrait également y avoir dans ces pays davantage de contre-économie.

Nous allons nous attarder un peu plus sur ce point. Le conservatisme américain prévoit que l'esprit d'entreprise devrait être capable d'enterrer presque totalement un État communiste totalitaire, à l'exception de quelques contrebandiers de la Bible. Le libéralisme et le socialisme démocratique prédiraient une certaine résistance au communisme, et celle-ci naîtrait sous la forme de groupes de dissidents intellectuels et de syndicats prenant place

1. URSS

dans les organisations de la « Charte 77 »[1] et du « Solidarność ». Même les actions qui passent pour du libertarisme de nos jours prédisent moins, et non davantage, d'activités de « libre marché » dans une URSS à l'esprit fermé qu'aux États-Unis, un pays qui est relativement ouvert d'esprit. De ce fait, si la contre-économie contredit les prédictions de toutes ces idéologies (et c'est le cas), nous nous voyons offrir un choix scientifique rapide par rapport à la validité de ces idéologies respectives.

Que montre alors la réalité ? Nous en avons vu une image concrète dans notre chapitre précédent lorsque nous nous sommes penchés sur l'Europe de l'Est, sur la Chine et sur l'Indochine, cependant nous avons besoin d'une analyse plus longue et plus détaillée pour examiner un tel pays que l'Union soviétique. Par ailleurs, si la contre-économie y prospère, ce qui serait le « cas le plus compliqué » pour notre théorie, où sont alors passés les millionnaires ? À l'exception d'un ou de deux commissaires corrompus (même la ligne du Parti communiste permet ce genre de dérapage), qui a entendu parler des ignobles capitalistes russes millionnaires dans les années 1980 ?

Prenons en compte cette information : « Il y a quelques semaines, le journal britannique *Manchester Guardian Weekly* a rapporté que plusieurs millionnaires contre-économiques ont été arrêtés à leurs hôtels et à leurs *datchas*[2], situés près de la mer Noire. Presque tous les fonctionnaires du gouvernement arménien ont également été arrêtés et attaqués de plein fouet par le Parti communiste, et ont été dénoncés par la presse. Les bureaucrates arméniens avaient été en réalité impliqués dans un important "réseau" de marché noir et de marché gris (en Arménie la réglementation est un peu plus souple et l'accession à la propriété privée autorisée par l'État est plus ouverte qu'en Russie). »[3]

On peut dire que l'Arménie n'est pas comme la Russie proprement dite, bien qu'elle soit une « République socialiste soviétique ». De plus, rappelons que les contre-économistes arméniens furent arrêtés. Mais qu'en est-il de son pays voisin, la Géorgie ?

« Le marché parallèle représente une structure économique immense, à la fois indépendante de l'économie soviétique officielle, mais également associée à cette dernière. Ce secteur privé touche tous les segments de la société soviétique. Les personnes actives sur le marché parallèle varient, des

1. Pétition des intellectuels tchécoslovaques pour lutter pour les droits de l'homme, établi par la conférence des Droits de l'homme d'Helsinki en 1975.

2. Terme russe désignant une maison de campagne servant de résidence secondaire.

3. « Free market cracks Red regimes » (25 juillet 1976), *New Libertarian Weekly*, 3 (33) p. 1.

spéculateurs insignifiants qui vendent des vêtements à la mode aux personnes réellement influentes et riches, comme le célèbre capitaliste géorgien clandestin, Laziashvily, qui compte parmi ses relations un certain nombre de hauts fonctionnaires. »[1]

Et du côté de la Russie? « Je me souviens en particulier de ce client passionné, Abram Aizenberg, un homme imposant dont chaque mouvement reflétait sa confiance en lui. Il avait environ soixante-dix ans, il possédait deux bonneteries qui lui rapportaient plusieurs centaines de milliers de roubles par an. Au fil des années, il avait accumulé un capital que les enquêteurs ont estimé à trois millions de roubles. »[2]

« Après la Seconde Guerre mondiale, les trois frères Glazenberg ont été démobilisés, renvoyés à Moscou et ont rapidement réalisé qu'ils ne pouvaient pas compter sur leur statut d'anciens combattants pour les aider à trouver un bon emploi, car ils étaient juifs et on leur interdisait tout poste important dans le dispositif du parti et de l'État. Même les ingénieurs juifs ont eu du mal à trouver un emploi dans l'industrie. » Si certains peuvent douter de la pureté ethnique des entrepreneurs en question, c'est de Moscou que parle notre journaliste russe.

« Les frères Glazenberg se sont lancés dans le commerce illicite. À leur départ de l'armée, ils ont chacun reçu la somme importante accordée aux officiers démobilisés (l'équivalent d'environ 5000 roubles russes actuels) et ont acquis un seul atelier dans une usine pour produire des sacs de provisions en cuir synthétique.

« Ils se sont révélés être des hommes d'affaires talentueux et en quelques années, leur entreprise possédait au moins dix usines destinées à la fabrication de cuir synthétique, d'objets en cuir synthétique et toute sorte de produits en fibres synthétiques. »

Évidemment, leurs activités se firent connaître en raison de leur couverture médiatique, de leur arrestation et des poursuites judiciaires à leur encontre. « Une entreprise opérant à une telle échelle ne pouvait échapper à l'attention du DCMSP (Département de lutte contre le détournement des biens socialistes, c'est-à-dire le service de la police soviétique chargé de lutter contre les crimes économiques)[3]. En effet, le DCMSP, avec son réseau bien développé d'informateurs secrets, a tenu un dossier spécial sur la

1. Simes, D. K. (1975), « The Soviet Parallel Market », Washington, DC: Center for Strategic and International Studies, Georgetown University, p. 25.

2. Simis, K. (29 juin 1981), « Russia's Underground Millionaires », *Fortune*, p. 37.

3. « Department for Combatting Misappropriation of Socialist Property »

société des Glazenberg. »[1]

Mais la vraie question qui se pose est : comment ces entrepreneurs russes firent-ils pour tenir bon suffisamment longtemps pour atteindre un tel succès ? « Pendant un certain temps, cela n'a nullement gêné les entrepreneurs actifs, car ils soudoyaient les hauts fonctionnaires du DCMSP avec un remède[2] mensuel allant de 5000 à 10 000 roubles. » Et comment se firent-ils prendre ? « Un jour, cependant, un officier subalterne du DCMSP a divulgué l'histoire à un journaliste reconnu d'*Izvestia*[3], qui a commencé à passer au crible les informations sur l'entreprise de ces trois frères. Dans ces conditions, les chefs du DCMSP étaient dans l'incapacité de sauver les Glazenberg, mais pouvaient seulement les avertir immédiatement du danger imminent, afin qu'ils puissent avoir le temps de cacher leur argent et leurs objets de valeur. »

Alors comment cette police secrète soviétique impitoyable, inhumaine et infâme traita-t-elle ces capitalistes bien culottés ? « Soumis à des contraintes, un haut fonctionnaire du DCMSP a décidé, dans le style soviétique salomonien, que, premièrement, le dossier compromettant disparaîtrait des fichiers du DCMSP, et deuxièmement, que Lazar, le plus jeune des frères Glazenberg, devrait être sacrifié, au moins en partie à cause de son style de vie de "playboy", comme en témoignent ses deux douzaines de costumes et la garde-robe de sa femme qui était une ballerine du théâtre Bolchoï. »

On suppose, à ce stade, que les masses prolétariennes mépriseraient ou ignoreraient simplement ce bourgeois qui fut démasqué. « Le premier jour du procès de Lazar, la salle d'audience était pleine de curieux, rêvant d'apercevoir un millionnaire. Ce qu'ils ont vu était un grand homme, d'environ 40 ans, avec de beaux traits et une crinière complètement grise. Lazar Glazenberg marchait, comme un prisonnier est censé marcher, entre deux escortes, les mains derrière le dos, boitillant avec sa jambe artificielle qui remplaçait celle qu'il avait perdue pendant la guerre. Il a tout de même salué avec courtoisie ses amis et ses proches présents dans la foule. »

Néanmoins, comme tout le monde le dit, l'URSS est une société particulièrement interventionniste et répressive. Notre personnage fut-il condamné et fusillé ? « Trois mois plus tard, il est sorti de la salle d'audience tout calmement, après avoir reçu sa sentence : 15 ans dans un camp pénitencier à

1. *Ibid.*, pp. 38-39.
2. Ici, cela signifie que l'argent est vu comme un remède pour faire taire les personnes soudoyées.
3. Un des principaux quotidiens russes.

régime strict. » C'est ici que se déroulent les procès de la Grande Purge[1] de Staline, où les hauts fonctionnaires communistes (la nouvelle aristocratie russe) sont régulièrement rassemblés et fusillés.

Un entrepreneur plus coriace aurait pu survivre et penser s'en sortir gagnant. Hélas, il en avait coûté une jambe à Lazar Glazenberg de défendre sa mère patrie. « Il est presque impossible pour une personne n'ayant qu'une jambe de survivre 15 ans dans un tel camp. Il est mort sept ans après son procès. »[2] Avant de sortir les mouchoirs en raison de cette tragédie typiquement russe et ironique, il faut se rappeler que le reste de la famille s'en est tiré avec sa richesse, et bien évidemment, avec un capital suffisant pour continuer à vivre.

Les Glazenberg étaient-ils donc un cas isolé ? Même si l'on suppose que la plupart des personnes comme eux ne se firent pas prendre et ne furent pas signalées, cela n'e fut pas le cas pour beaucoup d'autres encore. Autrement dit, on en compte encore plus dans la région où vivaient ces frères.

« Parmi d'autres sociétés familiales importantes et souterraines, il y avait le clan Bach qui se classait à un rang élevé à Moscou, tant par l'ampleur de ses activités que par le montant de ses avoirs. Le membre le plus âgé et chef de ce clan était Isaak Bach. »[3]

D'après l'idéologie marxiste, les représentants du prolétariat n'ont qu'à liquider la classe des exploitants pour s'en libérer. « Voici un homme d'affaires de la vieille génération : avant la Révolution, il avait goûté aux joies du commerce légal dans l'entreprise de son père. Durant la nouvelle politique économique mise en place après la Révolution, lorsque l'entreprise privée a été autorisée pendant un court moment, le chef du clan avait pleinement développé ses capacités commerciales. La mercerie et les boutiques de sous-vêtements pour femmes de *Bach & Sons* étaient alors situées dans la rue Kouznetsky Most à Moscou, au milieu des magasins les plus chers et les plus à la mode de la ville. Mais la nouvelle politique économique a rapidement liquidé leur société, confisquant ses marchandises et envoyant son dirigeant dans les camps situés sur les îles Solovki. »

Était-ce la fin des avantages et du capital de Bach ? « Lorsque Bach est revenu des camps au milieu des années 1930, il a entrepris de créer une nouvelle entreprise familiale, illégale cette fois-ci. À la fin des années 1940,

1. Ou Grande Terreur. Période de répression politique massive menée par Staline dans toute l'Union soviétique durant les années 1930.

2. *Ibid.*

3. *Ibid.*

Isaak Bach, qui était en principe un humble chef d'atelier dans une usine de fermetures éclair et d'épingles à nourrice payant 160 roubles par mois, était aussi à la tête d'une entreprise comptant au moins une douzaine d'usines de fabrication de sous-vêtements, de souvenirs et de mercerie, et exploitant une chaîne de magasins dans toutes les républiques de l'Union soviétique. Il possédait des actifs évalués à environ 87 millions de roubles, selon l'expert judiciaire. »[1]

On ne semble pas manquer de millionnaires russes. En fait, comme les joueurs de poker, nous pouvons « accepter la mise de 87 millions » et « relancer à 200 millions », ce qui est un exemple parfait.

« Dans les années 1960, deux membres de la jeune génération de ce clan, Boris Roifman et son cousin Peter Order, ont été arrêtés par le KGB[2]. Tous deux étaient impliqués dans le commerce illégal depuis une dizaine d'années. L'un a remis aux autorités des objets représentant environ 200 millions de roubles et l'autre environ les trois quarts de cette somme. » Accepter et relancer à 200 millions ? « Si trois membres relativement jeunes du clan de Roifman avaient amassé 350 millions de roubles, à combien pourrait s'élever la fortune de toute la famille, après des décennies d'activité ? ».[3]

Ces barons voleurs de la Russie des années 1960 ne manquaient pas non plus de style ou de panache par rapport à leurs ancêtres américains des années 1880. « L'enquêteur en chef du bureau central du KGB a demandé au plus riche des deux : "Pourquoi avez-vous eu besoin de 200 millions de roubles ?" Peter Order a répondu, tout en étalant ses bravades : "Seulement 200 millions ! J'aurais voulu faire 220 millions, un rouble pour chaque citoyen soviétique." »[4]

Nous reviendrons plus tard sur les millionnaires russes et sur la manière dont ils parviennent à gérer leurs revenus, car la véritable question pour un économiste (contre-économiste ou non) est de savoir où ils trouvent leur marché.

Le véritable marché russe

La contre-économie prospère en Amérique du Nord, principalement dans les zones du « fruit défendu » et celles qui sont taxées à outrance. En Europe et en Asie, nous pouvons également ajouter le dépassement des res-

1. *Ibid.*

2. « Komitet gossoudarstvennoï bezopasnosti ». Soit le « Comité pour la sécurité de l'État », les services de renseignements secrets de l'URSS.

3. *Ibid.*

4. *Ibid.*

trictions au commerce de biens étrangers par ailleurs légitimes, le protectionnisme et son complément, autrement dit la contrebande. Mais dans le « second monde » des États communistes, deux autres sources émergent : la qualité et la fiabilité, ainsi que la disponibilité des biens de consommation du marché noir, ce que la plupart des Nord-Américains considèrent comme normal.

« Le marché parallèle offre non seulement des vêtements de meilleure qualité, généralement de fabrication étrangère, ou des éditions rares publiant des auteurs populaires, mais il fournit également aux citoyens soviétiques qui sont en mesure de payer de meilleurs soins médicaux, une meilleure éducation et formation, de meilleures vacances, une meilleure décoration d'intérieur pour leurs appartements, de meilleurs services de baby-sitting, de meilleurs transports, voire des papiers d'identité, des diplômes et autres documents. De plus, non seulement les particuliers, mais aussi les entreprises, agences et exploitations agricoles collectives gouvernementales utilisent fréquemment les services du marché parallèle afin d'obtenir des équipements, des pièces détachées, de la main-d'œuvre et une expertise professionnelle. »[1]

Réfléchissez au problème de la conduite d'une automobile (comme nous sommes dans le cas de l'URSS). Il ne faut pas oublier, en lisant les explications suivantes, que les voitures se font rares et qu'un pot-de-vin sera probablement nécessaire pour s'en procurer. Ensuite, à vous d'essayer de la conduire (dans une société sans contre-économie).

« Il y a une pénurie de stations-service en Union soviétique et celles qui existent déjà ne possèdent tout simplement pas de pièces détachées. Un de mes amis a passé un mois à essayer d'acheter un parebrise pour sa Moskvitch[2]. En vain. »

Contrairement à un policier, on trouve bien généralement un contre-économiste lorsqu'on en a besoin. « Il a fini par arriver dans une petite rue, près d'une usine automobile à Moscou, où il a été abordé par quelqu'un qui s'est présenté comme un travailleur de cette usine et qui lui a promis de lui livrer le parebrise le jour même à un prix raisonnable, même inférieur au prix officiel. Il va sans dire que le travailleur a tenu sa promesse. »[3]

Dans la contre-économie, on obtient également ce pour quoi on paie : la fiabilité est donc essentielle pour attirer les consommateurs. (Bien sûr,

1. Simes, D. K. *op. cit.*, p. 70.
2. Ancienne marque automobile russe.
3. *Ibid.*

les gouvernements de tous les pays dépensent des fortunes dans la propagande pour nous convaincre du manque de fiabilité des vendeurs clandestins et de la fiabilité sans faille des services gouvernementaux.) Vous en trouverez des exemples en abondance ici : « Un propriétaire de voiture à Armavir, dans le sud de la Russie, a envoyé une lettre à une revue consacrée aux automobiles, rapportant qu'on lui avait refusé de l'aide dans une station-service : "c'est alors qu'un travailleur qui se tenait à proximité est intervenu : 'Laissez-le la ramener. Je la réparerai rapidement. Le produit de nettoyage F11 répare les voitures très rapidement.' Ainsi, le mécanicien 'à l'oreille fine' a effectué le travail sur place, en fixant le prix à six roubles. 'Cinq roubles pour moi et un pour la caisse'". »[1] Six roubles, cela ne reviendrait pas cher dans un garage américain.

Voici un nouvel exemple : « Un autre conducteur de la ville d'Eupatoria en Crimée s'est plaint que, bien qu'il ait garé sa voiture en premier à la station-service, les préposés ne lui ont pas prêté attention et ont commencé à procéder aux inspections sur les autres voitures qui sont arrivées après lui, probablement parce que les conducteurs avaient promis de bons pourboires. Les réclamations qu'il a faites ne l'ont pas aidé et selon la lettre de ce client, les choses qu'il y a vues et entendues l'ont amené à se demander s'il s'agissait d'une entreprise d'État ou d'une affaire d'ordre privée. »[2]

Il s'agissait évidemment d'une affaire d'ordre privée. Certains peuvent trouver encourageant qu'il existe un paradis où la population sait comment mépriser une personne respectant les lois économiques… même si la Russie n'était peut-être pas l'endroit qu'ils imaginaient pour trouver ce paradis. Néanmoins, nous manquons un point important dans le premier exemple si l'on ignore la nécessité de mener les affaires de façon contre-économique.

« Des milliers de chefs d'entreprises ont été mis en prison pour violations présumées de la législation soviétique. Beaucoup de ces procès auraient paru quelque peu singuliers aux yeux d'un étranger. Le problème vient du fait que, dans un certain nombre de cas, même l'accusation n'a pas insisté pour dire que les défendeurs auraient touché au moins un sou. Ces accusés volaient, vendaient sur le marché parallèle et achetaient des biens volés, non pas pour faire fortune, mais simplement pour obtenir le matériel nécessaire pour leurs entreprises et pour leurs exploitations agricoles collectives. »[3]

1. *Ibid.*, p. 7.
2. *Ibid.*
3. *Ibid.*, p. 16.

Cette dernière déclaration, bien sûr, est dévastatrice. Si elle s'avère juste, la réalité du marché aura alors brisé la façade du communisme, comme les marxistes aiment le dire de manière objective. De plus, cette réalité perce dans les moindres détails.

« *Literatournaïa Gazeta, la Gazette littéraire russe, raconte l'histoire de deux responsables d'exploitations agricoles collectives, condamnés pour avoir acheté auprès de voleurs des biens volés. L'un des responsables avait acheté des tuyaux dont il avait désespérément besoin pour son hangar à équipages,et l'autre, des caisses pour ranger les pommes. Concrètement, aucun profit personnel n'a été réalisé dans les deux cas. Les deux responsables des exploitations agricoles collectives n'ont vraisemblablement pas eu la possibilité de se procurer des tuyaux et des caisses par les canaux d'approvisionnement traditionnels de l'État. L'un des deux responsables a demandé par la suite, en désespoir de cause : "Quel acte est le plus qualifié de criminel : celui de payer des milliers de roubles à des voleurs ou de perdre une récolte ?" Ça, c'est le véritable dilemme auquel il était confronté.* »[1]

Dans une confrontation entre les forces objectives du marché et les forces subjectives de l'idéologie étatique, les forces objectives sont aussi inexorables que les « forces de l'histoire » sont censées l'être pour un marxiste. « Il y avait une boucherie près d'un endroit où je vivais à Moscou. Pendant plusieurs années, cette boucherie était connue pour offrir une sélection de viandes exceptionnellement vaste. Mais tout d'un coup, les steaks, les gigots d'agneau et autres produits rares ont disparu. Les vendeurs ont rapporté qu'un vieux directeur, un Juif sans diplôme d'études secondaires, mais bien habitué aux règles non officielles du commerce soviétique, a été remplacé par une personne diplômée de l'Université russe d'économie Plekhanov. Le nouveau directeur a déclaré qu'il ne tolérerait aucune violation de la loi dans son établissement. Il a refusé de soudoyer les responsables de l'entrepôt du quartier, et par conséquent, les approvisionnements en viande ont été presque interrompus. Les vendeurs ne pouvaient plus gagner leur vie en prélevant des commissions sur les clients reconnaissants et pour qui ils mettaient de côté de bons morceaux de viande. Auparavant, ils partageaient leurs revenus souterrains avec l'ancien directeur, en lui fournissant ainsi des réserves indispensables d'argent liquide non enregistré. À présent, cette pratique n'existait plus. Mais, sans argent liquide disponible, le directeur ne pouvait plus payer les chauffeurs pour le déchargement de leurs camions et ces derniers refusaient de le faire

1. *Ibid.*, p. 17.

gratuitement. »

Le marché a donc réagi aux déclarations idéologiques de ce nouveau directeur.

« Les chauffeurs et les vendeurs, furieux des nouvelles réglementations, ont commencé à se plaindre au comité du parti du quartier. L'ancien directeur se chargeait facilement de ces accusations, se contentant de soudoyer les responsables du comité du quartier. Mais le nouveau directeur s'est retrouvé avec de véritables problèmes. De plus, sans approvisionnement en viande de bonne qualité, son établissement n'arrivait pas à respecter son programme. Tout le monde était sûr que le directeur allait bientôt être renvoyé. » Y a-t-il une fin heureuse à cette histoire ? « Cela ne s'est pas produit. Au contraire, les steaks, l'agneau, la perdrix sont revenus en vente dans cette boucherie. Nul besoin de demander comment cela était arrivé. Il est clair que le jeune économiste avait finalement appris les véritables règles du commerce soviétique, qui ne lui avaient pas été enseignées à l'Université Plekhanov. »[1]

Quelles sont les méthodes utilisées ?

La plus simple des études économiques nous informe que l'on a besoin de clients, de main-d'œuvre et de biens d'équipement. On peut utiliser sa propre main-d'œuvre, prendre des biens disponibles (par exemple dans l'usine où l'on travaille soi-disant) et trouver des clients parmi les passants, les proches ou les amis. C'est ce qui se fait dans les pays de l'Union soviétique, comme partout ailleurs. Mais les cas les plus intéressants, qui attestent de l'activité de la contre-économie à grande échelle, ont besoin de réseaux de distribution, d'ouvriers engagés et d'échanges avec des tiers pour des biens d'équipement (ou de production). Quelles sont les méthodes utilisées aujourd'hui en Russie ?

On peut acheter une entreprise existante, mais même cela n'est pas simple « lorsque les "propriétaires-vendeurs" n'ont aucun droit en vertu de la loi ».[2] En réalité, on achète un réseau de relations et la confiance de ces contre-économistes. Mais cela ne peut être fait qu'en faisant bien le choix d'accepter de prendre raisonnablement des risques, et c'est d'ailleurs ce qui est fait.

« L'acheteur potentiel n'a évidemment aucun moyen d'évaluer au préalable la production, les ventes ou les revenus potentiels de l'entreprise. L'achat et la vente d'entreprises souterraines ne peuvent donc réussir que

1. *Ibid.*, p. 18.

2. Simis, K. *op. cit.*, p. 40.

dans un climat de confiance totale entre toutes les parties et dans le respect des lois implicites de ce milieu. Dans ce climat, l'acheteur remet au vendeur, sans reçu et sans témoin, des dizaines (souvent des centaines) de milliers de roubles. Dans le cas où les parties ne se font pas confiance, l'argent est transféré à un tiers, en qui les deux mandants ont confiance, et qui ne le transmet au vendeur seulement lorsque toutes les conditions de la vente ont été remplies. »[1]

Ceux qui ont des connaissances, même superficielles, dans le domaine des affaires occidentales peuvent constater que, hormis le risque accru d'un État hostile, la méthode est similaire à celle pratiquée dans les pays occidentaux. En réalité, toutes les activités économiques peuvent être pratiquées de manière contre-économique lorsque les risques à prendre sont acceptables.

La fascination pour la contre-économie, au-delà de sa nature qui la rend plus libre que les entreprises agréées, réglementées et contrôlées, provient de la modification des pratiques commerciales standards, quelles qu'elles soient, car elles évoluent dans le temps et dans l'espace. Comme nous l'avons vu et comme nous le verrons plus tard, il est tout à fait possible que les modifications visant à réduire ces risques, voire la fraude pure et simple, soient moins coûteuses (beaucoup moins coûteuses) que la soumission aux règles et le respect de ces règles. Les conséquences de cette situation seront abordées à la fin du livre.

Il est difficile de pénétrer dans les rouages internes des grandes entreprises contre-économiques. Les entreprises existantes n'ont que peu d'intérêts à « s'exposer », même dans les publications occidentales, qui après tout, sont facilement accessibles et sont scannées par le KGB, voire le DCMSP. Mais l'affaire Lazar Glazenberg révéla les rouages de cette opération de taille moyenne qui, bien que finalement brisée, avait fonctionné avec succès durant des années. Les frères Glazenberg, soit dit en passant, avaient même leur propre conseil d'administration.[2]

Voici en détail la manière dont ils procédaient, puisque nous en sommes à étayer nos arguments par les preuves :

« La position des responsables officiels des usines abritant les entreprises des Glazenberg était inhabituelle : ils n'exerçaient aucun contrôle sur la production et sur les activités économiques de leurs entreprises, ce contrôle étant réalisé par les Glazenberg ou par les directeurs qu'ils désignaient.

1. *Ibid.*, p. 41.
2. *Ibid.*

Le rôle des directeurs officiels était purement décoratif et se résumait à faire la liaison entre les organes du parti et de l'État. Par l'intermédiaire d'agents de confiance, les Glazenberg leur versaient normalement 500 à 1000 roubles par mois, selon la taille de leur entreprise et selon l'utilité du directeur. Une de leurs opérations a été menée sous le couvert de l'entreprise Fisherman-Sportsman Sporting Goods à Moscou, et le directeur de cette entreprise était payé 1500 roubles par mois, car il détenait le titre honorifique de héros de l'Union soviétique. »[1]

Voilà pour ce qui est des « patrons ». Qu'en est-il de la classe ouvrière ? « Il est évident qu'obtenir la complicité de nombreux cols bleus est également nécessaire dans la production de biens illicites. Il est presque impossible de recruter toute une main-d'œuvre en se basant uniquement sur une confiance totale des employés, mais les Glazenberg ont mis au point un système générant ses propres primes. Les ouvriers savaient parfaitement que les marchandises étaient produites de manière non déclarée, mais ils n'étaient intéressés que par la rémunération supplémentaire pour effectuer cette production illicite, plus élevée que les taux officiels et non soumis à l'impôt. »[2]

Et à propos des biens d'équipement nécessaires ? « Les frères Glazenberg ont coopéré avec d'autres entreprises souterraines : les fermoirs pour sacs à main, les boutons pour les vestes en cuir et les étiquettes ont tous été fabriqués dans des entreprises clandestines dans les villes Moscou, Vilnius et Riga. Mais la principale source de matériaux (en revanche ici les techniques des Glazenberg n'étaient pas différentes de celles des autres entreprises clandestines) était l'usine elle-même : elle utilisait des matériaux récupérés dans ce que l'usine recevait pour sa production officielle, c'est-à-dire des matériaux volés à l'État. »[3]

L'État soviétique était particulièrement intéressé par ce vol présumé, car après tout, il utilise des moyens étonnamment similaires, d'un point de vue moral, pour acquérir ces biens en premier lieu (comme tous les États le font). Nous pouvons remercier le procureur consciencieux pour le reste des informations que nous possédons.

« C'est la quantité de marchandises non déclarées produites à partir de ces matériaux "récupérés" qui a provoqué les principales disputes entre l'accusation et la défense pendant le procès. Ce point à aborder était es-

1. *Ibid.*
2. *Ibid.*
3. *Ibid.*

sentiel pour les défendeurs, car la quantité de matériaux récupérés pour la production illicite allait déterminer la sévérité de la sentence prononcée à leur encontre, allant de 15 ans de prison à la peine de mort.

« L'accusation a pu prouver que des réserves étaient préparées à l'avance pour produire secrètement des excédents de matériaux. Lors des étapes de planification de la production d'un nouveau produit, les Glazenberg négociaient avec les personnes des laboratoires ou des instituts chargées de fixer les normes de l'usine quant aux nouveaux matériaux nécessaires ainsi qu'aux taux de gaspillage. En échange d'importants pots-de-vin, ces techniciens gonflaient délibérément les normes d'utilisation et les taux de gaspillage, permettant ainsi de créer d'énormes excédents pour la fabrication de marchandises non déclarées.

« D'autres sortes d'économies secrètes ont été réalisées au cours du processus de fabrication. Des experts ont témoigné au tribunal qu'ils avaient mesuré des manteaux et des vestes légalement fabriqués à l'usine, mais que les mesures ne correspondaient pas aux tailles indiquées sur les étiquettes, car les coupeurs industriels avaient réduit la taille de chaque patron. Les chimistes ont témoigné qu'ils avaient analysé le cuir synthétique qui avait été produit légalement par l'usine des Glazenberg : les quantités de colorants et d'autres composants étaient inférieures aux spécifications officielles. »[1]

Finalement, attardons-nous encore un peu sur l'affaire des Glazenberg et passons à la résolution d'un dernier problème crucial : la distribution.

« On pourrait penser que dans une nation comme l'Union soviétique, où le commerce tant au niveau de la vente en gros que celle de détail est un monopole d'État, la commercialisation à grande échelle de marchandises illégales ne serait tout simplement pas possible. Les Glazenberg ont cependant prouvé le contraire. Lorsque les frères ont commencé à travailler et que leur seul produit était les sacs de provisions, il était facile de résoudre le problème de la vente de sacs illégaux. Les employeurs des magasins qui vendaient les produits provenant de cette usine étaient tout à fait disposés à accepter de vendre une certaine quantité de sacs produits illégalement. Un tiers des recettes était destiné aux employés du magasin, deux tiers aux Glazenberg.

« Au fur et à mesure que l'entreprise se développait et que la gamme de ses produits s'élargissait, les points de vente des Glazenberg devaient aussi se

1. *Ibid.*, pp. 41-42.

multiplier. Grâce à leurs amis et à leurs relations familiales, ils ont ajouté à leur réseau des magasins qui n'avaient jamais été approvisionnés avec la marchandise officielle de leur usine. Au fil du temps, même ce réseau de détaillants s'est avéré trop petit pour l'empire des Glazenberg. Une équipe spéciale de commercialisation a donc été créée pour parcourir le pays, et peu de temps après, pour organiser également des points de vente dans 64 villes et régions. »[1]

Les réactions contre la contre-économie

« Le régime soviétique ne peut guère se sentir à l'aise avec l'ampleur des activités du marché parallèle. Tout d'abord, un État totalitaire, de par sa nature même, ne peut apprécier aucune initiative venant de l'extérieur du système institutionnel. Il perçoit ces initiatives comme une menace envers le contrôle de son économie et de sa population. Un État totalitaire n'apprécie pas quand certains de ses citoyens deviennent, au moins en partie, financièrement indépendants du régime, c'est-à-dire à partir du moment où leur fortune ne dépend pas totalement de l'État. »[2]

La suppression des mots « soviétique » et « totalitaire » dans le paragraphe ci-dessus ne change rien à la situation. Aucun État n'apprécie que ses citoyens prennent des initiatives en dehors de son contrôle. Il faut commencer par revoir les chapitres un et deux pour le comprendre. Mais ce qui est important ici, c'est l'impuissance de l'État face à l'activité contre-économique et la puissance des individus. Il ne s'agit pas seulement du « pouvoir au peuple » mais du pouvoir de chaque individu.

De plus, l'expression la plus totalitaire du collectivisme ne peut l'anéantir. Pire encore, la contre-économie affaiblit, corrompt, brise et détruit finalement l'État. Outre le fait qu'elle conquiert les citoyens et restaure les « biens publics » (pillage fiscal) au « secteur privé », « le marché noir entraîne également de graves déformations économiques et interfère avec les plans économiques officiels. Du point de vue des agences économiques gouvernementales, les équipements et les fournitures qui sont obtenus sur le marché parallèle par certains directeurs débordant d'énergie, seraient plus nécessaires pour les autres entreprises et pour les autres firmes, et pourraient être utilisés plus efficacement par ces dernières. »[3] Or, ce « besoin » est jugé par les planificateurs au sein de l'État, mais le peuple s'est exprimé contre-économiquement pour affirmer que ce besoin (la de-

1. *Ibid.*, p. 42.
2. Simes, D. K. *op. cit.*, p. 21.
3. *Ibid.*

mande) est différent de celui de l'État soviétique et qu'il l'a emporté sur l'ensemble de cet État.

« Les considérations d'ordre moral sont également un facteur dans les cas abordés. Les activités souterraines et leurs opérations secrètes entraînent des conséquences psychologiques considérables sur les grands secteurs appartenant au peuple soviétique. Par ailleurs, l'entreprise privée est complètement en contradiction avec une idéologie communiste officielle. »[1] Le puissant État soviétique ne doit pas seulement endurer la contre-économie, mais aussi l'invasion de son territoire et de sa population par la contre-économie.

Bien pire! La gouvernance soviétique elle-même n'est pas exempte de toute souillure contre-économique. « Il est juste de dire que si les autorités sont fondamentalement opposées au marché parallèle, elles sont obligées de vivre avec, et parfois, elles n'hésitent pas à en avoir recours. »[2] Les deux journaux *Pravda* et *Literatournaïa Gazeta* rapportèrent que les autorités avaient ordonné à des sous-fifres de rechercher des idées qui sauveraient les apparences (ou autres) ainsi que des biens d'équipement dans la contre-économie. « Le journal *Literatournaïa Gazeta* parle de fonctionnaires qui font pression sur des responsables d'exploitations agricoles collectives pour qu'ils accèdent au marché parallèle. D'après ce même journal, ces fonctionnaires suggèrent aux responsables dont les exploitations sont à court de pièces détachées pour leurs machines agricoles de pêcher ces pièces "au fond de la mer", mais d'atteindre les objectifs. Ils promettent même à ces responsables de les soutenir financièrement en cas de problème avec la police. L'histoire rapportée par *Literatournaïa Gazeta* révèle également que les directeurs de travaux qui manquaient de clous ont été conseillés par leurs supérieurs de réaliser les projets quoi qu'il en coûte. »[3]

Il convient de souligner ici que ce n'est pas seulement la partie de la contre-économie que l'URSS considère comme illégale, ou plutôt même, les parties concernées de la contre-économie que les États-Unis autorisent, mais toute la contre-économie. L'agent Simes fournit un exemple frappant qui pourrait s'appliquer à la CIA[4] aux États-Unis, au deuxième bureau ou SDECE[5] en France et au MI6[6] au Royaume-Uni.

1. *Ibid.*
2. *Ibid.*, p. 22.
3. *Ibid.*, pp. 23-24.
4. « Central Intelligence Agency ». Agence de renseignements américaine.
5. « Service de documentation extérieure et de contre-espionnage ».
6. Service secret communément appelé MI6 (pour « Military Intelligence, section 6 »).

« La prostitution est illégale dans les pays de l'Union soviétique. Mais le KGB coopte de nombreuses prostituées qui traitent avec des étrangers, et les prostituées payées en devises étrangères reversent une partie de leurs gains dans la caisse du KGB. »[1] Le proxénète officiel du peuple ?

Il faut pourtant mettre l'accent sur le fait que le marché libre ne se développe pas parce que le gouvernement devient plus libéral (ou libertarien), mais au contraire, car les bravades contre-économiques du peuple forcent l'État à se retirer afin de s'accrocher au pouvoir qu'il lui reste. « D'une manière générale, ces dernières années, une certaine tolérance, voire une approbation, s'est développée dans l'Union soviétique et à l'égard de certains types d'activités du marché parallèle. »[2] Bientôt, nous entendrons parler d'*Izvestia* qui sera favorablement à l'écoute des contre-économistes et de Léonid Brejnev[3] qui demandera l'abrogation des lois économiques.

« Dans l'introduction d'un éditorial de l'*Izvestia* et relatif à un article à propos de deux ingénieurs qui ont eu des ennuis avec les autorités précisément pour de telles actions illégales, les éditorialistes éprouvent évidemment de la pitié pour les personnes qui ont été forcées d'enfreindre la loi afin d'effectuer correctement "leur travail important". L'article et l'éditorial, ainsi que de nombreuses autres déclarations faites par des journalistes et des fonctionnaires soviétiques, dont le secrétaire général Léonid Brejnev, appellent à supprimer des "limitations injustifiées et des réglementations mesquines" imposées à la gestion économique. »[4] Que dire de plus ?

L'échec retentissant de la contre-économie

Un autre problème et une autre question restent encore sans réponse concernant l'impressionnante contre-économie soviétique, mais les réponses seront fortement fondées sur l'analyse et l'étude de la contre-économie dans le reste du monde. Avant d'y répondre, il convient de souligner que seule une définition étroite de l'économie a été traitée jusqu'à présent et qu'une grande partie de la contre-économie soviétique, soit les intellectuels « clandestins » ou les célèbres « dissidents » dans tous les arts et sciences humaines, a été lésée dans ces écrits.

Pourtant, les médias occidentaux leur accordent beaucoup plus de couvertures médiatiques que les activités strictement commerciales, dont les

1. *Ibid.*, p. 24.
2. *Ibid.*
3. Homme d'État, membre du parti communiste de l'URSS.
4. Simis, K. *op. cit.*, p. 49.

seules sources qui sont pitoyablement peu nombreuses sont indiquées dans les notes de bas de page.

La contrebande et les réfugiés ont également un chapitre dédié à ces sujets. D'autres références à la richesse (contre-économiquement parlant) des sources d'informations et des exemples de pays sous le contrôle communiste se retrouveront ici et là dans les chapitres suivants, qui sont étudiés de manière catégorique plutôt que géographique. Les divisions géographiques sont, du moins en termes de contre-économie, en grande partie hors de propos. Au moins politiquement, les contre-économistes sont résolument, avec défiance, voire avec mépris, des individus venant des quatre coins du monde.

Le problème qui a été relevé est le suivant: que font les riches contre-économistes avec leur richesse? Il y a deux réponses à cela, mais la seconde répond aussi à la question qui reste à poser, à savoir :pourquoi la contre-économie ne devient-elle pas l'économie dominante?

Premièrement, les contre-économistes orientaux les plus riches peuvent parfois partir avec leur argent et profiter des lieux de plaisance dans le reste du monde. Même la Russie possède des zones semblables à la Riviera méditerranéenne, près de la mer Noire, mais l'ostentation dans ces zones russes nécessite d'être expliquée aux fonctionnaires. Il est vrai, et plus souvent qu'on ne le pense, que faire fortune et la réinvestir pour en faire encore plus est une fin en soi très appréciée. Le personnage de James Garner, dans le film *The Wheeler Dealers* sorti en 1963, le décrit ainsi: « gagner de l'argent est juste une façon de compter les points » et cela est exprimé dans un Texas relativement libre et ouvert. Malgré cela, les millionnaires de l'ouest sont bien connus pour dissimuler leur richesse: Jean P. Getty, Howard R. Hughes, Fred C. Koch et d'autres réticents sont aussi ordinaires que les ostentations de William R. Hearst, Haroldson L. Hunt et Armand Hammer. L'Européen de l'Ouest qui est chargé officiellement de la confiscation des biens ne possède qu'une laisse un peu plus courte que son collège de l'Europe de l'Est.

Pourtant, en « Brejnevie »[1], dépenser tout son argent, c'est l'enfer. « Le principal objectif du millionnaire souterrain n'est pas de dépenser de l'argent, mais de le dissimuler. »[2] La Géorgie, patrie de Staline et des classes privilégiées, n'est pas si mal comme pays. Mais la différence entre ces deux

1. Nom d'État fictif faisant référence au pays de L. Brejnev, sous-entendu l'Union soviétique.

2. *Ibid.*

pays est énorme : le mode de vie du millionnaire souterrain à Moscou ou à Odessa, par exemple, est très différent de celui de son homologue en Géorgie.

« Un de mes clients géorgiens, Golidze, qui a été jugé par la Cour suprême de Géorgie, possédait librement et légalement deux magnifiques maisons. Ses deux maisons avaient été luxueusement aménagées avec des antiquités achetées auprès de trafiquants à Moscou et à Saint-Pétersbourg. Lors d'une perquisition, les autorités ont confisqué les bijoux de sa femme ainsi que 45 000 roubles en liquide, qui traînaient là pour couvrir ses dépenses quotidiennes, comme me l'a expliqué Golidze. »[1]

Les choses sont donc plus difficiles dans les autres pays des « terres rouges »[2] ? « Le mode de vie géorgien n'est pas du tout apprécié par les millionnaires souterrains de Moscou, d'Ukraine et des pays baltes. Abandonner l'appartement commun acheté et enregistré sous son propre nom dans lequel il peut profiter de la nourriture chère sans avoir à la cacher aux voisins… ou acheter une modeste datcha et l'enregistrer sous le nom d'un membre de sa famille… ou faire un voyage dans un hôtel bulgare au bord de la mer Noire… Toutes ces choses font partie de l'étendue des plaisirs qu'un millionnaire de l'ancienne génération peut oser se permettre. Son loisir principal est de se réunir avec des collègues masculins pour sortir en privé, et de satisfaire l'éternel besoin masculin de s'amuser un peu en dehors du cercle familial en se rendant dans plusieurs salons tenus par des femmes ayant des relations sociales ou professionnelles avec le milieu souterrain. L'attrait de ces salons réside dans les jeux d'argent plutôt que dans le sexe. »[3]

On peut facilement voir que le fait d'offrir du divertissement aux contre-économistes les plus riches et qui aiment s'amuser constitue en soi, et logiquement, une entreprise contre-économique. « Dans les années 1960 et 1970, le salon d'une certaine Elizabeth Mirkien a joui d'une grande popularité à Moscou. Son mari avait été employé par l'une des plus grandes entreprises clandestines et purgeait à l'époque une peine de prison. Dans l'esprit des lois implicites du milieu, les partenaires du mari fournissaient à Elizabeth une somme d'argent assez convenable chaque mois, mais elle tirait également un revenu grâce au salon qu'elle tenait au sein de son petit appartement à deux pièces. Les hommes d'affaires d'âge

1. *Ibid.*
2. La couleur rouge fait référence aux pays communistes.
3. *Ibid.*

moyen aimaient s'y réunir. Tout était à leur goût : la chef de la maison elle-même, une belle dame très aimable, d'excellents repas et, surtout, les tables de jeu et la roulette. Les enjeux étaient très élevés, car les jeux de hasard occupent une place très importante dans la vie d'un homme d'affaires riche soviétique agissant dans l'illégalité. Ce n'est qu'à la table de jeu ou à la roulette dans une maison comme celle d'Elizabeth qu'ils peuvent risquer de perdre énormément d'argent, ressentir l'euphorie de dépenser sans compter et se sentir riches. »[1] Et pourtant, sauf en terme quantitatif, cette attitude est-elle différente de celle que l'on retrouve à Monte-Carlo ou à Las Vegas ?

Pourquoi la contre-économie ne devient-elle pas l'économie dominante ? Le seul échec de la contre-économie jusqu'à présent se situe au niveau mental, spirituel et psychologique, c'est-à-dire le niveau abstrait. Comme nous le verrons, les scientifiques et les ingénieurs dans le domaine de l'abstrait, ou les intellectuels n'ont pas réussi jusque-là à analyser et à justifier la contre-économie. Ainsi, les contre-économistes opèrent sous un poids mort d'une culpabilité non méritée. L'effort visant à changer cette situation pour donner à la contre-économie une philosophie complète et justifiée (l'agorisme) ne fait que commencer.[2]

Néanmoins, la culpabilité et l'auto-inhibition restent évidentes en Russie comme en Occident.

« Les millionnaires de la vieille génération, au-delà de ces plaisirs de riches, essaient de protéger leurs enfants des risques du monde souterrain et de faire en sorte qu'ils deviennent des universitaires, des médecins ou des avocats. »[3] Autrement dit, il faut transformer ces enfants en personnes respectueuses et les garder en dehors du monde souterrain. Cette pensée et l'incapacité à développer jusqu'à présent une source d'idéologie promarché constituent l'échec de la contre-économie.

Notre espoir pour l'avenir

Mais les enfants descendants, ceux de la deuxième génération de contre-économistes, montrent des signes de reconnaissance envers l'innovation et le courage de leurs ancêtres (plus que ces derniers ne l'ont pas fait) et pourraient eux-mêmes arriver à atteindre la libération. Leurs

1. Lire par exemple le roman de J. Neil Schulman, *Alongside Night* (publié en 1979 aux éditions Crown en livre relié et aux éditions Ace en livre de poche des éditions, en août 1982).

2. Simis, K. *op. cit.*, p. 47.

3. *Ibid.*

parents essaient de leur faire accepter l'idéologie communiste. « Malgré cela, de nombreux enfants (après avoir obtenu des diplômes universitaires, voire des doctorats) réaffirment la tradition familiale et entrent dans le commerce souterrain. Ces hommes d'affaires clandestins des deuxième et troisième générations ne sont pas satisfaits de la vie de leurs pères. Ils deviennent des habitués[1] des restaurants haut de gamme où les serveurs et les gérants les connaissent personnellement, les traitent comme des invités d'honneur, mais signalent leurs beuveries au DCMSP. Ils n'ont pas peur de miser de grosses sommes pour parier lors des courses, surveillées par les agents du DCMSP, ou d'acheter des voitures et des datchas dont le prix équivaut à vingt à trente ans de leurs revenus officiels. Ils visitent librement des hôtels en vogue, dépensant cinq ans de leur revenu officiel en seulement un mois de vacances. »[2]

Leur rébellion et leurs actions pour « se révéler au grand jour » ne constituent pas non plus une folie ou une bravade autodestructrice. Depuis qu'ils sont tout petits, ces nouveaux contre-économistes savent ce qu'ils font et leur ingéniosité dépasse celle de leurs professeurs.

« Cela ne veut pas dire que la jeune génération d'hommes d'affaires souterrains sont des fous prêts à échanger une année de vie extrêmement luxueuse contre de nombreuses années de vie dans les camps de prisonniers. Ils essaient tous de se préparer à justifier leurs dépenses en invoquant une sorte de revenu légal. Un exemple typique est l'achat d'un ticket de loterie ou d'une obligation de prêt garanti par le gouvernement avec un gros gain en jeu. Les plus grands des jeunes hommes d'affaires gardent des agents rémunérés parmi les employés de banque qui persuadent les gagnants de venir récupérer leur argent, de vendre le billet gagnant pour deux à trois fois le montant du gain. Mais la protection principale de la jeune génération pour assurer leur vie reste la corruption des agents du DCMSP, à laquelle ils surpassent même leurs parents. »[3]

Lorsque chacun sera lié par intérêt à ses collègues contre-économistes, en tout ou en partie, que ce soit en Russie ou ailleurs dans le monde, et que chacun en aura pleinement conscience, alors la contre-économie triomphera inéluctablement. La base se situe là : « Selon l'hebdomadaire de l'Union des écrivains soviétiques, *Literatournaïa Gazeta*, pendant une année seulement, les occupants des nouveaux appartements de Moscou

1. Terme français qui apparaît dans le texte original.
2. *Ibid.*
3. Simes, D. K., *op. cit.*, p. 1, note de bas de page 1.

ont payé dix millions de roubles à des ouvriers qualifiés et privés pour effectuer "des rénovations supplémentaires dans leurs appartements". »[1]

Eux et nous

La confirmation de cette situation dans l'Union soviétique provient d'une source d'information de grande notoriété, ici un correspondant russe du *New York Times,* Hedrick Smith, qui a remarqué que« la corruption et les entreprises privées illégales en Russie, le "capitalisme insidieux", comme certains Russes l'appellent ironiquement, sont le résultat de la nature même de l'économie soviétique et de son rendement: pénuries, marchandises de mauvaise qualité, mauvaises prestations de services. Elles constituent plus qu'un marché noir, comme les Occidentaux ont l'habitude de le penser, car parallèlement à l'économie officielle, il existe toute une contre-économie florissante qui gère un énorme volume de commerce caché ou semi-caché, indispensable aux institutions comme aux individus. Pratiquement tout objet ou tout service peut être obtenu *nalevo*[2], qu'il s'agisse de louer une maison de vacances à la campagne, d'acheter un imperméable ou une bonne paire de chaussures dans un magasin appartenant à l'État, d'avoir une robe élégante faite par une bonne couturière, de transporter un canapé à travers la ville, de faire réparer la plomberie ou de faire installer une isolation sonore pour la porte de son appartement, de se faire soigner par un bon dentiste, d'envoyer vos enfants dans une garderie privée, organiser une consultation à domicile avec un excellent chirurgien, de construire des bâtiments ou de poser des tuyaux dans une exploitation agricole collective. »[3]

Comme nous l'avons vu dans les deux premiers chapitres, les Occidentaux s'habituent rapidement à penser que la contre-économie va gagner en ampleur. Toutes les sources mentionnées dans ce chapitre véhiculent ce sentiment de différence (et qui est valable), mais en impliquant un sentiment de différence au niveau qualitatif plutôt que quantitatif. « Mis

1. Smith, H. (1977), « The Russians », New York: Ballantine Books, pp. 112-113. Le chapitre trois est entièrement consacré à la contre-économie en Russie, et Smith est la première personne après moi à utiliser le terme « contre-économique », bien qu'il n'utilise pas les termes « contre-économie » ou « contre-économiste ». Une discussion avec lui a révélé qu'il n'était pas au courant que j'utilisais ces termes bien avant, et ce depuis février 1974 (c'est-à-dire depuis ma conférence devant un auditoire lors du Forum du libre marché en Californie, et par la suite, dans des centaines de publications libertariennes). Je vous recommande, bien sûr, de lire son livre.

2. *Nalevo* signifie « clandestinement », mais se traduit par les expressions « en douce » ou « sous le manteau ».

3. *Ibid.*, p. 132.

à part ces cas sensationnels d'abus d'autorité, seule une petite partie des opérations de la contre-économie soviétique serait considérée comme criminelle en Occident. Il est certain qu'il existe, dans l'Union soviétique, des escrocs, des petits réseaux de vol de voitures, des prostituées, des trafiquants de stupéfiants, des braqueurs de banques, et quelques rares fois, une bande d'extorqueurs se faisant passer pour des agents de police munis d'uniformes, de menottes et de documents, s'attaquant à des innocents. En d'autres termes, des délinquants qui seraient considérés comme des criminels n'importe où ailleurs. » Il faut également ajouter cette liste dans la contre-économie même. La liste de Smith représente le marché rouge de la violence et de la coercition, et non le marché noir pacifique qui fraude l'État.

Il poursuit : « Mais une grande partie de l'activité privée sur le marché noir ne serait pas illégale si le communisme soviétique autorisait le type de petit secteur commercial privé qui existe légalement sous les types de communisme hongrois, polonais ou est-allemand. »[1]

Une telle naïveté est intéressante à observer pour les nombreuses choses qu'elle nous révèle. S'il est vrai que libérer une partie de l'action humaine, comme cela se fait dans les autres pays d'Europe de l'Est, réduirait légèrement la contre-économie, Smith semble ignorer l'étendue de son ampleur dans ce pays-là, mais également l'étendue de son ampleur à New York, sa ville natale. C'est parce que New York est plus réglementée que le reste des États-Unis à bien des égards (licences de taxi ou taux d'imposition plus élevés par exemple), qu'elle grouille de taxis sans licence et de vendeurs de nourriture sans licence, de menuisiers et de déménageurs non syndiqués, de contrebandiers de tabac ou de cigarettes, et des trafiquants de toutes les substances illicites et de toutes reproductions interdites (allant des programmes informatiques aux disques). Peut-être que, comme la nouvelle classe des aristocrates communistes qu'il dépeint dans les banlieues fermées dans lesquelles elle vit, c'est-à-dire loin de la population moscovite souffrante, Smith appartient à une classe qui évite ce genre de contact avec la rue.[2]

Smith perçoit bien, au moins vaguement, les possibilités d'une révolution. « Mais le régime est confronté à un dilemme, comme me l'a fait

1. Alors que Smith vivait en Russie, l'auteur a vécu dans l'East Village de New York dans une cité d'appartements de contre-économistes purs et durs, et a travaillé de façon contre-économique avec des étrangers illégaux néo-zélandais et australiens, pendant la période de 1972 et 1975.

2. Smith, *op. cit.*, p. 133.

remarquer un Russe, et comme beaucoup d'autres l'ont aussi confirmé : "Toutes les personnes qui sont dans le commerce de détail soviétique sont des voleurs et on ne peut pas tous les mettre en prison." » Et pourtant, il confond réforme et révolution vers la fin de ses idées. Il argumente que : « Le Parti sait que les gens qui courent après des marchandises illégales dans la contre-économie ne se soucient pas des réformes. De plus, tant que le public considère la contre-économie comme une réalité nécessaire et souhaitable, il y aura peu d'espoir que les individus collaborent tous ensemble pour qu'elle soit strictement appliquée. »[1]

La résolution dans l'esprit russe (et occidental) de cette dichotomie pourrait bien mettre fin à l'étatisme en faveur d'une contre-économie totale. Bien sûr, elle deviendrait alors l'économie même, sous forme de libre marché. Smith a une anecdote qui illustre bien la confusion entre l'efficacité économique combinée à la liberté, et l'inhumanité antisociale.

« Un expert scientifique et médical qui a émigré en Amérique en 1974 après avoir travaillé dans l'un des principaux instituts médicaux de Moscou a fait l'éloge des médecins russes en les qualifiant de "plus humains" que les médecins privés à but lucratif en Amérique, et a approuvé le concept de médecine socialisée : "Mais vous ne pouvez pas imaginer à quel point la qualité générale des services médicaux est médiocre", a-t-il déclaré. "À Riazan (une ville de 400 000 habitants), là où j'ai grandi, ils sont très mal équipés. Il leur manquait des choses très élémentaires, comme des médicaments par exemple. Le niveau de qualification des médecins est beaucoup plus faible qu'à Moscou. Mais le problème le plus grave relevant du système, c'est la mauvaise organisation et le mauvais service du personnel infirmier. Les infirmiers pratiquent extrêmement mal les techniques de stérilisation. Après les opérations, même dans notre institut qui est l'un des meilleurs, nous avons eu beaucoup de cas de septicémies, de plaies purulentes, d'infections et de suppurations. Les infirmiers n'étaient pas assez propres. Ils commettaient des erreurs lors des opérations. Le directeur de notre institut devenait furieux parce qu'il réalisait de belles opérations, mais par la suite, il y avait ces infections. Voyez-vous, il arrive souvent que le personnel de niveau moyen ne reçoive pas un bon salaire, en plus du fait que le personnel ne soit ni fiable ni compétent. Une fois, j'étais à Kharkov et j'ai dû être opéré pour une appendicite dans un hôpital ordinaire de quartier. C'était encore plus sale que ce que vous pourriez imaginer. Les draps étaient gris à cause de l'usure. Les vêtements des employés de

1. *Ibid.*, pp. 94-95

l'hôpital n'étaient pas assez propres. Ils ont pris grand soin de moi, car je venais de cet institut renommé de Moscou. J'ai quand même attrapé une infection, tout comme d'autres personnes. J'ai vu un homme mourir devant mes yeux à la suite d'une opération de l'appendice et à cause de ce problème sanitaire." »[1]

C'est l'économie « terrestre »[2] de la région qui est la plus étatiste du monde. Il n'est donc pas étonnant que les gens cherchent des marchands de nature froide, à la recherche de profits, et qui réalisent un travail d'opérations propres, précises et où tout est aseptisé, dans ce marché de masse à petit prix. Et si l'on interdit à ces gens ce type de marché, ils chercheront alors des marchands au noir qui le feront à un tarif plus élevé, mais qui donneront au client ce qu'il désire. Dimitri Simes déclare que« le marché parallèle est un élément essentiel du mode de vie soviétique. Et seules des réformes économiques et sociales fondamentales peuvent le faire disparaître ».[3] Mais peuvent-elles être suffisamment fondamentales au point que l'État s'abolisse lui-même ?

Les forces du marché, qui écrasent les forces religieusement marxistes de l'histoire, ne laissent peut-être pas le choix. Bien que Konstantin Simis laisse entendre que la corruption (c'est-à-dire faire appliquer la contre-économie aux étatistes) peut être évitée, la conclusion qu'il donne en réponse parle d'elle-même : « Il apparaît ensuite une dernière absurdité assez révélatrice. Évidemment, l'État soviétique et la structure entière de l'entreprise souterraine se sont engagés l'un contre l'autre dans un conflit total et dans un désaccord absolu. Pourtant, ces adversaires sont étrangement liés, et ce, par la corruption. Il ne pourrait y avoir aucun vaste dédale d'entreprises anarchiques (ne durant même pas un an, ni même un mois) sans la complicité et sans la vénalité du système soviétique chargé de faire respecter les lois contre la criminalité économique. Cette criminalité légale est omniprésente, de la plus petite autorité à la plus grande élite, et elle est un cancer qui ne touche pas seulement l'État, mais toute la société soviétique. C'est le prix à payer pour un système qui s'efforce d'étouffer les pulsions les plus fondamentales d'obtenir la liberté individuelle. »

Ce système ne relève pas du régime soviétique, ni même du communisme, mais de l'étatisme. Il est réellement présent et se développe en Amérique

1. Simes, D. K., *op. cit.*, p. 25.

2. NDÉ : ici, est appelée économie « terrestre » (« overground economy », en anglais) par opposition à l'économie « souterraine » (« underground economy », en anglais).

3. Simis, K. *op. cit.*, p. 50.

du Nord. Dans les quelques chapitres suivants, nous verrons comment les Nord-Américains, mais aussi de temps en temps les autres pays du monde, font face à un monde de bureaucratie et de *nalevo,* c'est-à-dire de pillage légal et de production illégale. Nous examinerons d'abord le plus grand réseau de petits entrepreneurs issus de la contre-économie, en d'autres termes le marché de la drogue sous tous ses aspects ainsi que les définitions de ce qu'il faut entendre par drogues, avant d'aborder le plus grand problème de la contre-économie à l'est comme à l'ouest du monde : l'argent et le contrôle de cet argent ainsi que les ravages provoqués par l'inflation.

4. Le marché contre-économique de la drogue

Pour beaucoup, il existe un lien fort entre les drogues illicites et le marché noir. L'existence de l'économie parallèle liée à la consommation, à la production, à la culture, au réseau de distribution, au financement, au transport et au commerce illégal de la drogue, et même de son utilisation comme monnaie alternative, a été démontrée dans la presse populaire du journal *High Times* au *New York Times*.

Plutôt que de rendre la compréhension de l'économie parallèle du marché de la drogue plus facile à transmettre pour l'auteur, les idées préconçues et les préjugés impliqués ici en font le chapitre le plus sensible du livre. Il est néanmoins préférable d'aborder la question de manière directe et immédiate. Le problème ne vient pas des fonctionnements, souvent décrits de façon erronée, comme nous allons le voir, mais de la forte irrationalité des idées autour de ce sujet. La toxicomanie est un terme qui a fortement besoin d'être désintoxiqué.

La désaccoutumance aux drogues

Si nous discutions de la commercialisation de l'acide acétylsalicylique pour surpasser les prix de monopole du médicament *Bayer Aspirin*, cela ne toucherait que très peu de personnes. Peut-on abuser de l'aspirine ? Les experts médicaux suggèrent qu'un excès d'aspirine provoque une hémorragie digestive, il est donc possible d'en abuser. L'acide acétylsalicylique est un produit pharmaceutique, vendu dans des « pharmacies »[1]. Alors où est le « problème avec l'abus d'aspirine » ?

Penchons-nous sur l'exemple du tabac. Bien qu'il soit sévèrement contrôlé par la réglementation visant à interdire la publicité pour le tabac et taxé plus que tout autre produit, sa commercialisation reste « légale ». La nicotine, l'ingrédient actif le plus important dans le tabac, est située entre la caféine et le THC[2] en termes d'acceptation sociale, et s'avère être autant une « drogue » que ces autres substances. De nos jours, le tabac reste encore légal et il fait toujours débat.

1. Dans le texte original, l'accent est mis sur le terme « drug store » qui signifie « pharmacie » en anglais, car sa traduction littérale serait « magasin de drogues ».

2. Tétrahydrocannabinol aussi communément appelé le THC : molécule principale présente dans le cannabis.

Si la dernière étape vers l'interdiction des cigarettes et des pipes devait être franchie demain par exemple, cela déclencherait sans aucun doute une guerre civile en Amérique du Nord. Alors que les fumeurs en « prennent un coup », avec des sortes de critiques constantes de la part des médias et de petits harcèlements lors des soirées cocktails, tant qu'ils peuvent recevoir leur « dose », ils désobéiront de manière flagrante et massive à toute loi les empêchant d'en obtenir. Il ne faut pas oublier que, quel que soit leur sexe ou quelles que soient leurs origines, et en dehors des régions les plus pauvres du monde, une majorité de personnes (et pas seulement les adultes) fument du tabac.

Un pas sépare l'aspirine du tabac, et un autre de l'alcool. L'alcool était un peu moins populaire et un peu plus « fort » (et dangereux lorsqu'on en consomme excessivement), et connut même réellement sa prohibition[1].

La prohibition ne fut pas abolie par une réforme politique, une révolution organisée ou même par des manifestations de rue, bien que tous ces évènements s'étaient produits aux États-Unis dans les années 1920. Ce qui est presque unanimement reconnu, c'est qu'il était facile de trouver de l'alcool, et en abondance, à un prix peu différent du prix légal taxé, et le « cout » de l'entrée sur ce marché, en termes de risque supplémentaire, était si faible qu'on buvait souvent en toute impunité devant les sénateurs et même devant les shérifs.

L'échec de la prohibition dans sa capacité à interdire l'alcool a été la victoire la plus spectaculaire de la contre-économie aux États-Unis. Boire de l'alcool « avec modération » (peu importe lequel) est aujourd'hui presque totalement accepté.

Hélas, l'alcool fait partie du marché légal et reste fortement taxé, avec un taux qui se trouve juste derrière celui de la taxation du tabac.

Avançons un pas de plus dans le spectre des drogues, en passant à la marihuana. Le THC, du moins tel qu'il est utilisé dans la fabrication de « joints »[2] (par opposition à l'huile de cannabis) est moins fort que l'alcool. Pourtant, son niveau de popularité et d'acceptation lui est inférieur, c'est-à-dire que son utilisation n'est pas appréciée par une majorité de personnes dans les pays démocratiques. Il est donc illégal.

Le secteur de la contre-économie lié à la marihuana est si vaste qu'il touche presque chaque homme, chaque femme et chaque enfant en Amérique du

1. Période allant de 1920 à 1933, durant laquelle la fabrication, la vente et l'achat d'alcool ont été interdits aux États-Unis.

2. Terme familier désignant les cigarettes composées de cannabis.

Nord (et dans une grande partie du reste du monde). Cette affirmation sera étayée dans la section suivante, car un point différent est soulevé ici.

Montons d'un cran encore dans le spectre des drogues : qu'en est-il de l'arsenic et du cyanure ? Non seulement ces substances ne sont pas illégales, mais elles ne sont même pas contrôlées. Y a-t-il une drogue interdite qui puisse être aussi nocive et avoir aussi peu d'effets secondaires « salvateurs » ? Pourquoi le cyanure et l'arsenic ne sont-ils pas les drogues les plus réprimées de toutes ? Beaucoup de personnes en consomment. Mais vous ne trouverez presque jamais dans les journaux des informations telles que « Un nouveau cas de décès à l'arsenic a été découvert » ou « Les overdoses[1] de cyanure ». On parle généralement de suicide.

Quelle que soit la puissance et la « dangerosité » de l'héroïne, de l'opium, du LSD[2] ou des amphétamines (qui se situent tous entre l'alcool et l'arsenic selon les estimations de chacun), ils sont considérés comme des substances « spéciales » aux yeux d'une large partie de la société dont le poids politique s'avère considérable. S'agit-il donc d'une aversion puritaine pour le plaisir ? Qu'en est-il de l'interdiction du laetrile[3] (qui est encore sujet à débat au moment où je rédige ces lignes) ?

Les drogues ne sont pas un poison, sauf si elles sont utilisées dans cette optique. Elles ne sont pas un remède, sauf si elles sont utilisées dans cette optique. Elles ne sont pas source de plaisir, d'évasion ou de stimulation, sauf si elles sont utilisées pour cet usage. En bref, les composants chimiques n'ont aucun rapport avec un « problème de drogue » (la toxicomanie n'est pas un abus, mais un choix).

On peut parler d'un problème « religieux », dans le sens le plus large du terme. Choisir les mauvaises drogues (presque tout le monde en consomme quelques-unes, même si elles sont « douces » ou inoffensives), c'est exactement comme choisir la mauvaise religion il y a quelques siècles : vous êtes considéré comme un infidèle, un hérétique ou un païen, et vous serez pourchassé et persécuté. Mais vous recevrez aussi l'aide et l'amitié des autres personnes qui partagent vos convictions, et ils vous protégeront de vos persécuteurs.

Il existe une différence majeure entre les pratiques religieuses les plus courantes et la consommation de drogues : le commerce de biens matériels.

1. De l'anglais « overdose ». Litt. « surdose ».
2. De l'anglais « Lysergic acid diethylamide » : diéthylamide de l'acide lysergique.
3. Ce composé chimique naturel est célèbre pour être promu comme un remède contre le cancer, et souvent référencé comme vitamine B17.

Alors qu'il existe un gigantesque bizness de la religion, rendre illégaux les biens matériels n'entrave que très peu les croyants et renforce souvent leurs convictions.

Rendre illégales les drogues décourage quelques acheteurs occasionnels, mais endurcit tout aussi souvent les habitués et leur engagement. Existerait-il une contre-culture basée sur la marihuana ou sur le laetrile, et principalement de droite, si l'État n'avait pas supprimé leurs drogues de prédilection ?

Bien sûr, la frontière entre culture de la drogue et de la religion a été franchie à maintes reprises. Par exemple, les sectes indiennes et néo-indiennes hippies consommant du peyotl[1], les membres du mouvement rastafari consommant de la marihuana (ganja), et d'autres religions « acceptées » se servent du vin dans le cadre de leurs pratiques religieuses (mais qui ont été persécutées pendant la prohibition) ou ont des règles alimentaires et des restrictions diététiques (comme les juifs orthodoxes et les chrétiens fondamentalistes).

Le choix de la religion n'est plus, de manière très générale, et dans la plupart des pays, l'affaire de l'État. Du moins dans les pays occidentaux les plus avancés, le choix des drogues est de plus en plus perçu comme une question de conscience individuelle. Tant que ce point de vue ne prévaudra pas, le marché de la drogue restera le plus grand et l'unique secteur qui recrute et qui sensibilise à la contre-économie, à l'exception de l'évasion fiscale.[2]

La pyramide du capital économique de la drogue

Pour comprendre l'immensité de l'interconnexion du marché de la drogue, il faut introduire un concept important de l'économie afin d'écarter une idée fausse engendrée par la propagande de guerres des cartels de la drogue menée sur plusieurs niveaux et par différentes institutions de l'État. Cette dernière idée correspond au mythe de la mafia ou du « crime organisé »,tandis que le premier concept se rapporte à celui de la pyramide du capital économique. En un sens, l'un est l'image en miroir ou la déformation de l'autre.

1. Petit cactus aux propriétés hallucinogènes.

2. L'auteur (Samuel E. Konkin III) est particulièrement redevable au célèbre psychiatre, le Docteur Thomas Review pour avoir stimulé sa théorie de l'évolution, mais il reste maître de ses propres opinions. Pour ceux qui vérifient les intérêts en jeu, l'auteur avoue être un buveur mondain et un fumeur de pipe. Ce domaine est l'un de mes rares cas où la modération est de mise.

Le terme « crime organisé » est un terme qui en dit beaucoup sur ce sujet. Si vous et vos voisins travaillez ensemble pour lutter contre les impôts ou contre la traite bancaire, ou pour distribuer et consommer de la drogue (tout ce que l'État considère comme un crime), vous formez une « conspiration » ; c'est-à-dire qu'en ne travaillant pas seul, vous avez commis un crime supplémentaire. Vous êtes des criminels organisés et le gouvernement organisé (certains diraient plutôt, désorganisé) déteste encore plus cela. Le degré de formalité de cette organisation peut en effet être très faible. Vous ne connaissez peut-être même pas ceux avec qui vous faites affaire, mais vous pouvez simplement les rencontrer, effectuer des transactions et peut-être ensuite ne plus jamais les revoir.

Le marché organise spontanément l'offre et la demande, quelle que soit la marchandise. Les gens n'ont pas besoin d'ajouter des attaches, des penchants ou des soutiens à ces liens éphémères, mais, en tant qu'êtres humains, ils le font. Nous nous pencherons sur cette évolution de la conscience ou de la prise de conscience, plus loin dans ce chapitre. La construction de cette superstructure géante à travers de nombreuses frontières et dans les moindres détails de chaque voie sombre de l'agriculture, du traitement, de l'expédition, du raffinage, du commerce de gros et de la distribution, ne nécessite aucune conspiration à long terme ni organisation formelle telles qu'un syndicat ou la « mafia ».

Les gangsters, la mafia ou quel que soit leur nom, ne représentent pas le marché de la drogue ni même une partie de la contre-économie ; ils représentent plutôt un État dans l'État. Ils s'attaquent aux contre-économistes en collectant des « taxes de protection », en réglementant le commerce et en faisant la guerre. La Cosa Nostra, une mafia sicilienne, le Purple Gang, un gang criminel américain de contrebandiers, ou tout autre groupe, ne remplissent aucune fonction dans la contre-économie, si ce n'est celle d'agir comme un parasite, exactement comme le gouvernement le fait sur le marché. Dans certaines communautés et dans certains quartiers sous-développés, généralement issus d'une culture ethnique plus ancienne, de tels groupes sont tolérés, voire soutenus par des personnes terrorisées qui les considèrent comme de véritables protecteurs, tout comme ces gouvernements autoritaires sont acceptés par les populations des pays avec un taux d'instruction très bas. Pourtant, sur les marchés « sensibles » de la drogue des campus universitaires et de la Californie du Sud en particulier, de tels mafieux n'existent tout simplement pas.

Si le parrain ne dirige pas le marché noir, qui est-ce ou qu'est-ce qui le fait ? Plutôt que la Mano Nera sicilienne, le marché est dirigé (sans implication du gouvernement ou en dépit de ce dernier) par la « main invisible » d'Adam Smith.

Des personnes se rendent compte que les gens sont prêts à payer pour de la drogue et que le prix de cette drogue leur rapportera un bénéfice suffisant pour que le jeu en vaille la chandelle. D'autres se rendent compte que certains dealers sont prêts à payer cher pour une grande quantité de drogue, et qu'ils la diviseront pour la vendre au détail, tout en augmentant le prix pour que cela en vaille la peine. D'autres encore voient l'opportunité de monter un laboratoire de chimie pour raffiner les drogues et les livrer à quelques grossistes, mais bien d'autres voient le bénéfice dans la contrebande de drogues à quelques fabricants de drogue. Et d'autres personnes encore y voient l'intérêt d'approvisionner les contrebandiers de leur pays d'origine avec des récoltes des agriculteurs de leur région qui sont en quête de quelques dollars, de quelques pesos ou d'un peu de beuverie. Les agriculteurs, eux, y voient l'intérêt de frauder ou d'acheter les fonctionnaires du gouvernement pour produire un petit peu plus de récoltes qui sont interdites.

Cette structure de marché « verticale » (partant des niveaux de producteurs jusqu'à la base de consommateurs) a été découverte, en tant que concept économique, par Eugen von Böhm-Bawerk, le plus grand économiste autrichien après Ludwig von Mises, et a été nommée la « pyramide du capital économique ». Selon l'une des théories de Böhm-Bawerk, plus le marché est « progressif », plus la pyramide s'élève, c'est-à-dire que la base se rétrécit et que la hauteur de la pointe augmente tout comme le nombre de niveaux à l'intérieur. De plus en plus de richesses sont transférées aux premiers stades de la production, mais le produit final est de meilleure qualité et/ou à moindre prix. La pyramide du capital économique du marché de la drogue rivalise avec celle de la production de navettes spatiales, et elle continue de se développer, en faisant face à une véritable armée d'agents gouvernementaux, armés jusqu'aux dents et faisant feu.[1]

Si quelque chose peut prouver la nature imparable de la contre-économie, c'est bien le triomphe de la pyramide du capital économique du marché de la drogue face à la puissance armée de l'État. En voici donc quelques preuves.

La Seconde Guerre mondiale… contre la drogue

1. Böhm-Bawerk, E. V. (1890) *Capital and Interest*. New York : Macmillan & Co. Nous verrons d'autres auteurs autrichiens tout au long de notre livre.

Il a été dit que si l'homme ne veut pas retenir les leçons de l'histoire, il est condamné à la revivre. Les deux Guerres mondiales ne nous ont peut-être pas encore guéri d'autres guerres mondiales, mais au moins, le temps écoulé entre ces deux guerres a duré plus longtemps. Dans les années 1920, les États-Unis imposèrent une prohibition de l'alcool éthylique sous toutes ses formes alors même que diverses provinces du Canada abrogeaient des interdictions locales, qui étaient considérées comme un échec. En 1933, la Première Guerre mondiale (qui se déroula au-delà des frontières et en haute mer) contre le « Démon de l'alcool »[1] se termina par une capitulation et une abrogation de la prohibition. Peu de temps après,dans tous les pays, les États accélérèrent le processus de la répression sur des milliers d'autres produits chimiques ingérés par les individus pour le plaisir, pour s'évader de la vie réelle ou pour se stimuler, mais cela laissa visiblement les États dans l'impasse. Puis vinrent les années 1960 avec les nouvelles idées philosophiques et l'essor des drogues psychédéliques. Une nouvelle guerre contre le LSD, le peyotl et le STP[2] fut déclarée par l'État, et l'ancienne guerre contre le cannabis sativa, contre les amphétamines et contre les psychotropes (qui sont des « stimulants » et des « tranquillisants ») redoubla de violence.

La « guerre » ne représente pas ici une métaphore. « Les garde-côtes américains rapportent qu'à deux reprises au cours de ces derniers mois, des canonnières américaines ont été forcées de faire feu directement sur la coque de navires transportant de la marihuana. Les responsables des garde-côtes affirment que c'est la première fois depuis la prohibition (qui remonte à peu près à 50 ans) que les bateaux de contrebande ont effectivement été touché par des tirs provenant des navires des garde-côtes au cours d'une arrestation.

« Le commandant John Hayes déclare que jusqu'à ces deux derniers incidents, les saisies en mer nécessitaient, au maximum, un ou deux coups de feu d'avertissement tirés depuis la proue pour obliger un navire à se rendre. Aucun des deux incidents impliquant des coups de feu n'a fait de blessés. Selon John Hayes, de plus en plus de navires tentent de distancer les garde-côtes, car la marihuana est devenue une large affaire économique, avec des cargaisons valant des millions de dollars chacune. Les garde-côtes estiment que 6 à 8 milliards de dollars de marihuana illicite ont été introduits aux États-Unis grâce à la contrebande par des navires

1. En anglais : « Demon Booze ».
2. De « Sérénité-Tranquillité-Paix ». Drogue hallucinogène psychédélique.

l'année dernière. »[1]

Les États-Unis, en grande partie par l'intermédiaire de l'« agence administrative du maintien des lois contre la drogue »[2], ont ouvert des fronts militaires dans toute l'Amérique Centrale et du Sud, aux deux extrémités du continent asiatique et en Europe occidentale : c'est une véritable guerre mondiale. Pourtant, la « culture locale » reste la plus grande source de matière première pour la fabrication de drogues, comme le révélera notre étude sur la Californie et sur Hawaï. Le trafic de drogue n'a rien d'étranger ou de clandestin, mais le marché est bel et bien international.

L'agence de presse américaine *United Press International* décrit la Colombie comme un « empire de la marihuana ». La ville de Ríohacha « est la capitale du département de La Guajira et le centre de la plus grande industrie illégale de Colombie, dans laquelle se cultive et s'effectue le trafic de marihuana aux États-Unis. C'est également un avant-poste clé dans la bataille du gouvernement visant à réduire le trafic de drogue qui menace d'éclipser toutes les activités légitimes du pays. »[3]

Quelle peut être la taille de cet unique secteur au sein de sa contre-économie ? « Les estimations du commerce total de la drogue en Colombie varient, mais on estime généralement qu'il représente environ 2 milliards de dollars par an. Une bonne partie de la marihuana tombe entre les mains de dealers internationaux basés aux États-Unis. »[4]

La Colombie est également un centre de distribution et de traitement de différentes drogues provenant de différents pays, et elle détient également l'une des plus importantes mains-d'œuvre de la contre-économie. « La Colombie est également l'un des pays où la cocaïne en provenance du Pérou et de la Bolivie est traitée pour être expédiée aux États-Unis, principalement par des gangs qui opèrent depuis les villes de Medellín et de Cali. Cependant, la poudre blanche représente en dollars moins de la moitié de la valeur du commerce de la marihuana et implique donc une main-d'œuvre beaucoup moins importante que les 150 000 personnes impliquées dans le trafic d'"herbe". »[5]

Pour vraiment se faire une idée de l'ampleur de ce secteur particulier, il

1. « La guerre de la contrebande de marihuana enflamme la haute mer », (5 janvier 1981), *Zodiac News Service*.

2. En anglais : la DEA, « Drug Enforcement Administration ».

3. McReynolds, M. (7 septembre 1981), « Lutte contre le trafic : la région côtière de la Colombie est un empire de la marihuana », *Los Angeles Times*, p. IA-10.

4. *Ibid.*

5. *Ibid.*

faut assimiler la description faite par un témoin oculaire de ce trafic. « Sur une base militaire en dehors de Ríohacha, des soldats en tee-shirts et treillis empilent des centaines de grands ballots enveloppés dans des sacs en toile de jute. Des tonnes de *Santa Maria Gold*, c'est-à-dire de la marihuana de première qualité provenant des pentes des montagnes de Santa Maria, sont préparées pour être brûlées dans un feu destructeur après avoir été saisies lors de la dernière opération militaire.

« Une douzaine de camions confisqués dans le cadre de cette opération sont alignés. À quelques mètres de là se trouvent les débris d'un petit avion qui s'est écrasé sur l'autoroute près de la base militaire, vraisemblablement lors d'une mission d'exportation de marihuana… Jusqu'à la fin du mois de juin, les forces armées avaient saisi 80 avions dans le nord de la Colombie, presque tous enregistrés aux États-Unis. Il s'agit notamment d'un DC-7, d'un DC-6, d'un Convair et de trois anciens DC-3, ainsi que de nombreux petits bimoteurs. Sur ce total, 23 avions s'étaient écrasés alors qu'ils tentaient d'atterrir dangereusement sur des pistes d'atterrissage de fortune. Au total, ce sont 72 bateaux, 308 véhicules et 879 armes à feu qui ont également été confisqués.

« Au cours de la même période, 1169 suspects ont été arrêtés. Parmi les 186 étrangers arrêtés, la plupart étaient des Américains. L'armée affirme avoir détruit près de 38000 tonnes de marihuana, dont 50000 ballots prêts à être expédiés dans le pays, et le rendement estimé était de 25250 acres. L'armée a également saisi 2,2 millions de comprimés d'amphétamine prêts à être exportés ainsi que 34 kilogrammes de cocaïne, provenant apparemment de trafiquants de marihuana qui ont dérivé de la route principale de la cocaïne. »[1]

Cette saisie massive de drogue a certainement dû faire régresser le commerce de la drogue en Colombie, pensez-vous ? « "Nous pensons avoir mis la main sur moins de 10 % de la production totale", a déclaré gravement un officier de l'armée. »[2] Notez que 10 %, c'est inférieur aux taux d'imposition dans la plupart des pays.

Nous pouvons observer, dans notre exemple actuel, comment une pyramide de capital contre-économique se construit une grande communauté qui partage l'intérêt commun de défendre un marché noir. « L'origine du problème est l'argent, les dollars, les pesos qui convainquent les agriculteurs de courir le risque d'augmenter la production agricole illégale et qui

1. *Ibid.*
2. *Ibid.*

incitent des policiers, des soldats et même des juges mal payés à collaborer avec des trafiquants de drogue. La Guajira est connue depuis longtemps en Colombie comme une région économiquement défavorisée et où la contrebande est considérée comme un mode de vie normal. La population locale accueille les étrangers avec le même enthousiasme que les alpinistes du Tennessee réservent aux agents du fisc. »[1] La comparaison, comme nous l'avons constaté, est très pertinente.

« Ernesto Samper, président d'une fédération nationale d'institutions financières colombiennes… a estimé que 150 000 Colombiens dépendent de la marihuana pour vivre. Il a également déclaré que presque tous ces Colombiens sont de petits agriculteurs et leurs familles [sont] des petits trafiquants de drogues. Il a affirmé que si la Colombie avait légalisé la production de marihuana, elle aurait pu collecter près de 146 millions de dollars en taxes l'année dernière au lieu de dépenser une somme similaire pour appliquer la répression. »[2] Une autre solution aux taxes dépensées pour la répression peut être trouvée dans les chapitres précédents.

Cette répression zélée de l'État contre le commerce de la drogue est atypique. En passant du théâtre latino-américain de cette guerre mondiale au théâtre du Moyen-Orient (où abondent les soldats israéliens, arabes, chrétiens et de l'ONU[3]) on constate une attitude différente.

« Non loin de l'endroit où les moissonneurs travaillaient, les soldats faisaient paresseusement signe d'avancer aux voitures sur l'autoroute. Pour eux, le hachich n'était qu'une autre récolte. Certains disent que c'est l'un des meilleurs hachichs du monde. Ils l'appellent “Libanais rouge”, “Libanais blond” et bien d'autres noms encore. Il est fabriqué à partir de la plante de marihuana (le chanvre indien, comme on l'appelle dans cette partie du monde) et il est commercialisé sous forme d'huile ou de morceaux aplatis qui ressemblent aux semelles de grosses chaussures. »[4]

À part l'attitude militaire, la scène colombienne se répète. « Il sort en camion, en bateau et en avion, et on pense généralement qu'il représente jusqu'à un tiers de tout l'argent qui entre au Liban, un pays qui n'a qu'un semblant de gouvernement, mais dans lequel ses banques sont florissantes et le hachich en est l'une des raisons principales.

1. *Ibid.*

2. *Ibid.*

3. Organisation des Nations unies.

4. Kennedy, J. M. (17 octobre 1981), « Le “Pétrole du Liban” est mis sur le marché : la récolte du hachich est une réalité rentable dans un pays déchiré par la guerre », *Los Angeles Times*, p. IA-1.

« "Je pense que l'on peut dire que sans aucun doute, le hachich est la plus grosse industrie du pays", a déclaré un diplomate occidental qui essaie de surveiller le trafic de drogue dans ce pays.

« Les chiffres exacts sont difficiles à obtenir, mais on estime que 80 % de la plaine de la Bekaa sont consacrés à la culture du hachich. Il y a tellement de terres de chanvre indien que la vallée, l'une des zones agricoles les plus riches du monde, ne peut plus produire tous les fruits et légumes dont le Liban a besoin. »[1]

La plupart des industries légales sont loin d'atteindre cette taille. Cette seule industrie de la drogue peut-elle être aussi vaste et pourtant être interdite par l'État ? « Et bien que la culture du hachich soit techniquement illégale, la récolte arrive chaque année juste sous le nez de la loi, ou plutôt de ce qu'il reste de la loi. Le soldat, qui contrôle la circulation de la route et qui ne peut donc pas manquer de constater qu'on récolte ici du hachich, a déclaré : "La culture est illégale, mais ce n'est pas notre travail de l'interdire." »[2] La réponse bureaucratique est donnée à l'imparable libre marché.

Et le marché répond à la demande. Le journaliste de la séquence ci-dessus a interrogé un agriculteur des environs.

« Il se tenait au bord de sa culture, qui allait être récoltée quelques jours plus tard, puis séchée dans un petit hangar. Ensuite, elle serait ramassée par un homme qui était venu quelques heures auparavant pour inspecter le champ et pour évaluer la qualité des plantes avant de convenir d'un prix. "C'est la meilleure façon de nourrir ma famille, dit le fermier. Sans le hachich, je serais un homme pauvre." »[3]

Alors que certains diraient que le gouvernement libanais s'est effondré, les troupes de l'armée sont certainement plus nombreuses (la plupart composées d'hommes religieux avec de forts principes antidrogue) et défilent dans le pays. Même avec plus de gouvernements que ce à quoi la plupart des personnes sont confrontées, la contre-économie survie. « On raconte qu'un producteur garde deux véhicules militaires (des tanks) pour protéger ses champs. C'est peut-être exagéré, mais il est vrai que les champs ne sont pratiquement jamais perturbés. Trop de personnes tirent avantage de cette culture. De plus, il est généralement répandu que les producteurs paient pour être protégés par les nombreuses milices armées qui opèrent

1. *Ibid.*
2. *Ibid.*
3. *Ibid.*

dans la région. »[1]

Le réseau interdépendant s'étend également à tous les niveaux verticaux de la pyramide du capital économique, ainsi qu'à tous les niveaux horizontaux. « Un expert a déclaré qu'une partie du hachich est acheminée vers les États voisins du Moyen-Orient, et qu'une autre partie est transportée par camion par la Syrie vers la Turquie, puis vers l'Europe. Le principal client serait les Pays-Bas. La plupart du hachich, cependant, est consommé au Moyen-Orient. L'Égypte en est le plus gros acheteur. »[2]

La contre-économie de la drogue inclut la haute finance, et peut aller jusqu'à inclure le système bancaire international. « Les agriculteurs et les intermédiaires sont souvent payés en dollars qui ont été "blanchis" plusieurs fois avant d'atteindre le Liban afin de mettre les agents de lutte contre la drogue sur une fausse piste. Une source a cité l'exemple d'un acheteur qui a pris un chèque bancaire de la banque d'Amsterdam et l'a déposé dans un compte suisse. L'argent a été transféré au Venezuela, à Taïwan, puis dans une banque d'un des États du golfe Persique avant d'arriver finalement à Beyrouth.

« Les autorités libanaises estiment que 250 millions de dollars sont entrés dans le pays l'année dernière, tout cela en relation avec le commerce du hachich. Cette année, on a estimé le double de ce chiffre… "Les banques sont remplies d'argent", a déclaré un diplomate occidental… ».[3]

Sur le théâtre extrême-oriental de notre guerre mondiale, nous pouvons relever quelques différences sur des points précis, mais les bases des techniques contre-économiques restent tout à fait familières. « Dissimulée dans les toilettes de l'avion, cousue à l'intérieur de balles de baseball ou scotchée au corps des passeurs, l'héroïne pakistanaise atteint les villes américaines et de l'Europe de l'Ouest en quantités toujours plus élevées, selon les responsables américains et pakistanais, et ce problème constitue une préoccupation mondiale. La culture de l'opium a fortement diminué dans cette vallée et dans d'autres zones majeures de culture du pavot au Pakistan. Mais ce qu'il en reste se révèle être apparemment plus que suffisant pour une chaîne de laboratoires clandestins qui ont commencé à produire pour la première fois de l'héroïne dans ce pays, l'année dernière. »[4]

Si l'on garde en tête que la contre-économie ne connaît aucune frontière

1. *Ibid.*
2. *Ibid.*
3. *Ibid.*
4. « L'opium du Pakistan inonde l'ouest », (11 octobre 1981), *Los Angeles Times*, p. I- 5.

entre les États, il n'est nullement surprenant de constater une pleine coopération sur le marché entre les différentes nationalités et les différentes confessions religieuses de part et d'autre de cette pyramide du capital économique. « On sait qu'au moins cinq chimistes iraniens se trouvaient sur le territoire tribal semi-autonome de la frontière du nord-ouest, là où se trouve l'industrie naissante de l'héroïne et là où les forces de l'ordre n'ont aucune autorité. »[1]

« L'héroïne est beaucoup plus facile à transporter (et à dissimuler) que l'opium brut extrait du pavot, et cela coûte de l'argent pour les transformer. Ici, dix kilogrammes d'opium brut sur le marché actuellement en déclin coûtent environ 300 dollars, ce qui donne un kilogramme d'héroïne. Un responsable de l'ambassade américaine a déclaré que cette quantité d'héroïne se vend environ 10 000 dollars au Pakistan, au moins 45 000 dollars en Europe occidentale et 175 000 dollars sur la côte est des États-Unis. Une fois dans les mains des dealers américains, l'héroïne est partagée et vendue en paquets. Les revenus de ces dealers se chiffrent en millions de dollars pour un seul kilogramme vendu. »[2]

La contre-économie est invulnérable face à l'État, non pas en utilisant les concepts d'attaque et de défense de l'État, mais grâce aux méthodes du marché, qui est une façon de penser étrangère aux étatistes. Elle tient compte des actions gouvernementales, ainsi que de l'offre et de la demande.

« Il y a une surabondance de vente d'opium au Pakistan en raison de la baisse des prix résultant des conditions perturbées sur les marchés traditionnels du "croissant d'or", en Iran et en Afghanistan. La guérilla a rendu trop risqué le transport d'opium brut par les cols des montagnes afghanes et la peine de mort imposée par le régime révolutionnaire iranien aux trafiquants de drogue a refroidi leur enthousiasme pour ce commerce : selon les sources, pour combler le vide, les entrepreneurs pakistanais narcotiques se sont procuré le savoir-faire en matière de raffinage et ont utilisé les routes maritimes du golfe Persique ou les nombreuses liaisons aériennes directes avec l'Occident pour faire passer l'héroïne en contrebande. »[3]

L'interchangeabilité des méthodes dans la contre-économie est très utile aux entrepreneurs. Ceux qui trouvent les drogues en question peu recommandables peuvent encore apprendre des techniques précieuses pour ré-

1. *Ibid.*
2. *Ibid.*
3. *Ibid.*

duire les risques. Dans l'industrie de la drogue, une gamme de produits peut être un modèle instructif pour une autre.

« Un responsable américain a déclaré qu'aux États-Unis,"un certain nombre d'Iraniens qui opéraient individuellement ont été arrêtés l'année dernière dû à leur grande inexpérience. Mais les Pakistanais ont été plus intelligents en utilisant des réseaux qu'ils avaient établis auparavant pour transporter le hachich." La consommation locale de ces substances au Pakistan n'équivaut pas à celle de l'Iran des années passées. Mais comme le raffinage de l'héroïne se développe ici, les responsables de la lutte anti-drogue craignent que la demande d'opium augmente. »[1]

En 1980, la Jamaïque, économiquement défavorisée, remplaça le gouvernement socialiste pour nommer Edward Seaga Premier ministre. Une partie des problèmes de la Jamaïque était sa balance des paiements constamment négative, une balance qui, naturellement, n'incluait pas les exportations contre-économiques. Edward Seaga menaça de légaliser le commerce de ganja (cannabis) et de compter la marihuana dans la balance des paiements, ce qui, aux yeux de presque tout le monde, aurait donné à la Jamaïque une balance positive et aurait permis aux banquiers du Fonds monétaire international[2] de laisser le pays tranquille.

Plutôt que d'accepter un retour à des pratiques comptables saines et à une extension du libre marché (les États-Unis auraient toujours pu réclamer une concession à la grande religion jamaïcaine locale, les rastafariens) les États-Unis augmentèrent la demande d'aide extérieure et accordèrent plus de prêts. Les rastafariens, soit dit en passant, constituent une troisième force dans la politique jamaïcaine, mais sont en grande partie anti-politiques, sans doute en raison de leur contact permanent avec la réalité du marché. (Les rastafariens ont un réseau de distribution qui s'étend à travers les États-Unis et le Royaume-Uni grâce à la popularité actuelle du reggae, la musique de leur communauté, qui est associée au punk rock.)

Le gouvernement américain n'hésite pas à renverser ou à déstabiliser d'autres États qui sont du mauvais côté de la « Seconde Guerre mondiale contre la drogue ». La junte anticommuniste bolivienne, qui avait renversé un gouvernement démocratique en 1980, fut déstabilisée par la DEA et la CIA. Le problème du général Juan José Torres n'était pas son attitude très méprisante envers la démocratie et les « droits de l'homme » (aucun gouvernement ne respecte les droits de l'homme) ni certainement son opposi-

1. *Ibid.*
2. FMI

tion au socialisme bolivien, mais hélas, il était suspecté d'être la principale « protection » militaire de l'industrie bolivienne de la drogue.

Un chef d'État contre-économique étant en contradiction avec les principes étatiques, le général Torres n'avait pas besoin d'ajouter davantage d'instabilité à son pouvoir. Néanmoins, la mesure dans laquelle cette histoire a été acceptée telle quelle par de nombreux magazines et journaux respectés indique le niveau de crédibilité. Les personnes qui font des reportages en Bolivie et qui découvrent sa contre-économie sont convaincues que cela aurait pu se produire.

Alors que les guerriers luttant contre la drogue perdent la Colombie, le Liban et le Pakistan, et gardent les rangs, voire réussissent à percer, en Bolivie et en Jamaïque, la vraie guerre se trouve à l'arrière. Contrairement aux guerres mondiales, durant lesquelles le sol américain n'a pas été touché, les étatistes américains sont impuissants pour empêcher une invasion massive du continent américain, sans parler de la désertion massive d'une grande partie de ses citoyens face à l'« ennemi ».

Les guerres contre la drogue : l'arrière

« Selon les autorités fédérales, l'État de la Floride risquerait de subir un sérieux revers sur le plan économique si les États-Unis parvenaient à mettre fin au marché de la cocaïne qui est en pleine expansion dans le pays. L'agence administrative du maintien des lois contre la drogue estime que les trois quarts de la cocaïne entrant sur le territoire américain aujourd'hui passent par la Floride, et que la valeur marchande de la cocaïne en Floride dépasse les 10 milliards de dollars par an ».

« Le journal de la Fondation de la recherche sur la toxicomanie affirme que la Floride génère tellement de profits provenant de la cocaïne que de nombreuses banques en Floride sont devenues dépendantes du marché illicite de la cocaïne. Selon un agent fédéral mentionné par ce journal, le marché immobilier en Floride "s'effondrerait" si le trafic de cocaïne venait à être soudainement interrompu, en raison, semble-t-il, du fait qu'un pourcentage élevé d'achats de terrains et de maisons implique l'utilisation de l'argent provenant du trafic de cocaïne. »[1]

C'est la même pyramide du capital économique, la même forme de réseau horizontal, et ce sont les mêmes modes de fonctionnement et les mêmes méthodes utilisées pour limiter les risques que nous observons dans le

1. « Les fonctionnaires fédéraux disent que l'État de Floride souffrirait... » (14 avril 1980), *Zodiac News Service.*

monde qui sont plus présents ici aux États-Unis, avec le gouvernement le plus déterminé à éliminer l'« herbe du diable » et le « cocaïne tueuse ». Pourtant, la Floride représente bel et bien un marché, et sans doute que tenir à l'écart ces méchants étrangers et leurs mauvaises habitudes (voir le chapitre dix sur l'immigration) mettrait fin à la menace que représente la drogue. Se pourrait-il que même Hawaï, l'État où on trouve en abondance des plantations de marihuana et un marché à terme de matières premières dans les cultures de marihuana,[1] soit tenue à l'écart par la mise en place d'un blocus strict des voies maritimes ?

Malheureusement, pour ceux qui sont prêts à se battre sur les plages, à se battre sur les rivages, et à se battre sur les terrains d'atterrissage, notre patrie est devenue vulnérable. Le plus grand marché américain, à savoir la Californie, est aussi largement autonome, sous tous les aspects.

« Dans les collines lointaines et les vallées perdues du nord de la Californie, c'est l'heure de ce qu'ils appellent la "bonne récolte". L'herbe est aussi haute que possible dans la chaleur étouffante de midi. Mais un visiteur occasionnel ne remarque que rarement les grandes plantes à dents de scie qui se cachent dans des parcelles camouflées, piégées et bien gardées. Cet automne, la récolte a été exceptionnelle, avec une valeur comprise entre 500 millions et un milliard de dollars, probablement la plus rentable des récoltes de la Californie qui est le grenier alimentaire des États-Unis. Beaucoup de gens, comme les petits pirates, la mafia, la police en hélicoptère, les troupes des adjoints du shérif, les agents fédéraux de la brigade des stupéfiants, veulent arracher ces récoltes aux cultivateurs ».[2]

La production de drogue en Californie est en train de se hisser au niveau du « roi coton »[3] ou « des océans de blé doré ondulant » ; on parle ici en comtés.

« Ici s'est développée la culture du chanvre ordinaire, le cannabis sativa (la marihuana), qui, au cours de ces trois dernières années, a transformé la vie économique et sociale d'une vaste région de cinq comtés situés au nord de la Californie, et qui s'étend de San Francisco à la frontière de l'Oregon. C'est bien entendu illégal, mais dans ce pays aux terrains accidentés et faisant de plus de 41 000 kilomètres carrés, les petits exploitants agricoles es-

1. L'auteur a eu un contact personnel avec un agent de ce marché à terme en 1975, mais il est passé entre d'autres mains depuis.

2. Scobie, W. (1981, 12 octobre), « Pot luck in the high hills », Maclean's, 94 (41), p. 11.

3. « King cotton » est une expression américaine qui a été inventée durant la période de la guerre de Sécession dans laquelle la production de coton était extrêmement élevée, voire constituait une arme de rivalité entre le nord et le sud des États-Unis.

timent que les risques valent bien le revenu annuel non imposé de 200 000 dollars voire plus, par rapport à ce qu'un agriculteur assidu peut gagner. »[1]

Les hommes politiques ne sont pas forcément « soudoyés ». Il y a des endroits comme les « "villes de culture de marihuana" de la Californie du Nord, qui sont des villes rurales portant des noms étranges (Willits, Garberville, Ukiah), et où les plus vieux conservateurs et les jeunes entrepreneurs vifs d'esprit et diplômés de l'université forment une alliance précaire. Ils ne veulent pas que la législation et les dirigeants politiques de Sacramento, qui est la capitale de l'État californien, se mêlent de leurs affaires : dans cette région, qui a longtemps été frappée par la chute de la production industrielle du bois, la marihuana est donc vue comme une aubaine. » Pourtant, les hommes politiques essaient de prendre le train en marche. « Barry Keene, membre du Sénat californien, a annoncé qu'il tentait de faire passer un projet de loi visant à dépénaliser la culture de la marihuana. Il a déclaré que les effets néfastes de la marihuana sur le corps n'ont pas été prouvés, "et maintenant ce que je vois c'est une industrie de plusieurs millions de dollars au cœur de mon district". Certains "membres très responsables de la Chambre de commerce" lui avaient demandé si ce n'était pas plus logique de dépénaliser la marihuana. Cela ne permettrait-il pas de "diversifier l'économie, d'élargir l'assiette fiscale et de créer des emplois dans cette zone où le chômage est élevé ?". »[2]

La question de savoir si l'IRS pourrait ou non attirer d'autres contribuables reste assez discutable, mais la contre-économie est déjà bien diversifiée et elle crée de nombreux emplois, non seulement sans l'intervention du gouvernement, mais en dépit et au mépris de celui-ci.

Et, comme toujours, nous observons cette pyramide du capital économique et ce système de réseau horizontal de la contre-économie, comme l'illustre le marché de la drogue. « La marihuana n'est pas seulement synonyme de bonne récolte. "Elle a fait monter en flèche la valeur des terrains, déclare Roy Johnson, un agent immobilier. Ce n'est pas mon travail de les dénoncer au fisc ou de demander d'où vient l'argent de ces gens. Ce serait de la discrimination si je refusais de leur vendre des terrains." À Garberville, il y a plus d'agences immobilières que de bars dans la rue principale. »[3]

Il existe un homme politique qui semble prêt pour une autre capitulation

1. *Ibid.*
2. *Ibid.*
3. *Ibid.*

comme lors de la prohibition de 1933, mais là dans le cadre des guerres contre la drogue. « Ted Eriksen Junior, le commissaire à l'agriculture du comté de Mendocino, a reconnu le statut de cette industrie en enregistrant la production du comté à 90 millions de dollars l'année dernière. Une autorité supérieure a ordonné la suppression de cette inscription. Eriksen, un homme aimable et sympathique, et dont les ancêtres ont vécu dans ce comté depuis le début du siècle, déclare : "Je suppose que c'est une chose de gagner de l'argent grâce à l'alcool de contrebande, mais que c'en est une autre de le faire savoir. À l'époque de la prohibition, mon père expédiait des caisses de raisins de cuve hors de l'État sur lesquelles était étiqueté en lettres capitales 'Ne pas écraser. Les fruits pourraient devenir du vin'. Mais je ne vois pas de grande différence avec ce qu'il se passe aujourd'hui. La marihuana est le produit agricole numéro un de cet État. Cette récolte, elle rapportera plus de 100 millions de dollars. Les gens qui refusent de le reconnaître font l'autruche." »[1]

Heureusement, pour ceux qui souhaitent voir un marché sans taxe, sans réglementation et régi de façon contre-économique, les « saints guerriers » faucons frapperont ces colombes conciliantes et réalistes : « L'année prochaine [1982] sera l'année des élections en Californie, donc les hommes politiques ambitieux ne voient pas tout à fait les choses comme Eriksen. Le procureur général George Deukmejian, candidat au poste de gouverneur, demande le licenciement du commissaire et a entamé une procédure judiciaire pour le démettre de ses fonctions. »[2]

La Californie est un État de technologie de pointe et la technologie se place quasiment au sommet de la pyramide du capital économique. « Grâce au mode de reproduction singulier du cannabis sativa, les jeunes millionnaires californiens, devenus riches grâce à la marihuana, ont pu développer une souche de cette plante qui surpasse en puissance et en popularité celle de Colombie, du Mexique, et même des spécialités telles que la légendaire graine hawaïenne baptisée *Maui Wowie* ». Aujourd'hui, la culture de la marihuana exige à la fois des connaissances scientifiques et beaucoup de soin. Elle implique la surutilisation des engrais, à la fois chimiques et biologiques, et surtout la « reproduction sélective », c'est-à-dire le retrait systématique des plantes mâles poussant aux alentours des plantes femelles. Privées de leur compagnon mâle, les têtes non germées de la plante femelle laissent suinter une résine sombre qui contient 10 à

1. *Ibid.*, p.14
2. *Ibid.*

12 fois plus de tétrahydrocannabinol (THC) que les autres variétés de plantes. Le THC est l'agent actif qui donne aux fumeurs la sensation de « planer ».

« On obtient ainsi de la sinsemilla (signifiant littéralement "sans graine" en espagnol), la souche d'"herbe" la plus puissante au monde, qui se vend entre 1500 et 3000 dollars pour 450 grammes, et 200 dollars les 30 grammes dans la rue. »[1]

Les guerriers luttant contre la drogue frappent depuis le ciel avec la mort en liquide, et la contre-économie ne fait que rendre compte de l'attaque. « Le succès du programme mexicain de vaporisation au paraquat[2], encouragé par les États-Unis, a contribué à faire monter les prix de la drogue. Autrefois, on disait que presque tous les sacs de cannabis vendus étaient soi-disant de l'*Acapulco Gold*[3] du Mexique. Aujourd'hui, les vastes champs au sud de la frontière américaine sont ravagés chaque année par des pesticides, et la part du Mexique sur le marché américain de la marihuana a chuté d'environ 10 %. »[4]

La « Sainte Inquisition de la vaporisation » ne pourrait-elle pas frapper les hérétiques du pays ? « Dorénavant, certains législateurs californiens veulent utiliser du paraquat sur les parcelles du nord de l'État. "Pourquoi un contribuable devrait-il payer pour que des armées d'agents de lutte antidrogue aillent sur place et saisissent les substances alors que le paraquat pourrait le faire plus rapidement et plus facilement ?", rétorque Daryl Gates, le chef de la police de Los Angeles.

« La réponse, c'est que les cultivateurs, avec l'énorme soutien de la population, prennent position contre cette technique de vaporisation (qui tue les broussailles forestières ainsi que les plants de marihuana). Ils ont contribué à faire adopter un arrêté local interdisant de vaporiser par voies aériennes, puis ils ont fait subir un autre revers à une police déjà frustrée, lorsqu'un comté a voté contre l'acceptation d'une subvention fédérale pour aider à payer une "force de frappe de la sinsemilla" mise en place par le procureur général de Californie. »[5]

La plupart des contre-économistes ne s'abaissent pas à faire de la politique pour réduire les risques. « Beaucoup d'agriculteurs essaient d'éviter

1. *Ibid.*
2. Herbicide.
3. Nom de cette variété mexicaine de cannabis.
4. *Ibid.*
5. *Ibid.*, p.17

de prendre des risques et de réduire les coûts en plantant dans les terres d'autrui, notamment dans les parcs nationaux, où les vastes forêts s'étendant au-delà des sentiers battus sont peu visitées, mais aussi dans les autres propriétés fédérales. "On a retrouvé des fermes au milieu de douzaines de forêts nationales, à Big Sur, et même dans la réserve militaire Hunter-Ligett (qui est un immense camp d'entraînement militaire), déclare un agent de la brigade des stupéfiants à Ukiah, le siège du comté de Mendocino." D'autres la cultivent simplement dans leur propre jardin. Jane Schimpff, une grand-mère de 55 ans, qui a récemment été arrêtée pour avoir produit une récolte d'une valeur de 50 000 dollars, a déclaré avoir fait pousser ses 60 plants en guise de "couverture contre l'inflation". »[1]

Nous apporterons plus d'informations sur l'inflation en contre-économie dans le prochain chapitre. Cependant, le geste de cette Madame Schimpff est par définition contre-économique, et ce, quel que soit le marché. « Si elle avait su que sa plantation avait autant de valeur, aurait-elle donc mieux caché l'existence de cette plantation ? »[2] Assurément. De même que ses partenaires le savent bien et vivent en conséquence.

Il y a deux ans, le procureur général George Deukmejian a engagé une guerre totale contre ces fermes, en amenant personnellement ses agents dans la mêlée, suivis des équipes de journalistes. Armée d'hélicoptères et d'une panoplie de gadgets de guerre électroniques, la force de frappe a saisi et détruit des tonnes de marihuana valant des millions de dollars.

« Mais malgré les butins colossaux, les agents déclarent saisir probablement moins de 10 % de ce qui est cultivé dans cette zone. »[3] Où avait-on déjà entendu ça ?

Au passage, la Floride n'est plus si innocente en matière de culture de la drogue. « Les autorités ont rapporté hier qu'un relevé aérien a permis de découvrir au moins 155 plantations de marihuana dans 41 comtés du nord et du centre de la Floride. Selon le département de l'application de la loi de Floride, des agents fédéraux et d'État ont saisi 51 189 plantes depuis le début du projet de sondage, qui a commencé le 1er juin. Les champs clandestins comprenaient un champ dans le comté de Levy qui contenait 13 500 plantations de marihuana mesurant jusqu'à plus de 3 mètres de haut. »[4]

1. *Ibid.*
2. *Ibid.*
3. *Ibid.*
4. « 155 champs de marihuana découverts lors d'un relevé aérien en Floride », (17 no-

Le réseau

Peu importe le chemin que prendront les États-Unis dans un futur très proche. S'ils en viennent à légaliser la marihuana, alors la cocaïne, la PCP[1] et l'héroïne prendront le relais dans les laboratoires et les réseaux de distribution, et les agriculteurs passeront à une autre culture. Certains producteurs marginaux quitteront le pays, peut-être pour se mettre à la recherche d'assistance en matière d'évasion fiscale. D'autre part, si les États-Unis interdisent un nouveau produit (car des milliers de drogues sont découvertes chaque année) ou un ancien produit, comme le tabac, le marché s'étendra et quelques autres cas marginaux avec des personnes qui envisageaient de cultiver, de transporter par camion ou de vendre entreront sur le marché. L'État ne peut pas gagner, bien que certains étatistes, faisant carrière dans la lutte contre la drogue, le puissent. Et la contre-économie ne peut pas perdre, même si les risques les plus faibles seront éliminés par les arrestations. De plus, la pyramide du capital économique ne cesse de se développer grâce aux nouvelles technologies et à de nouvelles techniques.

Le marché de la drogue fait penser à ce nous avons vu dans l'exemple de l'Union soviétique, aussi irritant que cela puisse être pour les anticommunistes qui appréciaient cette section. Peut-être cela les aidera-t-il à l'accepter s'ils se rendent compte que la prise de pouvoir des États-Unis par les communistes aboutirait à une contre-économie intacte prête à s'étendre dans des domaines nouvellement contrôlés.

Deux notions introduites dans ce chapitre seront reprises en détail dans le reste du livre : la pyramide du capital économique et le système de réseau horizontal. Avant de conclure sur les drogues, il faut encore assimiler pleinement cette dernière leçon. Remontons le long de la pyramide du capital économique et voyons à quel point cet unique secteur de la contre-économie affecte les personnes (nous avons constaté un phénomène similaire dans le premier chapitre, si vous vous en souvenez).

Tout d'abord, les consommateurs se situent à la base de la pyramide. On en compte un ou plus dans chaque famille, même en vivant dans les communautés mormones isolées de l'Utah ou dans les quartiers hassidiques reculés de Brooklyn. Inutile d'insister sur ce point, si ce n'est que toute personne qui sait qu'un membre de sa famille consomme une substance illicite sera accusée de complot. Cela signifie qu'elle représente la partie « organisée » du crime organisé sans même toucher à quoi que

vembre 1981), *New York Times*, p. 12.

1. Phencyclidine. Psychotrope hallucinogène.

ce soit d'illégal. (Qui a dit que nous n'avions pas encore de « Police de la pensée »[1] ?) À ce stade, presque toute la population d'Amérique du Nord est déjà impliquée.

Cependant, chaque trafiquant de drogue a des amis, des proches, des connaissances qui peuvent le « couvrir », peut-être même lui fournir un endroit sûr et des cachettes. Parfois même, ils sont aidés par un colocataire de la résidence universitaire, ou un membre de leur fraternité ou de leur sororité. À côté, il y a les gens dans la rue, sur les campus universitaires ou dans les soirées cocktail à Malibu qui voient ces transactions se faire, mais qui ne font rien, voire avertissent spontanément le trafiquant de l'arrivée des forces de l'ordre.

Le réseau libertarien, qui est considéré par certains comme un maillage de corruption, se répand à travers les communautés agricoles rurales au fur et à mesure que les agriculteurs ou que leurs enfants à la mode diversifient les cultures au noir. Les laboratoires scientifiques se livrent à une légère activité de travail au noir, et des laborantins silencieux ainsi que des techniciens coopératifs adhèrent au réseau sans posséder de carte de membre.

« Les autorités fédérales chargées de la lutte contre la drogue ont pris du retard dans la lutte contre les laboratoires secrets du pays qui produisent illégalement des stimulants, des dépresseurs et des hallucinogènes, ont déclaré les enquêteurs de Congrès, ce vendredi. » Le bureau central de la comptabilité déclara dans un rapport que ces drogues dangereuses et non narcotiques avaient tué plus de 3200 personnes en 1979, soit plus de cinq fois le nombre de personnes tuées à cause de l'héroïne, la principale cible des autorités fédérales. Selon ce rapport, la plupart des drogues synthétiques sont produites dans des laboratoires clandestins ou détournées des systèmes de distribution légitimes.

Selon ce même rapport, « quelques bureaux du DEA sont parvenus à voir "une augmentation impressionnante" du nombre de saisies de laboratoires secrets (passant de 33 en 1975 à 234 en 1980), mais ces laboratoires clandestins continuent de prospérer. »[2]

Les garagistes peuvent constater qu'ils fournissent et réparent de nombreux véhicules payés au kilogramme plutôt qu'en dollars, ou du moins en liquide, et dans tous les cas, on ne remplit aucun papier pour se renseigner

1. Référence à la police d'Océania dans le roman *1984* de George Orwell.

2. Ostrow, R. J. (14 novembre 1981), « Les agents luttant contre la drogue font face à une surdose de laboratoires secrets : Le GAO accuse les forces de l'ordre de perdre la bataille contre la production de substances non narcotiques ». *Los Angeles Times*, p. I-10.

sur leur travail et on ne demande pas la raison pour laquelle ils ont des parechocs creux ou des portes secrètes. Les techniciens des hangars travaillant dans les aérodromes et les dockers des ports de plaisance trouvent que le silence peut être synonyme d'*Acapulco Gold*. Plus tard, leurs familles et leurs amis découvriront par hasard d'où vient leur prime et, au lieu de le signaler immédiatement à la police, comme le veut la loi, ils intégreront le réseau.

Au sommet de la pyramide du capital économique, nous pourrions bien constater que le réseau s'étend des banquiers qui savent d'où viennent leurs plus gros déposants, mais sans pour autant savoir (officiellement) d'où provient leur argent… jusqu'à leur famille et leurs amis du country club et du registre social, en passant par les donateurs des campagnes, les avocats… et les juges. À ce stade, le terme d'intérêts personnels semble plus approprié pour désigner les éléments qui relient ce réseau.

De haut en bas, disséminés dans toute la société, des artistes bohémiens aux chercheurs en chimie, des quartiers pauvres aux salles de conférences, de Watts à Beverly Hills, le réseau se développe, en perdant quelques feuilles, quelques branches et quelques racines, mais en continuant de pousser. Les affinités et la confiance mutuelle qui complètent cette structure de base peuvent être étendues à la résistance fiscale, à l'évasion fiscale, à la protection contre l'inflation (notre chapitre suivant), et à toutes les autres formes de contre-économie abordées dans ce livre.

Souvent, la contre-économie de la drogue est le premier contact qu'ont les jeunes occidentaux avec ce que les jeunes orientaux connaissent dès la naissance (et grâce à la popularisation de l'accouchement à domicile qui peut aussi évoluer, à voir dans le chapitre treize) : ce sont les « produits du marché noir » ou *nalevo*. C'est une leçon qui leur servira bien lorsqu'ils se retrouveront de réseau en réseau sur le marché qui sert réellement le monde, c'est-à-dire la contre-économie.

« Le goût des États-Unis pour la marihuana semble insatiable. Au moins onze tonnes par jour partent en fumée et les consommateurs exigent des souches de cette drogue encore plus puissantes.

« Le Docteur Peter Bourne, ancien conseiller et autorité de la lutte antidrogue de la Maison-Blanche, estime que l'industrie de la marihuana est l'une des principales sources de revenus du pays, avec un total d'environ 50 milliards de dollars. Peter Bourne, qui est faveur des peines moins lourdes pour des cas de possession de drogues (mais pas de la légalisation des drogues), définit la marihuana comme étant “le problème de drogue le plus grave du pays, le cauchemar des hommes politiques”. »[1] En revanche, elle fait le bonheur des contre-économistes.

L’un des problèmes de ces réseaux, c’est l’utilisation de l’argent, c’est-à-dire l’utilisation de la monnaie de monopole de l’État. « Quatre millions de dollars en petites coupures, c’est un peu comme un Saint-Bernard : il est sympa, mais difficile à cacher. Alors quand des agents fédéraux ont fait irruption dans le local d’un réseau de drogue de Miami en août dernier, ils sont tombés sur un amas d’argent de la taille d’un petit réfrigérateur. Le butin de 4 millions de dollars représentait deux jours de liquidités pour une opération de contrebande, afin de se faire passer pour une société de change, qui, selon les autorités, opérait dans le sud de la Floride depuis 15 mois. La saisie représente une nouvelle mise en valeur d’un ancien outil des forces de l’ordre qui permet d’attraper les escrocs en retraçant leurs bénéfices. Peu de trafiquants de drogue acceptent les cartes bancaires Mastercard ou Visa, si bien que les distributeurs accumulent rapidement des caisses, des sacs et des valises pleins de billets de 10 et de 20 dollars.

« “C’est un problème logistique très grave pour les malfaiteurs de transporter autant d’argent, déclare William Meglen, directeur de la division des enquêtes monétaires du Service des douanes. Ce que je veux dire, c’est qu’on parle de grosses sommes d’argent.” »[2]

Mais la contre-économie n’est rien d’autre qu’innovante et qu’ingénieuse. « Les malfaiteurs qui sont contrariés essaient parfois de transférer l’argent de façon inhabituelle. Maria Rojas, originaire de Bogota, en Colombie, a été arrêtée à l’aéroport de Miami l’année dernière, transportant 1,5 million de dollars dans huit boîtes de Monopoly “scellées en usine”. En Floride, les histoires de clients payant des voitures de luxe avec des sacs remplis d’argent sont courantes. Un trafiquant de cocaïne présumé a payé en liquide divers biens immobiliers, une Rolls-Royce[3] et un yacht de presque 20 mètres de long.

« Miami est devenu le Wall Street de cet argent clandestin. Les autorités fédérales soulignent ce qu'elles appellent la quantité “grotesque” de monnaie qui circule dans la Banque de la réserve fédérale de Miami, où les dépôts ont grimpé d’environ 471 millions de dollars en 1974 à plus de 4

1. Scobie, W. *op. cit.*, p. 11

2. Grier, P. (29 octobre 1981), « La paperasserie chez les trafiquants de drogue : des profits tracés lors de la campagne de presse des agents fédéraux contre les malfaiteurs qui se livrent au trafic d’argent », *Los Angeles Times*, p. IC-1.

3. Marque de voiture de luxe britannique.

milliards en 1979. »[1]

Ce que les vendeurs (de produit de votre choix) doivent apprendre, c'est ce que nos rebelles fiscaux sont en train d'apprendre : des méthodes pour sortir du système monétaire de l'État, ne serait-ce que partiellement. Une autre raison qu'ils partagent tous avec le reste de l'économie, c'est la dépréciation du moyen d'échange forcé aux États-Unis, autrement dit l'inflation.

Et donc, comme nous nous y attendions, le marché réagit avec une inflation contre-économique.

1. Ibid.

5. L'inflation contre-économique

L'inflation : le grand phénomène « contre-épargnant »

L'inflation se connecte et interagit avec toutes les formes de contre-économie, allant des taxes jusqu'aux drogues, et bien plus encore (comme nous l'avons évoqué précédemment et comme nous allons aussi le développer dans ce chapitre). Les effets de l'inflation, ainsi que les tentatives récentes pour comprendre sa nature et ses rouages, ont été un important facteur radicalisant pour les Nord-Américains. L'Europe de l'Est, l'Europe de l'Ouest, ainsi que le tiers-monde ont été autant, si ce n'est plus, affectés par l'inflation, et ont pris des mesures contre-économiques pour y faire face (tout particulièrement en Pologne et dans les pays d'Amérique latine subissant le plus d'inflation). Mais la prise de conscience ici n'a pas atteint le même niveau qu'en Amérique du Nord, où un genre littéraire entièrement dédié aux ouvrages non romanesques émergea au début des années1970, présageant une inflation encore plus catastrophique et conseillant de prendre des mesures contre l'effondrement économique (en particulier des mesures pratiques pour les individus et les familles). Plus marquant encore, ces livres anticipaient la hausse du prix de l'or sans erreur.

L'inflation touche, ou plutôt contamine, énormément les activités économiques (et contre-économiques), car l'argent est impliqué dans la plupart des transactions dans une économie développée. Les exceptions sont faciles à énumérer : le profit « psychique » résultant du gain émotionnel et du troc. Cependant, même les nombreuses choses (pour ne pas dire toutes) faites par amour impliquent des coûts de produits et de services, et le troc « terrestre »[1] est beaucoup plus coûteux qu'une transaction de marché équivalente impliquant de l'argent, quel que soit le type de monnaie ou de moyen de paiement. (Le troc de la contre-économie est un concept complètement différent, ce que nous allons bientôt démontrer.)[2]

1. NDÉ : Ici, on parle de troc « terrestre » (« above-ground bartering », en anglais), soit au vu et au su de tous, par opposition au qualificatif « souterrain » (« underground », en anglais). (Voir le chapitre « La contre-économie soviétique » pour une autre utilisation équivalente du terme « terrestre »).

2. Un livre publié par Larry Burkett et William Proctor (chez les éditions William Morrow & Company en 1982), *How to Prosper Underground* (« *Comment prospérer*

Le choc que subit une victime de l'inflation après une soudaine prise de conscience, lorsqu'elle découvre ce que représente l'argent et comment son gouvernement l'utilise, est très comparable à celui d'un patriote qui se porte bien, qui se retrouve mobilisé et qui se rend compte que cette guerre n'a aucun sens ; ou comparable au choc que subit un homme d'affaires conservateur découvrant que les taxes qui vont le détruire étaient non seulement justifiées par sa bien-aimée Constitution, mais aussi que le gouvernement fédéraliste qui s'est constitué en premier sous cette Constitution a rapidement anéanti les insurgés de la révolte du whisky en Pennsylvanie.

Pourtant, la guerre et les taxes se font souvent ressentir plus légèrement pour certaines victimes, et plus lourdement pour d'autres. L'inflation est le grand « contre-épargnant » : elle pille tout sans distinction, même s'il faut souligner que ce pillage se retrouvera quelque part et dans les mains de quelqu'un d'autre. Les veuves, les orphelins, les handicapés et les fervents religieux déviants sont dispensés de guerres et de taxes, mais pas de l'inflation.

L'étude même de la contre-économie et ses développements par notre auteur commencèrent avec la grande « vague de la chasse à l'or »[1] de 1972-1973. Harry Browne en tête, avec Harry Schultz à ses côtés, puis, plus tard Douglas Casey, John Pugsley et bien d'autres, firent un grand pas en avant par rapport à l'ancien mouvement économique de libre entreprise, qui était largement identifié à la culture politique de droite. La divergence entre ces activistes aux idées anti-inflationnistes et les conservateurs s'est faite en prônant et en montrant où les personnes pouvaient prendre des mesures concrètes pour choisir de se soustraire de l'économie générale et de se protéger. Les libres entrepreneurs conservateurs continuèrent à demander le soutien d'un gouvernement différent qui ferait retourner les États-Unis vers n'importe quel parti politique : les démocrates, les républicains, les libertariens. Même le Parti paix et liberté[2] de gauche fut considéré comme un vecteur pendant une certaine période (1974).

Harry Browne alla même au-delà du genre d'ouvrage du type « Comment prospérer avec l'arrivée imminente de l'effondrement économique », grâce

---

au sein de l'économie souterraine », non disponible en langue française), manque totalement d'aborder ce point. Rien n'est « clandestin », ou au moins contre-économique, dans les transactions de troc quand les livrets de comptes sont ouverts à l'administration fiscale américaine.

1. En anglais : « Gold Bug Wave ».

2. En anglais : « Peace and Freedom Party ».

à son livre intitulé *How I found freedom in an unfree world*[1].

Browne trouva des failles dans le système de réglementations de l'État, non seulement dans la protection contre l'inflation, mais aussi à l'intérieur du système du marché. Cela voudrait dire qu'on pourrait légalement, ou du moins pas illégalement, éviter toute taxation, toute inflation et tout contrôle. Bien entendu, cette liberté se paie au prix fort dans un monde qui n'est pas libre.

Les failles selon les points de vue de Browne découragèrent une partie de son vaste lectorat, mais en encouragèrent d'autres à sauter le pas. Un des défauts du mode de vie de Browne consistant à vivre « entre les interstices » était que l'on était obligé d'aller là où l'État nous dirigeait par inadvertance. Il existait aussi un autre risque, dans le sens où le gouvernement pouvait changer d'avis et mettre un frein à l'inflation. Cela arrivait généralement lorsqu'une personne comme Browne rendait ces interstices publics et populaires.

De ce fait, le « dernier pas » fut fait par notre auteur et par quelques autres en 1973 : pourquoi ne pas appliquer les leçons servant à s'évader des réglementations et des contrôles de l'État à celle pour s'évader de la mise en place des contrôles par l'État ? À la grande surprise de la majorité, nous autres personnes axées sur la théorie y trouvâmes un marché déjà florissant, sans avoir conscience de la raison des actions que nous étions en train de mener.

L'or était le catalyseur et ceci n'était pas une coïncidence. Plusieurs libertariens qui étaient impliqués dans la contrebande d'or et qui exposèrent ensuite publiquement cette affaire, défiant ainsi l'État américain de les appréhender et de leur faire jurisprudence, découvrirent qu'on les laissa largement tranquilles. Cette opinion se répandit ensuite : si l'État était fortement impuissant pour réprimer le marché de l'or lorsqu'il était illégal, alors qu'est-ce qui nous empêchait vraiment de remplacer cet argent papier des États-Unis par de l'or, au moins lors de « nos propres » transactions ?

C'est ainsi qu'une « banque d'or »[2] (c'est un nom d'emprunt, bien entendu) se développe et prospère aujourd'hui. Mais pour cerner les implications de cet évènement qu'est l'inflation et à quel point il s'agit d'un phénomène apocalyptique, la contre-économie va devoir revoir les bases

1. *Comment j'ai trouvé la liberté dans un monde qui n'est pas libre*, non disponible en langue française.

2. En anglais : Gold Bank.

de l'économie.

La nature de l'inflation

Le mot «inflation» est utilisé de deux façons différentes, ce qui ajoute à la confusion considérable existant sur ce sujet. La plupart du temps, il évoque la hausse des prix. La définition originale et appropriée reste bien plus claire et sera utilisée à partir de maintenant. L'inflation est l'augmentation de la réserve de monnaie fiduciaire (créée par l'État). L'une des conséquences de cette inflation est la hausse globale des prix (même si les prix de chacun ne sont pas forcés de suivre le courant général).

L'argent est un moyen d'échange. Comme beaucoup de personnes ayant expérimenté la nouvelle tendance du troc, avoir quelque chose en vogue à échanger ou pour lequel échanger facilite grandement la recherche de partenaires commerciaux. Une personne peut vraiment vouloir vos peintures à l'huile, mais vous avez besoin de chaussures, pas d'un billet pour un concert de musique qu'on vous propose. Peut-être qu'un cordonnier aime suffisamment la musique...? Si la moitié des partenaires commerciaux sont des fumeurs, alors le tabac deviendra (et c'est souvent le cas) le moyen d'échange. Même les non-fumeurs l'accepteront, connaissant bon nombre de fumeurs avec qui échanger ensuite.

Au cours de l'histoire, nous sommes passés par différents moyens d'échanges. Plus le produit était universellement accepté, plus il rapportait de l'argent. La durée de vie d'un produit était importante pour faire des économies, car personne ne voulait que son pécule se gâte. Des éléments tels que la facilité de diviser les gains pour effectuer des échanges, le caractère compact et l'uniformité de la qualité ont tous rehaussé l'aspect monétaire. Pour de bonnes raisons liées à la chimie, une seule substance est devenue le choix évident et unique. Ses voisines les plus proches dans le tableau périodique des éléments sont restées des alternatives à privilégier.

L'or, l'argent, le cuivre, le platine et le palladium sont les matériaux choisis pour représenter l'abstraction très utile de l'argent. En français, nous utilisons le nom du métal précieux, l'argent, pour désigner aussi la monnaie. En danois, c'est l'or qui est synonyme de monnaie («geld»). Les livres sterling étaient autrefois des livres d'argent, et même le dollar définissait une mesure de métal précieux (en espagnol).

La monnaie fiduciaire correspond à l'argent imposé par l'État. Quelques fois, le roi se contentait de ratifier la devise prédominante et se satisfaisait d'apposer son portrait royal ou impérial sur une mesure de métal précieux sous forme de pièce pour « garantir » sa valeur. En vérité, la valeur de cet argent prenait le cap opposé, car combien de souverains étaient aussi bons que l'or ?

Plutôt que de garantir sa valeur, au moins au commencement de l'Empire romain, les souverains dévalorisèrent les pièces en les alliant avec des métaux de base ou en taillant légèrement les bords d'une pièce pour qu'elle ait un poids moins important que prévu (la masse, pour être précis) lors de l'échange. Sans entrer dans les détails de l'histoire de la monnaie, il est raisonnable de dire que la relation entre l'État et l'argent est basée sur la corruption et sur la fraude. Si l'argent est la racine du mal, alors la racine de ce mauvais argent, c'est le gouvernement.[1]

La monnaie fiduciaire est imposée par décret. Elle n'est ni volontairement ni spontanément générée dans le libre-échange entre adultes consentants. Les États-Unis à eux seuls ont vécu plusieurs périodes d'inflation avec la monnaie fiduciaire, en commençant par les « continentaux » de la révolution des prix. Il existe également un lien fort entre la guerre et l'inflation. Par exemple, les « continentaux », les billets verts en papier (« greenbacks ») de la guerre civile ou guerre de Sécession, l'inflation galopante due aux deux guerres mondiales, à la guerre de Corée et à celle du Vietnam. Tout ceci n'est pas une coïncidence ; l'inflation est une forme d'imposition, et faire la guerre requiert énormément de taxes.

Tout comme l'imposition, on doit obligatoirement imposer l'inflation. Le mécanisme de l'imposition de la monnaie fiduciaire représente la loi définissant la devise officielle. Nous devons accepter les certificats papier du gouvernement qui sont dépréciés et qui représentent supposément de l'argent, sous peine de faire face à une sanction légale.

Dans la Chine nationaliste, juste avant l'effondrement de son contrôle sur le continent asiatique, l'inflation de la monnaie était si forte (pour financer la guerre civile chinoise) que les commerçants qui allaient à l'encontre du contrôle de la monnaie et des prix étaient rassemblés en ligne puis exécutés par les soldats du généralissime Chiang Kai-Shek[2]. Mao Ze-

1. De nombreux livres ont récemment été publiés sur la nature et sur l'histoire de l'argent, allant des brochures criardes aux analyses économiques exactes, mais toujours opaques. Un des livres les plus précis sur le sujet, faciles et agréables à lire restera toujours *What Has Government Done to Our Money?* (*État, qu'as-tu fait de notre monnaie?* aux éditions Institut Coppet et traduit par Stéphane Couvreur), écrit par le docteur Murray N. Rothbard, un ancien étudiant de Ludwig von Mises et un des rares économistes ne servant pas les intérêts d'un gouvernement ou d'un soi-disant gouvernement.

2. Chef du gouvernement de la République de Chine et chef des armées, ayant par la suite perdu son autorité sur la Chine qui devint la République populaire de Chine en

dong, lui, avait promis de l'or et avait conquis les petits « capitalistes » de son régime communiste.[1]

Si les commerçants étaient prêts à risquer la mort plutôt que de prendre la monnaie fiduciaire à un taux gonflé, alors le lien entre l'hyperinflation et la révolution (ou du moins les changements drastiques au sein du gouvernement) n'est donc pas une coïncidence. Plutôt que d'être globalement bouleversée, la contre-économie est fortement stimulée par une grande inflation (le contrôle des prix, souvent utilisé pour lutter contre l'inflation, comme le fait de maintenir le mercure dans un thermomètre pour combattre la fièvre, transforme du jour au lendemain la quasi-totalité du marché en un marché noir). La thésaurisation de l'or est courante, même chez les personnes pauvres vivant en Europe et en Amérique latine, qui font régulièrement face à des hyperinflations.

Les Américains du Nord sont les personnes les plus complaisantes sur terre à accepter la monnaie fiduciaire en tant que véritable argent. L'une des raisons est que le dernier déficit monétaire s'est déroulé deux cents ans auparavant aux États-Unis. Mais la dévalorisation croissante actuelle du dollar américain ébranle cette confiance et la voie vers l'or légal, les actifs étrangers et la devise étrangère, et le développement de substituts contre-économiques s'accélèrent.

Bien qu'il y ait quelques facteurs secondaires (qui peuvent, pour la plupart, être éliminés en moyenne sur le long terme), le « prix de l'or » n'a pas fait l'objet d'une hausse drastique. L'or est le moyen d'échange le plus stable. Mais le prix du dollar en termes d'or a drastiquement baissé. Du point de vue de la définition originale du poids de l'or en termes de dollar (utilisé durant un siècle prospère entre 1814 et 1914, alors que la monnaie était forte), aujourd'hui le dollar vaut trois à cinq cents. Si vous vous souvenez qu'au début du siècle, une bière avec un repas gratuit coûtait quatre cents, vous pouvez constater que le rapport des prix est toujours le même aujourd'hui.

Il est évident que si les individus sont libres de choisir leur propre argent, comme cela a été suggéré par certains économistes[2] (plus précisément, nous sommes en droit de refuser une forme d'argent et de demander un

---

1949 sous le contrôle de Mao Zedong.

1. Comme ce qui a été rapporté à l'auteur par le professeur, économiste, historien et docteur Murray N. Rothbard.

2. Friedrich von Hayek, économiste autrichien et lauréat d'un prix Nobel, suggère maintenant que les devises en concurrence soient autorisées et que l'argent soit « dénationalisé » par l'État.

contrat pour payer autrement), alors, soit le gouvernement se comportera de manière adéquate et certifiera juste superficiellement la valeur de l'argent, ce qui peut toujours être vérifié par des moyens physiques ou chimiques, soit l'argent du gouvernement sera escompté et la loi de Gresham prendra le relais.

La loi de Gresham a souvent été énoncée comme « la mauvaise monnaie chasse la bonne » (la « bonne » monnaie est thésaurisée, et la « mauvaise » est donnée en guise de paiement, étant ainsi majoritairement en circulation). Cela se termine par le « boum de l'effondrement monétaire »[1] lorsque la « mauvaise monnaie » n'a plus aucune valeur et qu'il reste seulement « la bonne monnaie ».

À partir de là, la nature de l'inflation est une forme de vol orchestré par les dirigeants d'un pays. La masse monétaire est d'abord contrôlée par le gouvernement, puis l'État augmente le nombre d'unités monétaires par le biais de diverses manipulations de données comptables.

Pour résumer, l'inflation se décrit comme l'acquisition de plus de dollars pour la même quantité de biens. Elle a aussi d'autres effets, mais à l'exception de quelques privilégiés, ces effets sont très généralement négatifs selon la majorité des valeurs d'une grande partie de la société. Pour se rendre compte de la nature apocalyptique de l'inflation et du mouvement de survie contre-économique en plein essor, il est important d'esquisser ses effets cataclysmiques sur le long terme.

Inflation et survivalisme

L'inflation amène à des dépressions économiques, qui vont ensuite conduire à une plus grande inflation. Cette spirale se répète jusqu'à atteindre un point critique où le système monétaire s'effondre : c'est le « boum de l'effondrement monétaire » de Ludwig von Mises. Nous pouvons prendre comme exemple le cas récent et dramatique de l'Allemagne en 1923. Le discrédit des partis politiques au pouvoir mena à la prise du pouvoir par les nationaux-socialistes et à la mise en place du Troisième Reich, un évènement que la plupart d'entre nous qualifieraient de cataclysmique.

Cela peut paraître assez paradoxal que de nombreux conseillers en investissement, analystes de marché, chercheurs d'or et autres, qui semblent avoir la tête sur les épaules, soient fortement engagés dans des scénarios moroses de fin du monde. L'esquisse ci-dessus en démontre les raisons.[2]

1. En anglais : « Crack-Up Boom ».
2. La plupart des écrits basés sur l'économie autrichienne ont expliqué le cycle écono-

Les survivalistes assistent à la montée galopante de l'inflation et à l'effondrement des réserves d'argent, qui s'appliquent tous deux dans le monde entier et de façon générale. L'extrapolation des conditions actuelles à des faits économiques et historiques vérifiés prouve qu'ils ont raison. Alors, ils font des réserves d'or, d'argent et de produits dans des endroits retirés du monde ou dans les régions sauvages d'Amérique du Nord.

Les survivalistes sont souvent prêts à se soustraire aux lois et aux contrôles, et à les enfreindre. Après tout, si la fin du monde est proche (et que le gouvernement en est responsable), pourquoi devrions-nous obéir à l'État ? C'est ainsi qu'ils s'aventurent vers la contre-économie.

Les actes contre-économiques typiques des survivalistes sont la fraude fiscale (bien évidemment), la fraude au contrôle des devises (pour stocker leur argent en toute sécurité et sans le divulguer dans des banques étrangères), la fraude aux normes de construction (pour leurs refuges de survie),

---

mique en détail depuis la publication marquante de la thèse de doctorat de Ludwig von Mises : « La théorie de l'argent et du crédit » (1910). Cette thèse expliquait la Grande Dépression, dix-neuf ans avant qu'elle se produise. Voici un extrait plus long pour ceux qui ne souhaitent pas chercher les références : « Augmenter l'approvisionnement en argent donne aux premiers bénéficiaires (les chefs du gouvernement, les banques, les contractuels du gouvernement) plus de pouvoir d'achat. Ils font monter certaines ressources à leur ancien prix et indiquent aux producteurs de produire plus, car les producteurs pensent pouvoir gagner plus d'argent. Au final, l'ensemble des prix augmente, et les gens pensent qu'ils ont moins les moyens d'acheter avec la même quantité d'argent et réduisent donc leurs dépenses. Les commerces qui ont surinvesti et qui avaient augmenté leur production reçoivent le signal de réduire leur rendement, des liquidations ont lieu (des "ventes forcées" aux "ventes pour cause de faillite"), et certains employés sont mis au chômage technique. On nomme ce chômage et cette perte de capital la dépression (ou la récession, ou d'autres euphémismes tels que "réajustement glissant"). Cela pourrait se terminer ici, mais les hommes d'affaires en faillite et les ouvriers au chômage, paniquant, demandent plus d'argent pour résoudre le problème. Le gouvernement en imprime obligeamment plus. Mais, pour pousser de nouveau le marché dans le premier boum (ou un autre phénomène semblable), le gouvernement doit fabriquer plus d'argent que prévu. (Après tout, tout le monde a déjà remarqué que les prix avaient augmenté et suppose donc que ces prix vont continuer d'augmenter au même rythme, ainsi tout le monde escomptera alors son argent en conséquence.) Finalement, les gens comprennent qu'ils se feront encore avoir et anticipent toute augmentation. À ce niveau, l'argent est dépensé aussi vite qu'il est reçu (ce que Mises appelait la "fuite vers les biens réels"), les ouvriers sont payés deux ou trois fois par jour, les dettes doivent être refinancées quotidiennement ou même toutes les heures. Enfin, les gens se débarrassent de l'argent sans valeur pour utiliser des devises étrangères, le troc et l'or. Il s'agit du "boum de l'effondrement monétaire" mettant fin à une inflation hors de contrôle. Il existe plusieurs exemples historiques et cela semble inévitable. Le Chili a brisé le cycle par le biais d'une dictature militaire sévère en 1973. Pour un récit fictionnel trépidant sur un boum de l'effondrement monétaire aux États-Unis dans un futur proche, il faut lire *Alongside Night* de J. Neil Schulman (éditions Ace Books, 1982 ; éditions Crown 1979). Schulman comprend totalement la théorie de la contre-économie (l'agorisme) et son intrigue est résolue à travers une fin optimiste du triomphe de l'agorisme. »

la fraude au contrôle des armes à feu et au contrôle des drogues (pour en faire des stocks dans leurs refuges), la contrebande (s'ils souhaitent se réfugier à l'étranger) et la fraude à toutes les lois sur la divulgation obligatoire de ses données. Cette dernière est nécessaire: si le gouvernement peut vous atteindre ainsi que votre argent, et/ou votre refuge de survie lorsque survient le moment critique, à quoi bon vos préparatifs auront-ils servi ? Il n'y aura aucune chance de survie.

En déposant de l'or et des biens, et même les pauvres peuvent le faire[1], le passage à un système monétaire contre-économique a été facilité. Il a suffi que quelqu'un se rende compte qu'il n'est pas nécessaire d'attendre l'éventuel effondrement pour remplacer l'argent dont les chercheurs d'or et les survivalistes (qui se comptent maintenant en millions) ont fini par se rendre compte qu'il était imposé de force, délibérément dévalorisé et bien moins préférable que les produits de premier choix. C'est ainsi que la « banque d'or » a été créée. Et puisque certaines de ses opérations, même avec le système d'interstice de Browne, contournent les lois et que toutes ces opérations seront déclarées illégales lorsque l'inflation s'emballera (à en juger par la plupart des témoignages historiques), la banque d'or doit être alors contre-économique. Et elle l'est.

Il est toujours possible que le gouvernement revienne à la raison et mette fin aux inflations. Cet espoir fut, du moins pour l'Amérique du Nord, réduit à néant par l'élection et par le « bradage » de Ronald Reagan lorsqu'il était président. Il était généralement considéré comme le défenseur le plus acharné de « la monnaie forte » qui pouvait être élu au pouvoir. Sa « commission de l'or » refusa de soutenir un étalon-or pour le dollar américain et, comme cela a été écrit, la masse monétaire des États-Unis augmente à chaque tour de la spirale, en devenant toujours plus élevée que jamais. La démoralisation des acheteurs d'or moyens pourrait en fait suffire à déclencher la fuite vers les biens réels dans ce cycle. (Voir la note de bas de page 9)

Certains pourraient être surpris de constater que la contre-économie offre en fait un espoir considérable. La masse monétaire pourrait être remplacée illégalement, mais pacifiquement, avant les bouleversements les plus graves du boum de l'effondrement monétaire. La manière dont cela s'effectue (et dont on peut y participer) sera expliquée et tirée d'un exemple concret après une dernière phase préliminaire.

1. Voir *The Alpha Strategy* de John Pugsley pour plus de détails utiles.

La monnaie contre-économique

Les personnes ordinaires ont besoin d'être protégées contre l'inflation qui frappe tout le monde (personne ne peut respecter toutes les lois, car beaucoup se contredisent). Les contre-économistes (ceux décrits dans les chapitres précédents et dans les chapitres qui vont suivre) ont besoin d'une monnaie sure. Mais qu'est-ce que cela signifie ?

« Un banquier et trois autres personnes ont été condamnés ce mardi pour avoir participé à l'organisation d'une opération de blanchiment d'argent provenant de la drogue, par l'intermédiaire de la banque Garfield... Un jury fédéral a délibéré moins de deux jours avant de les déclarer tous les quatre coupables de conspiration et de non-respect des lois qui exigent que les banques établissent des déclarations sur les dépôts valant plus de 10 000 dollars. »[1]

Tous les contre-économistes ont besoin de moyens pour effectuer des transactions financières à l'abri des regards indiscrets du gouvernement afin de réduire considérablement leurs risques de sanction. Dans le but d'échapper à la divulgation des revenus, la plupart sont également des fraudeurs fiscaux. Certains résolvent le problème en achetant des banques.

« John A. Gabriel, ancien président de la banque [Garfield] et président du conseil d'administration, a été inculpé en même temps que les autres accusés en juillet. Il a plaidé coupable de non-déclaration de transactions en devises équivalant environ à 500 000 dollars. John A. Gabriel et sa banque ont donc payé au gouvernement près de 2,3 millions de dollars d'amendes. »[2]

Posséder une banque fiduciaire fonctionnant de manière contre-économique peut être utile, mais pas beaucoup plus risqué que de diriger une banque d'or. L'or présente également l'avantage d'être un moyen de change bien plus universel que le dollar pour les trafiquants de drogue, les contrebandiers et toutes sortes de contre-économistes étrangers.

« Le marché noir de l'or de Moscou rapporte aujourd'hui des prix équivalant à 2400 dollars l'once (près de quatre fois plus que les taux mondiaux actuels), selon des sources qui sont aux faits du commerce. Dans d'autres régions du pays, comme l'Asie centrale soviétique, les prix sont réputés être encore plus élevés. »[3]

1. Morain, D. (16 décembre 1981), « Quatre coupables dans une machination de blanchiment d'argent », *Los Angeles Times*, p. 113.

2. *Ibid.*

3. Kent, T. (4 sept. 1980), « Le marché noir de l'or prospère en Russie », *Associated Press.*

La monnaie fiduciaire soviétique est la monnaie la plus strictement contrôlée. La valeur du rouble est-elle en train de monter? «L'inflation touche aussi le marché noir. Selon une source, une pièce d'or tsariste de cinq roubles, qui coûtait l'équivalent de 100dollars sur le marché noir dans les années1960, coûte aujourd'hui près de 400dollars. Même les plombages dentaires en or peuvent être vendus à des prix élevés.»[1]

En d'autres termes, toutes les raisons qui ont implanté l'argent contre-économique en Amérique du Nord s'appliquent aussi à la Russie, un pays avec ses côtés les plus sombres. «Les personnes qui ont acquis de l'argent de manière illégitime sont naturellement réticentes à placer de grosses sommes dans des banques contrôlées par l'État, par crainte de faire face à des questions dérangeantes. Il est également dangereux de garder d'énormes réserves d'argent chez soi. Depuis la révolution bolchévique de 1917, la monnaie nationale a été changée à plusieurs reprises, la "vieille monnaie" perdant de sa valeur après chaque réforme.

«Un écrivain moscovite souhaitant garder l'anonymat a déclaré: "Toute personne qui ne veut pas avoir à rendre compte de la façon dont elle a obtenu son argent pourrait bien avoir tendance à placer son argent dans l'or. Ainsi, ce moyen reste toujours sûr." Le marché noir offre une politique de confidentialité basée sur le principe de ne pas poser de questions.»[2]

L'effondrement du Cambodge montre à la fois l'universalité de l'or et sa fonction de rédempteur en cas de déclin économique. «Malgré l'interdiction du commerce transfrontalier par la Thaïlande, la rivière d'or qui a commencé à couler au Cambodge en 1979, avec la première vague de réfugiés affamés, continue de couler. Elle alimente un marché noir qui distribue des marchandises rares dans la partie du Cambodge dirigée par le Vietnam et pompe des millions de dollars dans l'économie thaïlandaise. "Les affaires n'ont jamais été aussi fructueuses", a déclaré un commerçant cambodgien à propos du "marché des métaux" officieux qui fonctionne à Nong Chan, l'un des nombreux camps de réfugiés non officiels situés à cheval sur la frontière.»[3]

La relation entre le risque et les bénéfices, qui est la base de la contre-économie, est très visible dans la relation entre le prix de l'or et la distance à prendre (face au danger perçu). «Dans les petits kiosques de Nong Chan,

1. Ibid.

2. Ibid.

3. «Les chercheurs d'or méfiants alimentent le marché noir: les vendeurs thaïlandais se vêtissent souvent de guenilles» (10 janvier 1982), *Los Angeles Times*, p. 117.

et dans d'autres camps frontaliers similaires, des produits tels que le savon, les piles de lampes torches, les stylos et le riz se vendent juste un peu plus cher qu'à Aranyaprathet, le bourg voisin. Au fur et à mesure que les marchandises entrent sur le territoire du Cambodge, les prix augmentent en conséquence», selon les spécialistes…

«“Le voyage de retour (jusqu'au Cambodge) est dangereux, c'est pourquoi ces personnes veulent un bon taux de rendement, a déclaré [un diplomate occidental], ajoutant qu'une partie des marchandises se retrouve en réalité au Vietnam.”»[1] Peut-être que la contre-économie a sa propre méthode de vengeance.

Il a été dit plus tôt que l'inflation est un bon moyen d'éveiller les consciences, ou d'être un contre-épargnant. Qu'en est-il du marché noir en Thaïlande, qui a vu le jour à la suite de l'effondrement économique? (Nous savons que les Cambodgiens sont des personnes aux idéologies radicales.)

«Les efforts du gouvernement thaïlandais pour mettre fin au marché noir ont provoqué la colère des villageois thaïlandais, qui rétorquent que le commerce est toujours aussi actif, mais qu'il est réservé aux militaires. “Si vous allez à la frontière pour vendre des produits aux Cambodgiens et que les soldats saisissent vos marchandises, les vendent et empochent l'argent devant vous, comment vous sentirez-vous?”, a demandé un commerçant thaïlandais. “Avant l'arrivée du marché noir, les gens aimaient les soldats”, a-t-il ajouté. “Maintenant, 90% de ces gens les craignent et ne les aiment pas.”»[2]

Même avec tout cet or, les personnes ont recours aux banques. «[…] le diplomate a déclaré que les transferts quotidiens de fonds récemment effectués d'Aranyaprathet à Bangkok vers une banque thaïlandaise étaient passés d'un montant dérisoire avant 1979 à 500000dollars.»[3] On a besoin des banques pour deux raisons: pour gérer commodément de grosses sommes d'argent et pour interagir avec le marché «terrestre» ou le marché blanc.

En vérité, il existe d'autres moyens de gérer de grandes richesses de manière contre-économique. Des drogues comme la cocaïne, ainsi que les pierres précieuses, sont faciles à passer en contrebande et à dissimuler. L'interaction avec le reste du marché est bien plus précieuse pour l'immense majorité des contre-économistes. Les riches se contentent de verser

1. *Ibid.*
2. *Ibid.*
3. *Ibid.*

des pots-de-vin à des banques qui reposent apparemment sur la légitimité.

Que font donc les contre-économistes appartenant aux classes les plus pauvres ou aux classes moyennes ?

Le pragmatisme de l'or

Des recéleurs, des changeurs et d'autres intermédiaires ont traité le problème du « blanchiment » d'argent noir en argent blanc. Lorsque l'argent lui-même est le problème, il faut garder la plus grande partie de son argent noir (qui est de la « monnaie forte » illégale ou le deviendra rapidement). On peut cacher des marchandises de contrebande, en prenant un risque supplémentaire, et convertir ses avoirs le moment venu. De nombreux survivalistes trouvent que cette méthode s'intègre bien dans leurs plans.

Supposons que vous puissiez déposer de l'argent fiduciaire dans ce qui semble être une banque. Cette banque contre-économique convertit votre dépôt en or et le conserve, à l'abri des ravages du gouvernement. Vous avez une facture à payer ? Il faut alors rédiger un « chèque » et la Banque d'or contre-économique[1] (abrégé en C-EGB) transforme l'or en dollars selon le prix du jour et envoie un chèque bancaire ordinaire avec vos documents. Vous avez une facture contre-économique à payer ? Il faut alors rédiger un « chèque de paiement par or » à votre partenaire commercial, qui peut collecter de l'or auprès de la C-EGB ou lui virer sur son « compte de réserve d'or », sans passer par les dollars ni avoir de données extérieures prouvant les transactions.

Une telle description n'est pas seulement le rêve parfait d'un contre-économiste, mais celui de tout individu déviant à temps partiel, survivaliste, chercheur d'or, ou même de veuves et d'orphelins victimes de l'inflation. Ce rêve est déjà là, au moins en Californie du Sud qui est en avance sur son temps.

La banque contre-économique

La banque d'or contre-économique est une innovation authentique. Beaucoup, si ce n'est pas tous, de ceux qui disent faire « le plus vieux métier du monde » sont des contre-économistes, mais la C-EGB apporte vraiment quelque chose de nouveau. L'ascension de la contre-économie de l'information y est pour quelque chose, mais elle doit en grande partie son existence à une compréhension plus grande de la théorie économique combinée à l'action contre-économique (voir les trois derniers chapitres).

1. En anglais : « Counter-Economic Gold Bank », d'où « C-EGB) »

Les banques (ou les « presque banques ») sont difficiles à mettre en route. Il faut gagner tout climat de confiance, péniblement et lentement. Depuis la montée d'une prise de conscience en 1972, plusieurs banques ont essayé d'ouvrir, mais en vain. Cependant, une a réussi, et après 16 ans d'activités en continu, elle est maintenant le centre financier de plusieurs « commerces de libre marché », dont celui des imprimeurs, des typographes, des fabricants de biens en cuir, des consultants en informatique et de plusieurs nouveaux commerces qui ne cessent de se lancer. Nous reviendrons à cette question de « communauté agoriste » vers la fin de ce chapitre et nous aborderons plus en détail son fonctionnement vers la fin du livre.

Cette banque d'or contre-économique particulière sera appelée *A&Co*. À cause des lois concernant la charte des banques (car le gouvernement surveille de près les banques), *A&Co* ne se définit jamais vraiment comme une banque dans sa documentation d'introduction, mais se réfère à elle-même en tant que « fiducie commerciale de libre marché » et fonctionne au vu et au su de tous, mais non de façon envahissante.

La brochure explicative principale du fonctionnement d'*A&Co* contient quelques euphémismes, mais nomme simplement le livret « Comptes courants de réserve d'or : un instrument monétaire du libre marché ». Après deux pages d'introduction à l'économie de l'inflation, le livret parle directement des spécificités des comptes. L'argent est défini en grammes d'or (une once troy[1] étant égale à 31,10 grammes). D'emblée, *A&Co* souhaite signer un contrat avec le titulaire du compte.

Le mécanisme est simple et précis. « Les taux de change du paiement par dépôt pour les comptes courants de réserve d'or sont :

- Actuellement évalués une fois par jour, dès l'ouverture des marchés de l'or, à 13 h 45. Quand notre volume nous le permettra, nous déterminerons les taux plus systématiquement et à tous les jours ouvrés ;
- Maintenus à une marge de 1 % ;
- Basés sur la pièce en or avec la valeur la plus basse disponible, qui rapporte parfois des taux de dépôt à un prix inférieur au lingot d'or et des taux de paiement supérieurs à ceux du lingot d'or.

« Les comptes courants de réserve d'or rapportent présentement 1,0 % par an, versés mensuellement, sur les soldes compris entre 100 grammes Au ("Au" est le symbole chimique de l'or) et 400 grammes Au. Au-delà de 400

1. Une once troy (ou troy ounce, en anglais) est une unité de mesure anglaise et standard pour les pierres précieuses et les métaux précieux.

grammes Au, ils ne rapportent pas d'intérêts à l'heure actuelle.»

A&Co explique qu'ils acceptent les dépôts en pièces d'or, les billets de la réserve fédérale (dollars), les mandats postaux et les «outils de paiement en dollars (chèques de banque, mandats, et ainsi de suite)». «A», travaillant à *A&Co*, ainsi que d'autres individus possèdent des comptes-chèques personnels (comme ils l'expliquent librement) pour gérer les outils de paiement.

Les bordereaux de dépôt sont simples : une personne peut soit le remplir avec la valeur de l'or mesuré en grammes directement (si c'est bien de l'or qui est déposé), soit en dollars, et dans ce cas, *A&Co* insérera le taux de change, convertira les dollars en grammes d'or et vous enverra votre justificatif avec les résultats finaux.

L'or peut être déposé sous toutes ses formes. L'or sera payé à la demande en pièces de 100 couronnes autrichiennes. Étant donné qu'il est compliqué de rendre la «petite monnaie» sur une somme donnée en or, un des avantages évidents d'une C-EGB, c'est que les personnes les plus pauvres peuvent maintenant «spéculer» sur l'or en le déposant sur un compte *A&Co* avec un taux en dollars à convertir et en le reconvertissant plus tard à un nouveau prix. N'importe quelle monnaie en dollars est acceptée.

(Au cas où ce n'est pas encore évident, le papier-monnaie est plus avantageux pour les riches ayant des contacts au sein du gouvernement. L'or est la principale défense des pauvres impuissants. La propagande qui a longtemps dit le contraire sur ces méthodes sert clairement certains intérêts personnels. Il est fortement dans l'intérêt des riches et des bénéficiaires puissants de l'inflation de rendre difficile l'accès à l'or et à ses modes de transaction.)

En arrivant à la huitième page de la brochure «Comptes courants de réserve d'or», nous sommes à la moitié de la lecture et c'est à partir de là que la procédure la plus compliquée est expliquée. Les chèques de la banque d'or elle-même sont appelés des «ordres de virement», et une personne peut en rédiger un à l'adresse d'un autre membre de la banque pour virer soit de l'or, soit des dollars. La seule difficulté, comme mentionnée dans les pages précédentes, c'est le transfert de paiement vers les «marchés extérieurs», c'est-à-dire l'interaction. *A&Co* s'engage à fournir tous les efforts nécessaires, du moins assez raisonnablement pour susciter l'intérêt des consommateurs. Si une personne envoie à *A&Co* un ordre de versement avec le relevé, alors ils envoient un chèque bancaire ordinaire avec vos papiers.

«Lors de l'envoi de vos instructions pour que nous procédions à votre paiement depuis votre compte de réserve d'or, veuillez y inclure :

- Une facture, un relevé ou tout autre document décrivant le paiement ;
- L'ordre de virement destiné à chaque bénéficiaire avec des instructions complètes, telles que le nom du bénéficiaire, la somme et le mode de paiement s'il diffère du chèque de banque commerciale ;
- Une enveloppe non scellée, mais timbrée et adressée au bénéficiaire.
- Si l'un de ces documents est manquant, nous procéderons quand même au paiement, mais nous vous facturerons des frais raisonnables pour les démarches supplémentaires. »

Qu'est-ce qui pourrait être plus simple que cela ? D'autres exemples sont donnés, dont les calculs pour effectuer la conversion de l'or vers le dollar. *A&Co* signale qu'il leur faudra un à trois jours pour s'occuper des transactions plus complexes. Il est ensuite mentionné que les comptes sont générés une fois par mois (ce qui est habituel pour la plupart des opérations bancaires).

Le reste de cette brochure simple offre des exemples de procédures, de calculs et une liste d'avantages. Un de ces avantages consiste à pouvoir éviter les pénalités sur les plus-values pour les personnes qui déclarent leur revenu. Ceci mérite un peu plus d'explications. Si un individu achète 20 grammes d'or pour 200 dollars et les revend après à 400 dollars pour pouvoir rembourser une quelconque dette, il pourrait (s'il le déclare) finir par payer des impôts sur la plus-value de 200 dollars. Mais puisqu'en réalité c'est le dollar qui a perdu la moitié de sa valeur, et non l'or qui a doublé la sienne, cet individu préserve en réalité sa richesse, et rien de plus. Pourtant, il sera toujours passible d'impôts sur cette plus-value illusoire. Bien que les contre-économistes les plus déterminés ne se signaleraient pas aux pouvoirs fiscaux, les contre-économistes moins impliqués ou du marché gris pourraient souhaiter « se couvrir ». *A&Co* offre alors un service à ces personnes qui se situent aussi entre les deux situations.

La vie privée est un autre avantage impliquant des conséquences contre-économiques évidentes. *A&Co* mentionne également les frais minimes, le paiement d'intérêts en or et un moyen simple d'acheter de l'or sans que les primes élevées soient facturées par les marchands de monnaie lors des petits achats. Typiquement, le dernier avantage qu'ils mentionnent est « le soutien au libre marché ».

A&Co publie régulièrement une lettre d'information, *L'Annonceur du libre marché*, qui dévoile les taux de change or/dollar qu'ils utilisent pendant un mois, promeut les commerces contre-économiques associés et inclut les rapports faits à leurs actionnaires. *A&Co* entretient également une petite bourse de valeurs pour ces commerces.

Ces personnes savent ce qu'elles font et pourquoi elles le font. Les articles et les éditoriaux économiques et idéologiques sur les qualités du libre marché pur, ainsi que les attaques envers l'immoralité de l'imposition et de la régulation de l'État sont légion. Leur niveau de conscience s'est élevé.

Les problèmes de la banque contre-économique

La plupart des personnes trouveront incroyable qu'une entité aussi organisée et sophistiquée qu'une banque (sans parler de la bourse de valeurs embryonnaire) puisse fonctionner comme elle fonctionnerait dans une anarchie, soit sans gouvernement. La grande probité des capitaux d'*A&Co*, ceux des non-fumeurs, des non-buveurs d'alcool et autres, donne certainement une fausse image du marché noir, pourtant, ils ne discriminent pas les contre-économistes plus « libres »[1]. Tant qu'ils ajoutent leurs factures correctement et qu'ils les paient, ils sont tous les bienvenus. Cela va sans dire que la banque est une source principale de capital d'investissements pour les contre-économistes locaux.

Un sujet qui aurait déjà dû être pointé dans ce livre est la relative impuissance du gouvernement. Les forces de l'ordre sont impuissantes même dans les dictatures les plus totalitaires quand les lois ne sont pas fortement acceptées et imposées aux gens. Même lorsque tout le monde (y compris les contre-économistes) se met d'accord sur le caractère répréhensible d'un acte (tel que le meurtre ou le vol), les propres statistiques de l'État montrant les arrestations atteignent un sommet d'environ 20 % seulement. (C'est-à-dire que plus de 80 % des vrais criminels commettant les crimes les plus graves échappent au dispositif inefficace du gouvernement.)

Un facteur important dans la minimisation du risque d'interférence de

1. Hargis, A. L. (1981), *Current Gold Accounts : A Free Market Money Instrument* (« *Les comptes courants de réserve d'or : un outil monétaire du libre marché* »). Costa Mesa, Californie : Anthony L. Hargis & Co., *A Free Market Business Trust* (« *La fiducie commerciale du marché libre* »).

NDÉ : Samuel Edward Konkin III a occulté le nom original pour le remplacer par « A&Co » au moment de l'écriture afin de protéger *ALH&Co* et de ne pas susciter l'intérêt non souhaité de l'État. Hélas, les activités de *ALH&Co* furent surveillées de près en 1996, et en 2004, les actifs de la compagnie (c'est-à-dire les réserves d'or et les dépôts bancaires ordinaires des clients) ont été saisis par l'administration fiscale américaine. Anthony L. Hargis fut emprisonné pour outrage au tribunal après avoir refusé de livrer ses dossiers. Lire l'article de Kristof, K. M. (10 mars 2004), « U.S. Sues O.C. Man in Tax Scam. », *Los Angeles Times,* consulté et tiré de http://articles.latimes.com/2004/mar/10/business/fi-taxscam10.

l'État dans les activités d'un individu est le soutien implicite ou plus renforcé entre toutes les personnes impliquées. Dans le cas de la banque d'or contre-économique, cette dernière donne des avantages énormes et en continu à ceux avec qui elle fait affaire. C'est au moins aussi important que les exhortations idéologiques à rester loyal et l'ostracisme potentiel des partenaires commerciaux et des clients d'un individu, si on voulait aussi signaler ces activités à l'État. Les États-Unis pourraient offrir une récompense assez élevée pour convaincre certains de devenir informateurs, mais ceci n'a jamais encore eu lieu en sept ans, malgré des centaines de personnes étant au courant de la nature de ces activités.

Alors que ce libre marché se développe, les avantages liés à ce marché grandissent aussi, mais il faut que la récompense ou la prime augmente encore et encore, jusqu'à ce que l'État ne puisse plus rassembler assez pour anéantir une partie signifiante du marché.

Un problème particulièrement sensible pour l'inflation contre-économique, bien qu'il soit commun à tous, concerne le flux et le stockage de l'information. La médiatisation et la publicité sont bonnes pour les affaires : la transparence financière régulière établit la confiance, l'assurance et plus d'affaires, pourtant, plus l'information sur l'activité contre-économique est révélée, plus les risques que même les Keystone Kops[1] tombent dessus, se rendent compte de ce qu'il se passe et agissent pour tout arrêter sont grands.

Heureusement, alors que la contre-économie devient financièrement plus sophistiquée, les technologies de l'information connaissent de grandes avancées dans le stockage et dans la transmission, étant à présent complètement dépourvues d'intrusions indésirables.

Le prochain chapitre s'intéressera à la croissance de la contre-économie de l'information. Si l'inflation est le grand contre-épargnant, alors l'explosion de l'industrie de l'information est le nouveau défenseur brillant, le « chevalier blanc » de la contre-économie.

La contre-économie du troc

Le troc est récemment devenu une tendance et sa motivation repose essentiellement sur l'évasion fiscale et la fuite de l'inflation. En réalité, un livre récemment publié a affirmé que faire du commerce librement et sans argent était la nouvelle économie « clandestine » ou « souterraine ». C'est presque le contraire qui est vrai.

1. Des policiers de fiction au caractère comique et incompétent, apparaissant dans les films des studios hollywoodiens Keystone.

Le troc déclaré est taxé. La plupart des nouveaux et grands réseaux de troc qui ont des systèmes de comptabilité informatisés et une promotion d'envergure déclarent leurs transactions à l'administration fiscale américaine ou son équivalent dans d'autres pays. Le fisc attribue une valeur aux biens échangés et exige des impôts sur le revenu. L'impôt sur les ventes peut ou non être collecté dans les diverses localités, et ainsi de suite. Même quand l'imposition est en partie évitée, les gouvernements peuvent, au niveau approprié, faire payer de nouvelles taxes sur les transactions quand ils le souhaitent.

Il existe d'autres avantages à troquer librement, notamment pour les entreprises à court de liquidités, mais comme nous l'avons au moins sommairement vu plus tôt dans ce chapitre, l'usage de certaines formes d'argent pour arbitrer les échanges est très rentable. Ce n'est pas un hasard si les commerces continuent à découvrir qu'ils ont des « unités de troc », pourtant ils ne trouvent pas ce qu'ils ont besoin d'acheter alors que beaucoup de biens proposés restent encore disponibles.

Le troc de la contre-économie a une fonction assez différente. La valeur actuelle du dollar (ou de l'or, ou autres monnaies) pour les biens est reconnue par le commerçant, et l'argent change souvent subrepticement de propriétaire pour faire de la monnaie.

The Barter Book[1] publié en 1979 définit clairement quelques règles simples pour entreprendre le troc, et qui sont toutes de bon sens, excepté deux règles particulières qui sont ouvertement contre-économiques :

« Ils [les agents de troc qui ont été cités] échangent directement. Ils ne s'impliquent jamais dans un troc avec une tierce personne. Ils ont entendu parler des systèmes d'unités de troc et des clubs de troc, mais ils ne sont pas intéressés. Si la prime était efficace, ils utiliseraient de l'argent.

« Ils bénéficient d'avantages fiscaux. Ils ne déclarent pas leurs salaires non fixes, non stables et raisonnables. »[2]

Sans le taux fiscal élevé et l'inflation de la monnaie papier toujours croissante, la gêne et les frais pour abandonner le moyen d'échange élimineraient rapidement le troc pour la plupart des personnes occupées. La « peur de la libre-entreprise » née de l'élection et de l'administration de Ronald Reagan en 1981, avec la population anticipant (à tort) une baisse des taxes et de l'inflation, conduisit à un échec des échanges ou des pertes lourdes de clients

1. *Le guide du troc,* non disponible en langue française. Écrit par Dyanne Asimov Simon.
2. Simon, D. A. (octobre 1979), « Le troc : Les ruses du commerce », *Cosmopolitan*, p. 226.

du troc. Les attaques vigoureuses et médiatisées de l'IRS à l'encontre de ces problèmes les éradiquèrent rapidement.

Le troc de la contre-économie perpétue, mais quand une meilleure solution apparaîtra (l'avantage de banques d'or), il cédera sa place.

Malgré cela, même la contre-économie du troc serait énormément facilitée et se rapprocherait d'un avantage ajusté à l'utilisation de l'argent avec l'introduction de réseaux informatiques. « L'argent est une information » est déjà devenu un cliché. Si tout le monde rejoignait au moins un réseau informatique qui relirait les autres, le troc fonctionnerait, du moins en théorie, aussi rapidement et de façon aussi pratique qu'en utilisant de l'argent. De plus, l'ascension de la contre-économie de l'information pourrait permettre ces échanges.

Même dans cette issue idéale, il n'y aurait aucune raison de ne pas gérer les comptes en unités de masse d'or, simplement pour inclure tous les abstentionnistes et tous les réfractaires, ainsi que tous ceux n'ayant pas de connexion à un ordinateur ou qui sont au milieu de telles connexions.

Des négociations préliminaires ont été entamées avec *A&Co* pour délivrer la première carte de crédit contre-économique (une carte bancaire « Anarcho » ?). Ce n'est pas un hasard si ceux qui offrent ce service sont des consultants et des programmeurs informatiques.

6. La contre-économie de l'information

C'est l'échange d'informations qui différencie la contre-économie du marché légal établi. Essayez de réfléchir à la différence évidente entre un accord passé dans la rue sous l'œil vigilant des agents de l'État et sans l'œil vigilant des agents de l'État. Sinon, imaginez un cargo qui accoste, décharge la marchandise et prend l'argent avant de lever l'ancre. Dans un de ces cas, des formulaires ont été remplis et les importations ont bien été déclarées auprès du gouvernement, mais quand aucun papier n'est physiquement (ou informatiquement) envoyé à l'État, alors ses agents n'ont pas connaissance de l'existence de ces importations. C'est au moment de l'échange d'informations que naît le trafic et que le crime de la contrebande est commis.

Le contrôle de l'information est une lutte sur la capacité même de l'État à continuer de fonctionner. Si les informations échappaient aux mains du gouvernement, celui-ci serait dans l'impossibilité d'agir. Bizarrement, le gouvernement américain s'est avoué vaincu et il est incapable de réguler l'industrie de l'information. Et pourtant, des conflits subsistent en marge, notamment au sujet de la puissante méthode de programmation informatique connue sous le nom de cryptographie asymétrique[1].

Si la cryptographie se révèle être un succès, le rêve tant attendu d'une anarchie qui serait réalisable deviendra réalité. Pour en saisir toute la portée, regardons de quelle manière l'État fonctionne, ou plutôt de quelle manière il « vole ».

Le pillage à travers l'histoire

Au départ, l'État était un gang composé de bandits, terrorisant les zones rurales. La taxation était simple : tout ce qui avait l'air d'avoir de la valeur était saisi, tout ce qui avait l'air comestible était consommé et toute personne attirante était violée. Pour se protéger, les paysans les plus futés cachaient leur or, leurs filles (leurs fils également) et leur bétail. Afin d'éviter que les paysans coupent les ponts, les bandits mettaient à feu et à sang tous les villages où ils avaient déjà pris tout ce qu'il y avait à prendre.

1. Système de chiffrement assurant la protection et la confidentialité des données en séparant la clé de chiffrement (publique) de celle de déchiffrement (privée).

Là où les pilleurs s'installèrent pour former un gouvernement, ils calmèrent leur appétit et exigèrent un tribut des paysans, leur laissant juste assez pour vivre et faire pousser une autre récolte pour l'année d'après. Des prêtres furent soudoyés pour convaincre les agriculteurs que l'État avait l'approbation divine. Enfin, au Moyen-Âge, les seigneurs se contentèrent de ne profiter des faveurs d'une femme que lors de sa nuit de noces (*droit du seigneur*[1]).

La principale forme d'évasion « fiscale » restait la sous-déclaration des biens. Mais au fur et à mesure que le marché grandissait et se complexifiait, certaines activités finirent simplement par dissimuler leur existence même. Que ce soit dans la cour de récréation ou celle de la prison, les informateurs sont considérés à la fois avec le plus grand dédain et avec la plus grande crainte. Les informateurs, aussi appelés « des mouchards », sont directement condamnés à mort par des gangs violents (qui eux-mêmes sont des États au stade embryonnaire). Quoi qu'il en soit, les informateurs sont mis à l'écart par les contre-économistes doués de morale et pacifiques.

La société américaine du XXe siècle était remplie d'informateurs. Pour que vous puissiez voir où je veux en venir, sachez même que ceux qui n'étaient pas des informateurs en URSS détenaient des informations. Et même les informateurs en étaient informés. Le plus sûr est de se trouver un informateur, puis de sélectionner ses informations avec soin.

L'industrie de la drogue est gangrénée par les agents de la DEA et des informateurs de la police locale. Les trafiquants d'armes agissent librement jusqu'à qu'une taupe du ATF[2] ne les infiltre. Les dissidents politiques ont souvent plus de membres cotisants du FBI que de membres engagés. La Commission fédérale du commerce[3] dépend des concurrents mauvais perdants qui dénoncent une entreprise pour violation des lois sur les pratiques « anticoncurrentielles ».

Et par-dessus tout, avec un réseau d'espions, d'informateurs, de concurrents mécontents, d'épouses vengeresses, d'amoureux éconduits et de chasseurs de primes purs et durs se trouve l'administration fiscale américaine, l'IRS. Aucun organisme juridique d'application de la loi de l'État ne suscite autant de crainte et d'effroi que l'IRS.

L'IRS est le glaive et la force brute des États-Unis. Alors que le reste des

1. En français dans le texte original. Le « droit du seigneur » est plus communément connu sous le nom de « droit de cuissage ».
2. « Bureau of Alcohol, Tobacco, Firearms and Explosives ». Le Bureau de l'alcool, du tabac, des armes à feu et explosifs.
3. En anglais : « Federal Trade Commission ».

États-Unis se déguise sous l'apparence de bonnes œuvres, les tentatives pour camoufler l'IRS ont toutes échoué inévitablement. Un autocollant populaire de parechoc porte bien son nom : « IRS : Ignobles Rapiats Sanguinaires »[1].

Comment fonctionnent les taxes ?

Dans le monde moderne, les agents de l'IRS ne peuvent, même s'ils le souhaitent, monter sur leurs étalons, dégainer leurs morgensterns[2] et leurs massues, et chevaucher à travers les banlieues paisibles en poussant des cris, à la recherche de richesses pour leur chef. Mais là encore, ils sont avantagés par rapport à leurs ancêtres spirituels d'il y a 3000 ans : leurs victimes se rendent d'elles-mêmes.

Ces trois mille ans de mystification portent leurs fruits tous les ans, le 15 avril aux États-Unis (le 30 avril au Canada, et un autre jour de printemps dans les autres pays). Les citoyens américains sont appelés à transmettre justement les informations dont l'État a besoin. Le montant exact n'a pas d'importance, les déductions d'impôts ne sont qu'une façade.

La stricte vérité est que, sans ces informations, l'État n'aurait aucune idée de l'endroit où se trouvent les richesses.

Il n'est pas chose nouvelle de dire que si tout le monde arrêtait d'envoyer ses formulaires fiscaux 1040, l'État se tarirait et s'envolerait. Le principe de la contre-économie est que tout le monde peut la pratiquer (et la pratique) sans attendre les autres. La méthode consiste à contrôler le flux d'informations à propos de soi-même, en particulier le flux d'informations entre vous et l'État.

Profil et visibilité

Il n'y a pas qu'une seule façon d'utiliser l'information pour se libérer de la domination de l'État, il en existe trois. Deux d'entre elles supposent qu'on agisse relativement seul, tandis que la dernière suppose qu'on agisse à plusieurs.

La plupart des gens connaissent la tactique de la contre-économie « discrète »[3] consistant à rester « invisible » aux yeux de l'IRS et des autres agences gouvernementales. La suite de ce chapitre sera dédiée à cette méthode. Il ne faut tout de même pas oublier les autres méthodes, d'autant plus qu'elles

1. Dans le texte original : « It Really Steals ». Litt. « Il vole vraiment ».

2. Arme blanche du Moyen-Âge de type masse d'armes et dotée de pointes.

3. La contre-économie « discrète » et celle « apparente », présentées dans le chapitre « La contre-économie à l'ère numérique ».

sont plus gratifiantes (et donc plus risquées).

« La contre-économie "apparente" porte sur un domaine spécifique de la coercition de l'État en attirant l'attention sur les persécutions de telle ou telle personne. Plus cela est voyant, mieux c'est. Comme les huit célèbres prévenus de l'affaire "Chicago 8" qui se servirent de la publicité pour éviter la prison pendant des années, même après leur condamnation.

« Les civils désobéissants font confiance à la pression publique pour leur éviter la prison ou pour réduire au maximum leurs sanctions. En effet, les forces de l'ordre de l'État cherchent à éviter d'engendrer des martyrs. Le concept même de martyr révèle le pouvoir de l'information : qu'est-ce qu'un martyr si ce n'est un cadavre doté d'une belle histoire ?

« Les contre-économistes bénéficiant d'une grande notoriété encourent plus de risques, car ils sont plus faciles à détecter. Ils ont l'avantage d'obtenir un flux supplémentaire d'informations, provenant d'eux-mêmes et qui s'étend au reste du marché. Dans la mesure où ils parviennent à leurs fins, ils en deviennent une source d'inspiration. »[1]

En réalité, l'auteur a prouvé qu'il est possible de profiter simultanément des avantages du niveau de visibilité induit à la fois par l'approche « discrète » et celle « apparente ». L'astuce consiste à créer une troisième catégorie : la communauté contre-économique.

« Il est possible de poursuivre n'importe quel degré de notoriété (ou, pour le dire autrement, faire librement la publicité de ses services) au sein de la communauté des contre-économistes, sans en informer l'État, ses agents, ni bien sûr, ses informateurs. Pour ce faire, il faut contrôler son flux d'informations personnelles. »[8]

Les flux d'informations

Avez-vous remarqué que lorsque vous commandez quelque chose en ligne, ou que vous participez à une action caritative ou politique, votre messagerie électronique est soudain inondée de publicités ayant un rapport avec ce que vous avez fait ou acheté ? Vous avez en réalité généré un flux d'information sortant et on vous renvoie un torrent d'informations entrantes.

L'information est la ressource première d'une industrie bourgeonnante ; cela comprend aussi le traitement des données et une grande partie de la programmation informatique. La théorie de l'information est un sujet

1. Propos de Samuel E. Konkin retranscris dans le chapitre « La contre-économie à l'ère du numérique ».

d'étude d'actualité. Cette activité évolue si rapidement que le gouvernement américain a renoncé à l'idée de la réglementer.[1]

Mettons momentanément de côté le débat sur les technologies de pointe. Il existe deux façons évidentes d'échapper à l'attention de l'État : ne pas exister. Et si vous existez, n'en parlez à personne. (Il y a aussi la démarche agoriste : en parler seulement à d'autres personnes impliquées dans la contre-économie et qui ont autant de choses à cacher que vous.)

Certains contre-économistes vont aussi loin que cela, jusqu'à « couper tout contact avec quiconque qui serait susceptible de les connaître, se retirer définitivement des listes de distribution, effectuer toutes opérations financières en espèces et ne jamais avoir recours aux banques, et même éviter les résidences légales, vivant dans un mode de vie nomade, dans des caravanes, ou bien sûr, sur des terrains laissés à l'abandon, dans des caves ou des constructions de fortune. »[8]

Pour faire court, dans les années 1960, ces premiers adeptes de la contre-économie, encore timides (on pourrait les appeler les « proto-agoristes ») étaient suffisamment organisés pour publier un bulletin d'information, *Vonulife*. (Vonu, disaient-ils, représentait l'invulnérabilité face à la coercition, et c'est ce qu'ils recherchaient.) Ils avaient des problèmes évidents pour maintenir le contact et ont presque complètement disparu aujourd'hui.

Mais avant de disparaître, ils avaient tout de même essayé, de manière rudimentaire, de tenter de battre l'État et de faire encore partie de la société. Après tout, l'État et la société humaine sont des ennemis naturels, il devrait donc être possible d'utiliser la société comme un allié contre l'État. (Vous rappelez-vous la position sociale des informateurs ?)

Ils appelèrent le concept d'interaction avec le reste de la société (ceux qui ne sont pas pour la philosophie Vonu)la « connexion ». Cela a déjà été évoqué dans le chapitre précédent, dans notre explication sur la banque contre-économique, et ce n'était qu'un exemple parmi d'autres.

Il existe un moyen d'être en connexion avec le reste de l'économie, en particulier avec le marché légal, qu'on peut aussi appeler l'« économie dominante » ou l'« économie établie » : c'est de se créer une autre identité. L'idée est de laisser cette identité fictive encourir les risques. On peut abandonner cette identité si on est sur le point de se faire arrêter.

1. Mais pas entièrement. En décembre 1984, la NSA (Agence nationale de sécurité) annonça qu'elle avait l'intention de développer un système de nouvelle génération, plus rapide et plus performant que les systèmes existants. Voir la section suivante sur la cryptographie asymétrique pour connaître la raison principale de cette invention.

La méthode du « titre de voyage[1] »[2] (c'est-à-dire utiliser une identité plus ou moins similaire à celle que l'on a déjà) pose de sérieux problèmes. Pour faire simple, « si les agents de l'État se rapprochent de cet alter ego, tant que vous vous camouflerez, ils se rapprocheront aussi de vous. »[8]

De plus, une fois que votre « camouflage » est découvert, vous perdez tout ce qui allait avec : comptes, contacts, connaissances et biens stockés sous ce nom. C'est une perte moins importante que l'arrestation et l'emprisonnement éventuel, mais cette méthode n'est pas la solution.

Les identités multiples (si vous pouvez les conserver en ordre) sont un outil supplémentaire.

L'idée ici n'est pas d'abandonner les identités secondaires ni de dépendre d'elles. Cette astuce doit plutôt être employée comme un plan de secours, une échappatoire contre l'arrestation. L'utilisation d'une sorte de société ou d'identité factice est un classique inéluctable pour les biens immobiliers issus de la contre-économie.

Cela conduit à la catégorisation naturelle du flux d'informations dans un système de couches. Chaque couche renferme des pratiques appropriées de la contre-économie, dont certaines ont fait leurs preuves depuis longtemps et d'autres doivent encore être développées par de jeunes innovateurs brillants.

Les flux d'informations de la couche interne

Le noyau le plus profond de l'information vous concernant est constitué de données sur vous et sur vos proches. Certaines personnes ont besoin de travailler sur elles-mêmes : apprendre quand dire quoi et à qui. De plus, le choix de son conjoint et de sa famille en se basant sur leur niveau de discrétion peut sembler peu romantique ou biologiquement contraignant. Heureusement, une tradition de longue date persiste dans de nombreuses familles, celle qui consiste à conserver les informations dites « sensibles » au sein du cercle familial, ce qui joue ici en la faveur de tout un chacun.

La couche suivante est celle qui se trouve entre vous et vos amis, et votre famille éloignée. Vous avez sans doute remarqué que les demandes de renseignements sur les revenus et les pratiques commerciales sont considérées comme de mauvais goûts par la société. C'est peut-être une indication de

1. Traduction du titre du livre *The Paper Trip*.

2. Reid, B. (1971). *The Paper Trip. Fountain Valley, Californie : Eden Press. (Un texte contre-économique bien connu, avec des mises à jour telles que The Paper Trip II, 1977, The Paper Trip III, 1998, et [maintenant avec des chiffres non romains] The Paper Trip 4, 2015).*

l'évolution naturelle de la société vers l'agorisme.

La dernière couche interne est peut-être celle qui vous expose le plus à des risques : il s'agit des consommateurs, des clients, des fournisseurs et des partenaires qui non seulement savent quelque chose de spécifique sur vous, mais qui, si vous devenez trop proches d'eux, seront capables de mettre en corrélation votre identité réelle avec votre « seconde » identité.

Il existe deux solutions très utiles pour contrôler ce flux d'informations. La première consiste à suivre la règle sociale qui interdit de mélanger affaires et plaisir. Cela doit être fait avec précaution afin de ne pas éveiller les soupçons qui vous accuseraient de cacher quelque chose (une tentation à laquelle peu de gens peuvent résister). Cette méthode conduit à faire passer vos partenaires commerciaux à la couche supérieure.

Mais il existe une deuxième technique : « troquer les risques ». Si vous avez quelque chose sur eux, vous serez beaucoup moins inquiet à l'idée qu'ils découvrent quelque chose sur vous. C'est une forme d'échange d'informations intimes, il faut donc, comme dans les relations amoureuses, choisir vos partenaires avec soin.

« Vous voulez dire que vous faites aussi partie de la contre-économie ? » Cette question pourrait bien représenter le soupir de soulagement le plus courant dans les années 1990.

Les flux d'informations de la couche intermédiaire

Les informations commerciales les plus importantes sont vos historiques. Qui, à part vous, devrait avoir accès vos comptes ? Si tout va bien, ***personne*** ne devrait les consulter.

Même si vous accordez une confiance aveugle à une certaine personne, il n'y a aucune raison valable pour la laisser avoir un accès si large à votre flux d'informations pour qu'elle puisse retracer vos comptes et arriver à tout déchiffrer, comme un puzzle (la juricomptabilité est une adepte de cette méthode). Il est possible que vous deviez consulter les comptes d'une entreprise spécifique ou de l'une de vos entreprises si vous impliquez d'autres personnes dans des investissements, mais cela peut se faire de manière contre-économique.

De telles entreprises sont utiles pour vous distancer des collecteurs d'informations peu amicaux en ajoutant une couche supplémentaire pour accéder à vos informations.

La couche intermédiaire (une mésosphère, comme l'appelleraient les scientifiques) du flux d'informations est une couche des plus intéressantes. C'est là que se situent vos interactions habituelles avec les autres.

Une qualité évidente ou une bonne habitude à développer est de ne jamais révéler d'informations relatives à vos activités parallèles, ou (avant de le faire) de réfléchir consciemment aux conséquences. « Je t'en parlerai demain, Jane… je dois d'abord vérifier quelque chose », ce genre de réponses vous donne 24 heures pour minimiser les risques.

Néanmoins, vous devez révéler certaines informations afin d'interagir avec le reste du monde, sur « le produit ou le service que vous avez à offrir, ce que cela coûtera, quel type de paiement vous acceptez, le moyen pour vous contacter et quand vous (ou le produit que vous proposez) serez disponible. Si cela implique plusieurs paiements, des modalités de crédit, la fidélisation des clients et un suivi après-vente, vous devez fournir encore plus d'informations. »[8]

Mais vous en recevez également. Une autre technique efficace repose sur l'échange d'informations. Lorsque vous révélez quelque chose, vous apprenez quelque chose à propos de votre fournisseur ou de votre client.

Si vous découvrez que votre interlocuteur est également impliqué dans la contre-économie, veillez à modérer votre soulagement. Vous devez encore découvrir en quoi il est impliqué dans cette contre-économie. Après tout, des policiers et des agents de l'IRS peuvent aussi être impliqués ! Il arrive à tout le monde d'enfreindre les lois, et il est impossible d'en faire autrement.

Mais cela fonctionne plus pour vous que contre vous. Ce n'est pas marqué sur le visage de votre client ou de votre commerçant s'il est impliqué dans des activités contre-économiques, mais pour le savoir, vous devez franchir le pas. Et comme tout le monde est quelque peu impliqué, il n'apparaît pas clairement que vous suggériez quoi que ce soit qui sorte de l'ordinaire, sauf dans ce cas précis.

C'est beaucoup plus simple qu'il n'y paraît. Des centaines de fois, notre auteur alla voir les imprimeurs et leur suggéra de ne pas gaspiller les papiers des reçus et de laisser tomber la taxe de vente. Le refus à ses demandes n'intervint que lorsque l'erreur fut commise de s'adresser à un non-décideur. Méfiez-vous de la moindre bureaucratie. Les chauffeurs de taxi de New York vous proposeront de les prévenir si vous ne ressemblez pas trop à un agent de la force publique (mais si vous posez la question en premier, sautez sur l'occasion).

À l'heure actuelle, du moins, la société nord-américaine a fait pression sur le système judiciaire du gouvernement pour qu'il désapprouve les pièges. Cela va changer, mais tant que ça reste le cas, c'est une grande aubaine pour les contre-économistes afin d'avoir un point de départ.[1]

Les contacts personnels ont l'avantage de permettre un rite de promotion de la contre-économie. Mais vous laissez échapper des informations correspondantes vous concernant en autorisant l'autre à observer. Il s'agit d'un compromis. Comme toujours lorsqu'on entre dans la sphère de la contre-économie, il faut évaluer les risques et les bénéfices dans chaque situation particulière.

Il faut donc penser aux avantages d'un contact sans lien personnel grâce à la promotion et au bouche-à-oreille, à la correspondance, à la livraison par courriers (par des moyens non « légaux » si possible) et au paiement par messagerie, par courrier, ou même par l'intermédiaire de banques impliquées dans la contre-économie. À ce niveau, il est temps pour vous de sortir vos ordinateurs.

L'informatique au service de la contre-économie

Imaginons le scénario suivant : une personne présente sur le marché des chaussures sur mesure, par exemple, consulte une liste de produits. En voyant la catégorie de chaussures, elle appelle une liste de fournisseurs. L'un d'entre eux propose un produit de luxe et lui fournit un code d'accès. Le code est alors activé.

Une liste de propositions apparaît. Elle demande un produit qui ne figure pas tout à fait sur cette liste, par exemple une paire de bottes hautes en daim avec des runes elfiques cousues dessus, et qui serait parfaite pour se rendre à une convention fantasy[2] ou à un évènement de la « Société de l'univers créatif de l'anachronisme »[3]. Un croquis de ces bottes lui est envoyé, avec les numéros de spécification et les coûts, en fonction du type d'ornements.

1. Une parenthèse incontournable. Les Américains ont clairement deux poids deux mesures en ce qui concerne les pièges, ce qui fait la joie des contre-économistes. Piéger des hommes d'affaires, même des hommes d'affaires importants comme John De Lorean, est une chose interdite à faire. Mais piéger des hommes politiques (selon les statistiques du modèle ARCH), comme ceux piégés par l'opération Abscam menée par le FBI, est une chose correcte. La différence est la suivante : les hommes politiques n'ont pas de relations légitimes avec un quelconque groupe d'intérêt particulier, ou pour le dire plus clairement, mais toujours dans la tradition américaine, « tous les hommes politiques sont des escrocs » et on suppose qu'ils sont (potentiellement, du moins) bien malhonnêtes.

2. Genre littéraire basé sur des éléments surnaturels, souvent liés aux mythes et à l'univers magique. De l'anglais « fantasy », litt. « fantastique ».

3. En anglais : « Society for Creative Anachronism ».

La commande est passée et un acompte est convenu. L'acompte est transféré par la banque contre-économique (ou éventuellement par courrier). Les bottes sont livrées, jugées satisfaisantes, et le solde est payé. Aucune des parties prenant part à ses transactions ne s'est dévoilée à l'autre.

Quiconque s'y connaissant dans les technologies informatiques actuelles sait que non seulement tout cela est faisable, mais que tout ou une partie de ces pratiques existe déjà, dans la plupart des grandes villes et des villes universitaires.

Imaginez aussi que vous puissiez tenir vos registres dans des livrets avec un code compliqué qui vous demanderait plus d'efforts que nécessaire pour le déchiffrer. Puis imaginez aussi que vous puissiez faire de la publicité sur le tableau d'affichage électronique avec des codes similaires, que vous puissiez prendre contact et être contacté grâce à ces codes.

Là encore, la technologie est accessible, ou comme le disent les pirates, «en ligne». C'est un rêve devenu réalité pour les contre-économistes et donc un cauchemar en devenir pour l'IRS, ainsi que pour les organismes de réglementation et les responsables au service du gouvernement.

La «clé» réside dans la cryptographie asymétrique. La NSA (plus communément appelée «The Puzzle Palace»[1]) en a horreur et s'efforce de pirater les systèmes, et d'amener les entreprises et les bureaucraties à accepter un système standardisé qu'elles peuvent facilement pirater. Il faut garder à l'esprit que la cryptographie est un «système dynamique et évolutif. C'est une forme non violente de course à l'armement, où l'une des parties déchiffre les codes et où l'autre développe un nouveau système pour remplacer l'ancien.»[8]

Ceux qui envisagent de l'utiliser devraient se renseigner en lisant la littérature actuelle et discuter avec des amis passionnés d'informatique. (Le plus souvent, le problème est de les maintenir sur un sujet précis). Une référence populaire, disponible dans la plupart des bibliothèques, pour vous informer sur la cryptographie asymétrique est le magazine *Byte*[2].

Votre correspondant (ou vos correspondants) et vous définissez un «cryptosystème»[3]. L'expéditeur a une clé de cryptage, tandis que le destinataire a une clé de décryptage. Elles ne sont pas identiques. Le message habituel peut être appelé «texte brut» et la forme chiffrée «texte chiffré».

1. Référence au livre du même titre écrit par James Bamford (1982).

2. Magazine américain paressant entre les années 1970 et les années 1990, traitant des micro-ordinateurs.

3. Système composé d'algorithmes cryptographiques.

« Les clés cryptographiques sont analogues aux clés de maison et de voiture que nous utilisons dans notre vie quotidienne, et remplissent des fonctions similaires. Dans de nombreux systèmes modernes, chaque clé est une suite de chiffres. Par exemple, les clés définies par le *Data encryption standard*, l'algorithme de chiffrement symétrique du Bureau national des normes informatiques[1] sont composées de 64 chiffres binaires, dont 56 sont importants ».[2]

Comment cela fonctionne-t-il ? « Pour crypter un message, une clé avec son message sont en quelque sorte insérés dans un logiciel de chiffrement, et le cryptogramme qui en ressort est un enchevêtrement de caractères qui dépend à la fois du message et de la clé. Pour décrypter le message, la bonne clé et le cryptogramme doivent être insérés dans un logiciel de déchiffrement, et le message en texte brut apparaît. »[3]

C'est assez simple avec un codage conventionnel. Les clés sont les mêmes, il faut bien les conserver près de soi et il faut rendre visite à son correspondant pour s'échanger les clés. Mais en utilisant des clés publiques, le problème de communication et de confidentialité est résolu.

« Ces clés ... ont des propriétés remarquables, presque magiques :

- Pour chaque clé de cryptage, il existe une clé de décryptage, différente de la clé de cryptage ;
- Il est possible de calculer une paire de clés, composée d'une clé de cryptage et d'une clé de décryptage correspondante ;
- Il n'est pas possible de calculer la clé de décryptage seulement à partir de la clé de cryptage que l'on possède. »[4]

Votre correspondante et vous, disons que vous communiquer avec Marie, pouvez vous contacter de façon contre-économique grâce un tableau d'affichage électronique « public ». En acceptant d'échanger des informations, vous activez votre système de cryptage. « Pour l'activer, il faut créer une paire de clés et envoyer la clé de cryptage à Marie par n'importe quel moyen pratique. Il n'est pas nécessaire de garder la clé secrète. Elle ne permet que de crypter les messages, pas de les décrypter. Le fait de la révéler ne dévoile rien d'utile sur la clé de décryptage... Pour vous permettre de lui envoyer des messages privés, Marie doit de la même façon créer une paire

1. « National Bureau Standards ».
2. Smith, J. (janvier 1983), « Public Key Cryptography », *Byte. 8 (1), p. 198.*
3. *Ibid, p.199.*
4. *Ibid, p.200.*

de clés et envoyer sa clé de cryptage.»[1]

On peut rendre publique sa clé de cryptage sans craindre que d'autres puissent décrypter le message. «Deux personnes ayant des entrées de données dans l'annuaire pourraient alors communiquer en privé, même si elles n'avaient jamais eu de contact au préalable.»[2] C'est exactement ce que veulent les contre-économistes.

Une touche de technologie et un «problème du sac à dos»

Avant de terminer sur ce sujet, parlons rapidement de la technologie. On pourrait consulter des références sur la programmation à partir de nos sources citées ci-dessous, et dans un monde de pirates informatiques audacieux, personne ne devrait éprouver de grandes difficultés à faire en sorte qu'un programmeur installe tout ce dont on a besoin sur son système local et personnel.

Ce que l'on attend de la pyrotechnie de l'information et des codes qui semblent obscurs, c'est une confiance raisonnable et un certain respect des droits. Malheureusement, beaucoup de ceux que j'ai vus dans ce domaine passent de la stupéfaction, mêlée au sentiment que l'État est vaincu, à la dépression et la résignation lorsqu'ils apprennent qu'un individu a provoqué une brèche dans un système particulier. Essayons de vous immuniser contre ces deux états.

Cette stupeur découle des statistiques comme celle publiée sur le système de cryptographie de Rivest-Shamir-Adleman (le chiffrement RSA). Le temps nécessaire pour déchiffrer le code correspond à la durée de factorisation. En supposant que la longueur de votre clé soit de 50 bits, elle pourrait être factorisée en 3,9 heures, à raison d'une opération informatique par microseconde. Mais en doublant la longueur de la clé à 100 chiffres, la durée de factorisation passe de 3,9 heures à 74 ans, et en la triplant à 150 chiffres, elle atteint un million d'années! Lorsque nous arrivons à 250 chiffres, nous dépassons la durée de vie estimée de l'univers. Il n'est pas étonnant que la NSA veuille normaliser la longueur des clés à 60 ou 70 chiffres.

Une clé à 77 chiffres a récemment été mise à disposition pour une somme de 165 dollars pour le système commun z80. «[...] le cryptage et le dé-

1. *Ibid.*

2. Rivest, R. L., Shamir, A., et Adleman, L. (1978), «A Method For Obtaining Digital Signatures And Public-Key Cryptosystems», *Communications of the Association for Computing Machinery. 21(2), pp. 120-126. doi 10.1145/359340.359342.*

cryptage des messages prennent environ une minute, en plus du temps d'accès au disque nécessaire. Le temps nécessaire pour obtenir les clés de cryptage et de décryptage varie de 15 minutes à 4 heures.... L'auteur du système, Charles Merritt de l'entreprise PKS, a reçu des estimations du temps nécessaire pour mettre le système hors service, allant de trois jours consécutifs à un an, avec un supercalculateur[1] Cray-1. »[2]

Pour tout dire, des ordinateurs plus récents et plus rapides que le Cray-1 sont en marche ou en passe de l'être, mais on peut facilement les devancer en augmentant le nombre de chiffres dans la clé RSA. Néanmoins, il faut être conscient de ces progrès lorsqu'on se livre à un tel défi.

L'autre alternative au RSA, le « système du sac à dos », semblait préférable en raison de la rapidité du cryptage et du décryptage. Le nom vient d'une énigme mathématique où, si l'on connaît le poids total d'un sac à dos et de son contenu, ainsi que le poids de chacun des objets qui peuvent se trouver dans le sac à dos, on peut en déduire les objets qui y sont rangés. Dans le domaine du code numérique, les articles sont un ensemble de chiffres et le sac à dos est leur somme.

Martin Hellman de l'université de Stanford et Ralph C. Merkle utilisèrent cette technique pour concevoir un cryptosystème à clé publique en 1978. Merkle proposa de récompenser tous ceux qui réussiraient à résoudre le problème et le jeu fut lancé.

« En 1982, Shamir a réalisé la première attaque réussie sous la forme la plus simple du cryptosystème fondé sur le principe du problème du sac à dos. Il a constaté que certaines informations sur les séquences super croissantes ne sont pas bien dissimulées par une fonction à trappe de multiplication modulaire. En outre, cette information pourrait être obtenue rapidement en résolvant un type particulier de problème mathématique (comme trouver un vecteur court dans un réseau). La méthode de Shamir est devenue très utile avec l'invention d'un algorithme permettant de résoudre rapidement ce problème. Peu après, utilisant une approche similaire, Adleman a déchiffré une autre forme de cryptosystème basée sur le problème du sac à dos, qui est connue sous l'appellation de "problème du sac à dos de Graham-Shamir". »[3]

Shamir récolta les 100 dollars mis en jeu, mais Merkle offrit 1000 dollars

1. Ordinateur permettant d'atteindre les plus hautes performances informatiques possibles, notamment en termes de vitesse de calcul.

2. Smith, *op. cit., p. 216 (Note de l'éditeur).*

3. Peterson, I. (24 nov. 1984), « Déballer le sac à dos », *Science News, 126 (21), p. 331.*

supplémentaires à quiconque viendrait à résoudre le problème plus complexe du sac à dos qui fut réitéré. Ernest F. Brickell, travaillant aux laboratoires Sandia à Albuquerque, au Nouveau-Mexique, chercha à remporter ce prix durant l'été 1984. En octobre, « Merkle a reconnu que Brickell avait bien gagné le prix et ce dernier a reçu son chèque.... Merkle avait déclaré : "Je pense que ce nouveau problème du sac à dos est assez surprenant et conduit à un degré d'incertitude auquel on ne s'attendait pas du tout." »[1]

L'heure est-elle venue pour les contre-économistes du domaine de l'information de paniquer ? Non. Et voici la raison pour laquelle ils doivent rester conscients de la rapidité des changements dans ce domaine : « Toutefois, cela n'exclut pas la possibilité qu'il puisse exister un cryptosystème sécurisé fondé sur le problème du sac à dos. Brickell ajoute : "Cela signifie que si vous en utilisez un, vous devez utiliser autre chose que l'arithmétique modulaire pour le dissimuler." ... Il est évident que les cryptologues ne peuvent pas résister au défi de mettre au point un cryptosystème contournant les défauts mis en évidence par la technique de décryptage de Brickell. Lors de la conférence Crypto 1984, Ronald Rivest et Benny Chor étaient prêts à mettre au point un nouveau cryptosystème basé sur le problème du sac à dos et à clé asymétrique, basé sur l'arithmétique dans des structures mathématiques appelées "corps finis". »[2]

Alors que les cryptographes informatiques jouent au jeu du chat et de la souris, Adi Shamir fait monter les enchères et laisse entendre qu'un cryptosystème contre-économique impénétrable (dans les limites du raisonnable) pourra être développé, ou du moins que son coût pourra être calculé de manière rationnelle.

« "La question la plus intrigante est de savoir si l'on peut développer des techniques de vérification qui montreront la fiabilité des cryptosystèmes, explique Adi Shamir.Si l'on pouvait développer cela, ce serait la plus grande avancée en matière de cryptographie, car on pourrait enfin montrer que les systèmes cryptographiques concrets ne seront pas déchiffrés à l'avenir, à moins que l'on ne dispose d'un certain temps donné." »[3]

Comme dans toute contre-économie, les risques doivent être calculés de manière rationnelle et le gain doit être compensé par le profit éventuel. Avec les ordinateurs et les programmes de contre-économie, cela peut être accompli plus simplement, plus facilement et plus rapidement que jamais.

1. *Ibid.*
2. *Ibid.*
3. *Ibid.*

Ajoutez à cela la possibilité d'une sécurité renforcée et peu coûteuse des registres et des échanges de messages, et il n'est pas nécessaire de demander une protection miraculeuse au voleur légal que représente l'État.

Cependant, un tel miracle peut, quoi qu'il en soit, être réalisé grâce à ce marché, et ce, assez rapidement. Après avoir réussi à faire circuler des informations dans la contre-économie, l'astuce suivante consiste à faire circuler des objets physiques de manière aussi sûre et efficace. Heureusement, comme nous allons le voir dans le chapitre suivant, ce marché a depuis très longtemps réussi à développer le transport contre-économique, c'est-à-dire la contrebande.

Chapitres 7 à 10

Ces chapitres existeraient au format numérique quelque part dans le cyberespace. Lorsqu'ils seront localisés, ils seront ajoutés à une version actualisée de l'œuvre *La contre-économie.* La mort prématurée de Samuel Edward Konkin III ne lui a pas permis d'achever la fin de *La contre-économie,* c'est-à-dire les chapitres11 à 18. Il laissa néanmoins un plan avec les idées pour chaque chapitre, qui a été inclus dans cet ouvrage pour démontrer l'étendue, les tréfonds et la portée sociale des sciences contre-économiques.

PLAN

(Ce sont les notes personnelles de Samuel Konkin, décrivant sa vision de son œuvre *La contre-économie.*)

Première partie

Préface (facultative)

Elle doit être écrite par un ou plusieurs écrivain(s) « de renom » tels que Doug Casey, Harry Browne, Murray Rothbard, Thomas Szasz, Karl Hess, John Pugsley, etc.

Introduction

Déjà rédigée. Elle résume la complexité du thème du livre avec des termes simples. Elle promet une étude agréable de cet étrange et nouveau domaine, avec la théorie économique en fond et une explication idéologique placée à la toute fin. L'intention est claire, mais la présentation reste discrète.

Chapitre 1 : La contre-économie fiscale

Déjà rédigé. Étude très détaillée de « l'économie souterraine » américaine, la partie de l'ensemble de la contre-économie échappant aux impôts. Tous les exemples sont tirés de sources d'informations bien connues du « pouvoir établi ». Les critiques de l'évasion fiscale de masse sont citées et les réponses restent très sommaires, afin de titiller la curiosité des lecteurs vers une théorie ultérieure.

Chapitre 2 : La contre-économie à l'international

Déjà rédigé. Le premier tiers environ de ce chapitre passe en revue plusieurs exemples dans le monde, de l'Europe occidentale et du « tiers-monde », avec une approche de contre-économie fiscale. Le deuxième tiers couvre les pays du tiers-monde marxistes-léninistes en transition et la hausse respective de leur activité contre-économique. Le dernier tiers du chapitre se focalise sur le « bloc de l'Est » et suit les progrès de l'évolution du marché total vers le marché noir, clandestin ou illicite. Il faut cibler l'URSS qui représente le dernier espoir pour un État d'écraser cette contre-économie.

Chapitre 3 : La contre-économie soviétique

Déjà rédigé. Ce chapitre se rapproche le plus d'un point de vue unique sur son étendue et son intensité potentielles, dans une société qui est devenue presque entièrement contre-économique. L'impuissance de l'État soviétique est soulignée et démontrée par des séries d'exemples qui reviennent tout le long. Les possibilités de la contre-économie au-delà des domaines étroits des affaires sont présentées, afin d'éveiller l'appétit du lecteur pour la suite du livre. Les millionnaires russes sont exposés pour étayer nos propos.

Chapitre 4 : Le marché contre-économique de la drogue

Déjà rédigé. Ce chapitre est obligatoire, car le « rapport aux drogues » et le réseau correspondant constituent la vision et la connaissance les plus populaires des activités du marché noir. Par conséquent, les attentes des lecteurs seront mises à mal. Tout d'abord, la taille et l'étendue du marché sont présentées, puis cela ira jusqu'à la prise de contrôle des gouvernements lorsque cela est possible. Ensuite, on s'intéresse à une brève présentation du fonctionnement du marché, allant du producteur au négociant. *Retournement de situation* : la dernière partie de ce chapitre utilisera le marché de la drogue pour montrer *l'interconnexion* de quasiment tout le monde dans la société, la complicité des clients occasionnels, des amis, des collègues, des parents, et même des passants : c'est une conspiration sociale contre le gouvernement. On compare finalement cette situation à celle de l'époque de la prohibition pour assurer une continuité historique, et à celle du trafic de laetrile pour montrer son expansion en dehors des drogues « du vice ». « Qu'est-ce qu'une drogue ? » : qui la définit et pourquoi ? Le commerce de la drogue est traité comme un paradigme contre-économique, avec des similitudes et des différences avec le commerce « normal ».

Chapitre 5 : L'inflation contre-économique

Déjà rédigé. Il commence par une référence importante aux écrivains pessimistes tels que Browne, Casey, Schulz ou Pugsley. Le mouvement des survivalistes est lié à l'inflation et à ses effets contre-économiques. Une théorie est glissée dans ce chapitre pour expliquer l'inflation et la mettre en contraste avec le phénomène de la hausse des prix. Le cycle économique autrichien est brièvement résumé pour donner une base à ce pessimisme. L'or fait l'objet d'une section spéciale, qu'il soit détenu et échangé légalement ou illégalement, de même que les autres métaux précieux, les matières premières, les achats par la « stratégie Alpha »[1], jusqu'aux retraits et aux réserves. L'étalon-or historique, son retour (éventuel) et la crainte de l'État à son égard conduiront à aborder la partie suivante. La dernière partie traite de certaines innovations sur le marché gris, comme les services des banques d'or, 100 % offerts par un « banquier » clandestin, et inclut une description détaillée des activités de ce banquier. La valeur des échanges entre contre-économistes y est expliquée. Les ordinateurs modernes rendent possibles la comptabilité du troc et le transfert de ressources souterraines à une échelle de plus en plus grande.

Chapitre 6 : La contre-économie de l'information

Déjà rédigé. L'essor rapide de l'industrie informatique, la nature individualiste du consultant travaillant à son compte, les corsaires et les pirates informatiques y sont décrits. Le gouvernement a jeté l'éponge sur la réglementation de cette industrie. La discussion est ensuite divisée en deux types d'activités informatiques et d'informations contre-économiques.

La contre-économie au service de l'industrie de l'information

Les rouages et les transactions, le commerce au noir et les diverses esquives des contre-économistes, des chercheurs et des consultants aux opérateurs de saisie et programmeurs, en passant par les propriétaires et franchiseurs, seront traités. Des exemples tirés de médias de masse seront donnés pour convaincre les lecteurs.

L'industrie de l'information au service de la contre-économie

Cryptage des données et nouvelles techniques d'exemples libertariens. Carl Nikolai ainsi que son travail original dans ce domaine seront présentés. Les applications à l'épreuve de l'État pour le traitement des données concernant la fraude fiscale, la fuite de l'inflation, le commerce et d'autres

1. D'après le concept développé par John Allan Pugsley dans son livre éponyme, *La stratégie ALPHA* (2020). Titre original : *The ALPHA Strategy* (1981).

types de commercialisation sont présentées, tant celles qui fonctionnent déjà que celles qui offrent la possibilité de fonctionner immédiatement.

Les chapitres perdus

Chapitre 7 : La contrebande de la contre-économie

Les plus gros contrebandiers peuvent surprendre les lecteurs : presque tout le monde s'enregistre à la douane ; ceci introduira le chapitre en permettant au lecteur de s'identifier. Des statistiques seront données, comme d'habitude, avec éclat et entrain.

La contrebande d'argent et de devises

Cette section commence par des références aux six chapitres précédents abordés jusqu'ici ; elles rappelleront aux lecteurs ce qu'ils ont appris (de manière subtile). Le contrôle des devises s'attaque à l'évasion fiscale, au trafic de drogue, au marché noir des communistes et même au traitement de l'information.

L'histoire de la contrebande

Il s'agira d'une visite historique et d'une brève description du concept classique et stéréotypé de la contrebande. Ses vestiges modernes sont traités, le but est surtout de s'en passer et de le mettre en contraste...

Franchir les frontières dans un but lucratif

Cette section portera sur la manière dont la plupart des entreprises internationales font passer des marchandises à travers les frontières (ou disent le faire) pour contourner les taxes, les droits de douane, les taxes sur la valeur ajoutée, les taxes de vente, les quotas d'importation, etc. (ce qui est aussi pratiqué par les petits commerces et les privés). La traversée des frontières d'un État pour éviter la taxe sur les ventes et d'autres contrôles sera également abordée ici. Cette section relie presque toutes les entreprises de toutes tailles à la contre-économie.

La contre-économie des marchandises de contrebande

Ce qui est légal et ce qui ne l'est pas varient considérablement d'un État à un autre (d'un État à l'autre, mais aussi d'une province à l'autre, d'un comté à l'autre et...). Le concept d'esprit d'entreprise est ici analysé, en prenant comme point de départ « le transfert des marchandises des zones tarifaires basses vers les zones tarifaires élevées ». Il s'agit d'une introduction subtile à la vraie économie.

Le jeu de piste rhodésien

Comment l'embargo pétrolier de la Rhodésie[1] a été battu par Mobil Oil[2] : la contrebande de l'industrie multinationale sera expliquée en détail et de façon audacieuse. L'exemple illustre la fin des opérations contre-économiques à grande échelle, l'acceptabilité dans les « cercles supérieurs » de la finance et son potentiel à ébranler les gouvernements.

Qu'est-ce qui n'est *pas* de la contrebande ?

Faire du commerce en violation aux règles pourrait même couvrir des accords entre voisins, des faveurs accordées à des amis, voire couvrir la distribution privée du courrier. Cette section met l'accent sur l'universalité de la contrebande. La contrebande de Bibles et de matériel religieux est mentionnée. La contrebande de « personnes » est présentée, pour être ensuite mentionnée dans le chapitre de « La contre-économie humaine », avec le chemin de fer clandestin durant la période de la Guerre de Sécession. Faire un lien avec l'industrie de l'information (chapitre6) et les problèmes de transport (chapitre8).

Chapitre 8 : La contre-économie des transports

Le besoin de faire bouger les choses est fondamental. Les méthodes seront énumérées : à pied, les véhicules privés, les transports commerciaux et les moyens publics contrôlés par le gouvernement… un exemple d'utilisation contre-économique pour chaque cas sera donné.

La contre-économie de la « *Citizen Band* »

Cette section délirante expliquera comment la CB contourne les lois sur la circulation et augmente les profits des camionneurs. On sera amené à effectuer des calculs économiques réels (et simples). Des statistiques sur la taille du marché seront fournies. Pourquoi le transport de produits agricoles par camion est-il exempté de la plupart des réglementations sur les transports routiers, et comment cela est-il utilisé ? Des exemples choquants sur les mesures de transport routier contre-économiques et comment il a été romancé par la musique country, les films et la télévision, et par la radio. Est-ce un modèle pour diffuser d'autres formes et d'autres types de contre-économie ? La montée de l'utilisation de la CB britannique, complètement illégale, y est abordée.

1. Pays désormais appelé la République du Zimbabwe, depuis 1980.
2. Compagnie pétrolière américaine dépendant du groupe ExxonMobil, née de la scission de Standard Oil en 1911.

Faire voyager les gens de manière contre-économique

Les taxis sans licence à New York triomphent en dépit des régulateurs de trafic routier. On parlera aussi des minibus, des bus *Grey Rabbit*, des covoiturages privés qui se transforment en bus et en taxis clandestins, des compagnies aériennes « hippies » : pourquoi ces moyens ont-ils décollé et pourquoi ont-ils échoué ? Et même parler de l'autostop.

La contre-économie maritime

Les propriétaires de petits bateaux contournent les contrôles maritimes dans les divers exemples décrits. L'utilisation potentielle et récente des bateaux à des fins contre-économiques est également discutée, comme les barges de marihuana le long des côtes de la Floride. La contrebande est, bien sûr, liée à ce phénomène. Un peu de futurisme sera ajouté avec une discussion sur le Traité de désarmement sur le fond des mers et des océans[1], et les implications de la contre-économie dans l'exploitation minière des fonds marins, dans la mariculture, et même dans la construction d'habitats océaniques.

La contre-économie dans le secteur aérien

Freddie Laker prend les régulations et les récentes déréglementations des compagnies aériennes comme exemples qui montrent les réponses à la « déformation » des règles par les compagnies aériennes (elles sont contre-économiques !) Il y aura des exemples de l'utilisation des avions pour le trafic de drogues, de diamants, de colis, de presque tout, tant avec les avions-privés qu'avec le transport aérien commercial.

La contre-économie spatiale

OTRAG, l'entreprise allemande, permettra de débuter ce chapitre, avec l'industrie spatiale privée à la fois « terrestre » et« souterraine » ; période de mouvements dans les divers groupes spatiaux populaires très loin des idées de la NASA et du monopole gouvernemental sur l'espace. À la fois des cas concrets et d'autres qui sont spéculatifs seront étudiés.

Chapitre 9 : La contre-économie dans le secteur de l'énergie

Tout d'abord, les sources d'énergie seront étudiées en rapport à leur utilisation à des fins contre-économiques et à l'usage du pouvoir établi (« esta-

1. Accord multilatéral datant de 1971 et impliquant 94 pays, interdisant de placer des armes nucléaires ainsi que des armes destruction massive sur les fonds des mers et des océans, et dans leurs sous-sols.

blishment») : exploitation des lignes publiques, falsification des ressources, conservation et exploitation de sources privées.

Les survivalistes et les écologistes quittent ensemble le réseau électrique très réglementé, pour des raisons similaires. Les alternatives au marché, que ce soit de la haute technologie ou de la technologie bas de gamme, seront traitées. Les fausses « incitations » du gouvernement à mettre en place des solutions énergétiques à petite échelle et basées sur l'énergie solaire seront exposées comme étant en réalité des protections pour les compagnies d'électricité qui ont le monopole dans ce domaine. Cela conduira à expliquer l'histoire de la réglementation gouvernementale et de son implication dans presque toute la pollution et le gaspillage d'énergie actuels. Des hypothèses seront ajoutées à la fin du chapitre pour indiquer comment une contre-économie puissante (et un État faible) gérerait la question de la pollution et de la préservation. Cela sera lié au chapitre sur la contre-économie de la justice.

Chapitre 10 : La contre-économie humaine

Ce chapitre devrait se débarrasser des doutes qui subsistent quant à la froideur et à l'absence de bonté de la part de la contre-économie. Plusieurs parties couvriront : les **étrangers en situation irrégulière**, en particulier à la frontière mexicaine, mais aussi les Asiatiques, les Canadiens, les Australiens et les Européens ; le travail en tant que bien contre-économique ; les esclaves du **chemin de fer clandestin,** qui étaient déplacés par des moyens contre-économiques ou des variantes étant encore utilisées aujourd'hui. **Les réfugiés** protègent la contre-économie visant à libérer les gens d'une plus grande tyrannie, mais devraient-ils même se donner la peine de quitter leur contre-économie existante ? Qu'est-ce qu'en vérité un pays libre ? (Un peu plus de concepts théoriques se glissent ici.) Les groupes minoritaires sont abordés ici en premier : comment survivent-ils dans des sociétés hostiles, et dans les « sociétés secondaires » qu'ils forment, généralement très majoritairement contre-économiques ? (Une piste sur les possibles communautés pour les contre-économistes purs et durs sera introduite ici, mais plus développée vers la fin du livre.)

Chapitre 11 : Les dissidents et les intellectuels contre-économiques

Ce chapitre devrait attirer les érudits et les critiques les plus intellectuels. Les activités politiques, religieuses et universitaires « souterraines » et le marketing de cette dissidence en Amérique du Nord, en Amérique du Sud, en Europe, dans le tiers-monde et, bien sûr, en Europe de l'Est, seront illustrés. Sources provenant de journaux clandestins et de publications clandestines. Une partie différente peut être développée sur les solutions alternatives pour l'éducation, sur la différence entre les écoles publiques, les écoles privées et les écoles indépendantes, puis seront étudiées en détail les écoles clandestines. Un peu plus de théorie peut être décrite ici sans risque.

Chapitre 12 : La contre-économie du sexe

« Tout le monde le fait » sera le thème de ce chapitre, avec des statistiques sur la violation des lois sur la sexualité. Les listes de ces lois dans les différents États et pays, ainsi que les différentes attitudes seront également données (pratiquement tout est illégal, mais quasiment personne ne s'en soucie).

La pornographie

Les définitions varient et seront mises en contraste. Il y aura plus de précision sur les méthodes commerciales pour traiter avec les codes locaux. Les petites annonces dans les journaux pornographiques vendus dans la rue en Californie du Sud seront citées et exposées en guise de modèle pour d'autres types de transactions commerciales contre-économiques et de besoins de promotions publicitaires.

La prostitution

La « plus vieille profession du monde » est contre-économique : femmes, hommes, adolescents… tout le monde en fin de compte. Et les autorités admettent qu'elle reste imparable, partout.

Des anecdotes amusantes sur le bondage[1] et le fantasme de la domination des politiciens seront racontées pour pimenter le tout et pour faire valoir notre point de vue. On se demandera où se situe la limite entre la cohabitation et la prostitution, et l'on répondra à cette question. La moralité et l'éthique de ce milieu seront abordées, mais elles donneront aussi lieu aux

1. Pratique sexuelle sadomasochiste consistant à attacher son partenaire.

chapitres suivants : le thème de la conscience psychologique de soi et de la liberté d'expression mène directement aux deux chapitres suivants.

Chapitre 13 : La contre-économie féministe

Cette partie commencera par réexaminer les lois sur la sexualité étudiées dans les chapitres précédents, mais avec un point de vue sur les discriminations sexuelles et sur la manière dont l'activité contre-économique contourne l'État.

Contre-économie de l'accouchement assisté à domicile

Le mouvement de l'accouchement à domicile, en grande partie illégal dans les années 1980, est étudié plus ou moins en détail (avec la sage-femme faisant ainsi partie de la contre-économie). Nous pouvons aussi intégrer dans cette partie l'histoire de la contrebande et du marché de l'information sur la contraception.

Égalité des chances contre-économiques

Cela peut être considéré comme un sujet général concernant toutes les minorités, mais les femmes sont le groupe minoritaire le plus grand. C'est pourquoi nous allons nous concentrer sur elles : comment la contre-économie parvient-elle à éviter la distinction des individus par leur sexe, par leur couleur de peau ou par leur croyance ? Cette partie développe plus en détail le thème de sociétés secondaires imbriquées dans la société en général. Les aspects qui vont être développés porteront sur l'utilisation de la contre-économie par les minorités pour s'extirper des ghettos, des *barrios*[1] et d'autres emplois mal payés en Amérique du Nord et à l'étranger. Le cas des personnes homosexuelles sera abordé dans cette partie et dans le chapitre 12. La futilité de l'ERA[2] et d'autres lois sera mise en lumière, et cela donnera l'occasion d'apporter une petite explication théorique.

Chapitre 14 : La contre-économie et la justice

Ce chapitre va, dans un sens, se fondre avec tous les autres chapitres, car il répondra à la question cruciale qui se pose dans l'esprit des lecteurs : comment la justice et les contrats peuvent-ils être maintenus sans gouvernement… ou en vérité, avec un gouvernement étant comme ennemi actif à la fois des contrats et de la justice ?

1. Quartiers hispaniques.

2. « Equal Rights Amendment », l'amendement pour les droits d'égalité.

L'échec de la justice gouvernementale

Les raisons pour lesquelles le gouvernement ne peut assurer ni protection ni justice sont détaillées dans cette partie. De nombreux exemples, principalement dans l'Amérique moderne, seront cités. Le « climat de peur » et l'éternel « problème de criminalité » de « l'ordre public » en tant que « ballon d'essai politique » seront exposés au grand jour.

L'entreprise de protection

Pourquoi est-il trop tard pour attraper les criminels pour le bien de la plupart des gens, même si la contre-économie fournit ce service ? La technologie de protection et de défense des individus sera traitée dans les moindres détails, jusqu'aux appareils dernier cri utilisés et jusqu'à leur popularité sur le marché, de même pour les autres appareils qui doivent encore être introduits dans le marché, voire jusqu'aux possibilités d'appareils sortis tout droit de la science-fiction.

La loi de la nature et sa mise en application

Le concept de « loi de la nature » est introduit. Il y aura une explication de l'organisation spontanée du marché, qui sera fortement illustrée tant par des exemples de transactions jugées « simples » que sur des exemples de transactions contre-économiques. Le caractère honteux de « dénoncer » en tant que concept plus général et la validité de ce concept seront développés. Enfin, le lecteur sera informé des procédures de répression contre-économiques et d'arrestation criminelle. Le sujet du « chantage à la protection » est expressément exclu, mais le « prêt usurier » sera traité comme un sujet plus complexe et qui mérite qu'on lui accorde un peu d'indulgence.

L'arbitrage et la contre-économie

L'arbitrage est déjà important dans la sphère « terrestre » et des cas comme le règlement des différends relatifs au contrat entre Johnny Carson et la NBC seront cités, ainsi que des statistiques provenant de l'Association américaine d'arbitrage. Début d'une Association d'arbitrage libertarienne qui sera définie et reliée aux concepts des « listes noires » et des « listes blanches », on élaborera le concept du travail de la justice contre-économique.

Chapitre 15 : La psychologie contre-économique

Le thème de ce chapitre est de renforcer la « bonne santé » psychologique, c'est-à-dire l'autonomie et la prise de responsabilité, avec des actions objectives (qui s'avèrent contre-économiques).

<u>L'autoritarisme</u>

Des recherches sur ce sujet, notamment celles compilées par le DocteurSharon Presley, seront présentées et montreront les liens entre le « conditionnement à l'obéissance » et l'étatisme.

<u>Le mouvement du potentiel humain</u>[1]

Tous les différents aspects de la « nouvelle psychologie » seront montrés comme compatibles avec l'activité contre-économique, et même congruents. Sharon Presley, Thomas Szasz et Nathaniel Branden, mais aussi des psychologues non identifiés au mouvement libertarien seront cités.

<u>Comment cela fonctionne-t-il ?</u>

Des cas concrets, mais évidemment anonymes seront résumés ici pour illustrer la psychologie contre-économique.

<u>Le renforcement mutuel</u>

Au-delà de l'autonomie et de l'acceptation de soi, le concept d'individus qui travaillent ensemble et de façon contre-économique, qui propagent la confiance et l'interdépendance honnête sera enfin développé (après avoir été brièvement évoqué dans tout le livre). Au-delà des relations et des groupes d'affinité, nous arrivons logiquement à l'idée d'une société secondaire active et/ou d'un mouvement de contre-économistes : et cela nous amène à la deuxième partie.

Deuxième partie

Chapitre 16 : Comprendre la contre-économie

Le thème du « Pourquoi suis-je si intelligent ? » donne le coup d'envoi de ce chapitre. Comment se fait-il que l'auteur comprenne tout cela alors que le reste de la société n'a « compris » au mieux qu'une partie de ce concept ? Cette question va ouvrir l'appétit du lecteur jusqu'à ce qu'il se plonge dans la théorie. En voici les réponses : (1) il existe une théorie éprouvée et bien élaborée qui a fait des merveilles pour prédire l'action humaine et pour la décrire de manière scientifique (décrite dans ce chapitre) et (2) il existe un fort intérêt investi (le plus fort de toute l'histoire) à brouiller la question et à déformer nos informations pour sauver ses privilèges (décrit dans le

1. De l'anglais : « Human Potential Movement ».

chapitre suivant). L'intérêt de comprendre l'économie pour se protéger des « escroqueries » sera souligné afin d'attirer l'attention du lecteur.

La praxéologie : l'étude de l'action humaine

Présentation assez simple (non académique), néanmoins rigoureuse des concepts de base de l'économie autrichienne. Nous y trouverons : la valeur subjective, l'utilité marginale, la préférence temporelle (le taux d'intérêt d'origine), la régression (l'origine de l'argent), la pyramide du capital économique d'Eugen von Böhm-Bawerk, et le cycle économique de Ludwig von Mises. Pour que le lecteur s'identifie à ces concepts, on utilisera à la fois des exemples tirés de la vie quotidienne et des exemples contre-économiques pour garder l'attention du lecteur.

Pourquoi la contre-économie fonctionne-t-elle ?

En commençant par la distinction entre le profit et le « taux de rendement », l'esprit d'entreprise est réintroduit, puis appliqué à tous les aspects de la vie quotidienne. (Ceci rejoint le chapitre précédent (sur l'autonomie, mais à présent nous mettons en lumière le fait d'accepter de prendre des risques).) La clé pour comprendre et pour pratiquer la contre-économie est maintenant énoncée : échanger le risque contre du profit. Toute l'expérience du livre est liée à étayer ce sujet.

Comment la contre-économie fonctionne-t-elle ?

Une formule sera donnée, de l'algèbre simple, qui peut être utilisée pour calculer des affaires courantes, en utilisant des données facilement disponibles, et ainsi calculer le risque pris et voir s'il est acceptable : c'est le risque maximum estimé, en somme ! Quelques mises en garde contre un mode de vie contre-économique et des avertissements selon lesquels l'auteur « préconise d'enfreindre la loi » clôturent ce chapitre.

Chapitre 17 : S'opposer à la contre-économie

La deuxième réponse à la question de savoir pourquoi la contre-économie n'est pas encore devenue *la seule et unique* économie est enfin apportée dans ce chapitre. La nature de ses oppositions y sera précisée.

L'origine et la nature de l'État

L'histoire et la sociologie de l'État seront esquissées ici, ce qui va rapidement amener le lecteur à prendre très rapidement conscience de la situation d'aujourd'hui.

Les classes dirigeantes de l'économie appartenant au pouvoir établi (le roi et les intellectuels de sa cour) sont décrites pour montrer pourquoi la science économique se plie constamment à la fraude et aux escroqueries, et ce par « nécessité » politique. Les mythes populaires de l'époque seront énumérés avec de brèves descriptions.

Les impasses

Le conservatisme, le libéralisme, le socialisme, l'anarchisme, les différentes formes de libertarianisme, le pacifisme, le « décrochage » et la déviance seront tous présentés, définis, esquissés et réfutés comme des moyens pour créer une société libre (en s'appuyant fortement, là encore, sur l'expérience du lecteur acquise durant toute la lecture du livre, pour rester court et simple… ou long et épineux). Une fois toutes les autres options éliminées, il ne reste plus que le dernier chapitre :

Chapitre 18 : La contre-économie sociale

Le dernier chapitre, comme promis, qui explique l'intégration complète de la théorie libertarienne et de la pratique contre-économique, est présenté. Cette partie sera finalement développée sous la forme d'un volume complet avec un style d'écrit plus complexe et académique, et le livre promettra aux lecteurs d'avoir une suite (une sorte de *contre-économie II* pour les personnes qui adorent lire les suites d'une œuvre). Le livre se terminera par une exhortation implicite (pour couvrir les responsabilités) à réellement vivre ses théories et à réaliser ses rêves. Nous pourrions probablement terminer par une description de l'auteur ayant passé dix années dans la contre-économie afin de montrer qu'il a mis en pratique tout ce qu'il prêchait (ou bien se contenter d'une biographie sur la 4e de couverture).

Bibliographie et index

Lectures qui sont recommandées pour approfondir les différents sujets abordés. Ajouter un index est probablement une bonne idée, mais il doublerait le temps nécessaire pour terminer le livre. La table des matières pourrait plutôt énumérer les sous-chapitres.

NOTE AUX ÉDITEURS

Ce sujet touche à presque tous les domaines (c'est pourquoi il deviendra recherché en tant que référence dans les domaines de l'histoire, de la sociologie, de l'économie, du féminisme, des études orientales, des études russes, de la psychologie et des sciences politiques), et il est, à ce jour, le seul et unique ouvrage de ce genre disponible : tout cela n'est pas du tout un hasard, mais plutôt inhérent à la nature de ce sujet. Il possède donc cette rare qualité d'être à la fois un sujet populaire et académique... et puis, avec un peu de chance, le fruit de ce travail le sera aussi.

–Samuel E. Konkin III

À propos de Samuel Edward Konkin III

Samuel Edward KonkinIII était un théoricien du mouvement d'avant-garde et un activiste extrêmement engagé depuis la rupture historique entre les libertariens et les conservateurs lors de la convention de l'association YAF (Young American for Freedom) qui s'était déroulée à St Louis, en 1969. Durant les trente années et demie suivantes, il fut le rédacteur en chef et l'éditeur de la plus ancienne publication libertarienne, à commencer par *Lais-sez-Faire!* (1970), puis il dirigea les titres *New Libertarian Notes* (entre 1971 et 1975), *New Libertarian Weekly* (entre 1975 et 1977, qui est le plus ancien hebdomadaire libertarien) et *New Libertarian* (entre 1978 et 1990). Il fut l'auteur de l'ouvrage fondateur sur l'agorisme, *New Libertarian Manifesto,* qui fut publié en 1980. C'est lui qui inventa les termes et les concepts, dont la plupart ont été repris dans toutes les publications libertariennes : la contre-économie, l'agorisme, la minarchie, la partisanerie, les anti-principes, le libertarianisme de gauche, l'anarchozionisme, le « Browne-out », le marché rouge, la « pieuvre Koch » (Kochtopus), et bien d'autres encore. Il fut une source d'inspiration pour des auteurs tels que J. Neil Schulman (*Alongside Night*) et Victor Koman (*Kings of the High Frontier*), deux auteurs qui ont tous deux réalisé leurs premières ventes de livres de fiction dans les pages des publications appartenant à Samuel E. Konkin. Ce dernier fut également le directeur exécutif de l'Agorist Institute, une organisation de services de proximité qui promulgue les principes de l'agorisme et de la contre-économie. Il était l'invité d'honneur dans les conventions de science-fiction et lors des rassemblements libertariens. C'était un globe-trotteur chevronné. *La contre-économie* devait être son chef-d'œuvre, le condensé de tout son travail et de ses recherches qu'il avait effectués durant les 15 ans où il fut activiste de ce mouvement.

Malheureusement, sur les 18 chapitres présentés, seuls dix ont pu être rédigés. Parmi ces chapitres rédigés, seuls six étaient disponibles au moment de la publication du livre. Samuel Edward Konkin décède le 23 février 2004.

À propos de Derrick Broze

Derrick Broze est un auteur, journaliste, réalisateur de documentaires et militant qui vit à Houston, au Texas. En 2010, Derrick Broze a fondé l'alliance militante « The Houston Free Thinkers », qui organise des manifestations, des festivals de musique, des jardins partagés, des programmes de partage de compétences et d'autres évènements communautaires. En 2011, il a commencé à animer son émission de radio « Free Thinker Radio », qui continue d'être diffusée sur 90.1 KPFT à Houston. En 2013, il a fondé *The Conscious Resistance Network*, un site dédié au journalisme multimédia qui dénonce la corruption des entreprises et des gouvernements tout en mettant en avant des solutions. Derrick Broze réalise également des vidéos, et publie des essais et des articles depuis 2011. En 2015, il a commencé à écrire des livres et, depuis lors, il en publie un chaque année. Il a coécrit la trilogie *The Conscious Resistance* avec John Vibes et a également publié un autre livre, *The Holistic Self-Assessment*. C'est en 2015 qu'il débute dans la rédaction et dans la réalisation de documentaires.

Depuis 2013, il intervient pour prendre la parole lors d'évènements aux États-Unis, en Europe et en Amérique centrale. Son objectif est de créer une agora consciente des êtres humains libres qui désirent se libérer de la contrainte, de la coercition et de la violence.

Discovery
Publisher

www.ingramcontent.com/pod-product-compliance
Lightning Source LLC
Chambersburg PA
CBHW010730270326
41931CB00017B/3456

* 9 7 8 1 7 8 8 9 4 4 9 7 7 *